信息化时代酒店管理发展与创新研究

李 萍 周 期 刘思蕴 ◎ 著

中国华侨出版社

·北京·

图书在版编目（CIP）数据

信息化时代酒店管理发展与创新研究 / 李萍，周期，刘思蕴著. -- 北京 ：中国华侨出版社，2023.6
ISBN 978-7-5113-8660-1

Ⅰ. ①信… Ⅱ. ①李… ②周… ③刘… Ⅲ. ①饭店－商业管理－研究 Ⅳ. ①F719.2

中国版本图书馆 CIP 数据核字(2022)第 003167 号

信息化时代酒店管理发展与创新研究

著　　者：李　萍　周　期　刘思蕴
责任编辑：张　玉
封面设计：北京万瑞铭图文化传媒有限公司
经　　销：新华书店
开　　本：787 毫米×1092 毫米　1/16 开　印张：13.25　字数：298 千字
印　　刷：北京中弘印刷服务有限公司
版　　次：2023 年 6 月第 1 版
印　　次：2023 年 6 月第 1 次印刷
书　　号：ISBN 978-7-5113-8660-1
定　　价：66.00 元

中国华侨出版社　北京市朝阳区西坝河东里 77 号楼底商 5 号　邮编：100028
发行部：(010)69363410　　　传　真：(010)69363410
网　址：www.oveaschin.com　E-mail：oveaschin@sina.com

如发现印装质量问题，影响阅读，请与印刷厂联系调换。

前　言

随着时代变迁，创新已然成为当下社会发展不可或缺的一个特征，在日益激烈的竞争中，企业若缺乏创新就会失去生气和特色，难以捕捉到顾客的兴趣点和真正需求，从而痛失市场份额。对于身处服务行业的酒店企业来说，创新更是起着不可替代的作用。酒店是典型的顾客导向型企业，顾客因素对酒店的创新和成长有着不容忽视的影响。顾客在日趋成熟和理性的过程中，需求呈现出多元化发展趋势，要提高酒店成长性，必然离不开强化服务创新。

在当今时代发展背景下，顾客和酒店之间是一种相互影响的关系，把顾客融入服务创新过程当中，实践服务创新是酒店获取竞争优势以促进成长的重要途径。之前学者对创新领域的研究多在于开放式创新和服务创新，较少集中讨论服务创新，尤其是以酒店业为背景的服务创新的探讨更为缺乏。另外，创新领域的研究以概念和内涵研究为主要内容，主要采用定性研究和案例研究方法，缺乏相关实证研究。

在服务创新理念的指导下，酒店首先应该创造良好的内部环境，构建适合顾客参与和酒店成长的创新氛围，积极把顾客和员工纳入自己的服务创新体系中来，以建立自己的竞争优势，促进酒店成长。本书进一步丰富了信息化时代酒店服务创新领域的研究内容，对酒店实践服务创新提供了管理建议。

目　录

第一章 信息化时代酒店管理基础理论

第一节 酒店基本概念与内涵

一、酒店的概念

人们出门在外时，都有寻求"旅途之家"以满足其休息和栖身的需求，这类专门为顾客提供临时性住宿服务的行业，通常称为住宿业。在我国的现代日常用语体系中，酒店、宾馆、旅馆、旅店、旅社、旅舍、招待所等都是常见的住宿业类别的称呼，它们之间主要的区别在于，酒店、宾馆一般指较高档的住宿业，其他称呼则指相对较低档的住宿业。为了论述的方便，本书统一使用"酒店"作为住宿业的称谓。

实际上，酒店除了能够为人们提供居住场所之外，一般还可提供饮食、购物、娱乐、安全保障等其他综合性服务。因此，它可以被视作"短期房产租赁"和"旅行生活服务"的综合体。概括地讲，酒店就是以一定的建筑设施为平台，为人们提供住宿、饮食、购物、娱乐及其他服务，并由此取得收入的企业。

关于酒店的上述界定，突出了酒店的两大特性，即服务性与企业性。酒店的服务性体现在其产品的使用价值中包含大量的服务性劳务价值，并且这种服务性劳务价值在其产品价值构成中占据主体地位，直接通过酒店员工向顾客提供的服务劳动实现。酒店的企业性则表现为它是依法自主经营、自负盈亏、独立核算的商品生产和销售的经济组织，追求市场中经济效益的最大化是酒店与其他类别企业的共性。

二、酒店的功能

酒店的服务水平是衡量一个国家或地区综合接待能力的重要标志之一，其数量规模和档次结构直接表征着该国家或地区的整体形象和经济发展水平。酒店的功能具体表现在以下 4 个方面。

（一）酒店是国家创汇的重要基地

从竞争力的角度来讲，外汇收入能力毫无疑问应该成为国家竞争力指标体系中的核心要素之一。一些大型酒店大多具有涉外性质，其境外目标市场主要包括有较高社会地位或政治地位的知名人士和入境旅游者，他们一般具有较强的消费能力，涉外酒店通过为这类顾客提供各种高档服务，可以获取非常可观的外汇收入。

（二）酒店是解决就业的重要部门

酒店业属于劳动密集型行业，具有很强的就业吸纳能力和产业关联带动能力，可以直接或间接地解决相当数量人员的就业问题，社会效益显著。根据有关机构测算，酒店业每增加一间客房，就可为社会提供 1 ~ 3 个直接就业岗位和 3 ~ 5 个间接就业机会。

（三）酒店是旅游业发展的重要依托

酒店是旅游业发展不可或缺的物质基础，缺乏适量酒店的依托，任何一个地方要想发展旅游业都是不切实际的。作为旅游业"三大支柱"之一，酒店不仅是较为理想的食宿场所，它同时还能为广大游客提供娱乐、购物、保健、订票等多种服务，以满足现代旅游者日益多元化的需求。

（四）酒店是多元交流的重要场所

酒店往往是文化、科学、技术交流和社会交往的中心。许多新闻发布会、学术研讨会、产品推介会等都会在酒店举行，尤其是一些国际性的盛会，吸引着来自五湖四海的宾客到访，极大地促进了文化艺术和科学技术的交流；同时，酒店提供的优雅环境，如咖啡厅、茶坊和娱乐场所等也促进了社交活动的发展。

三、酒店的类型

酒店发展到一定时期必然会出现类型众多的局面，于是就产生了对其进行分类的需要。通过对酒店的分类，能够方便其市场定位，同时有利于酒店产品的推销和在同类酒店之间进行比较。酒店通常有如下划分标准。

（一）根据酒店特色和客人特点划分

商务型酒店：指为那些从事企业活动的商务旅行者提供住宿、饮食服务和商业活动场所及有关设施的酒店。

度假型酒店：指为度假旅客提供住宿、餐饮、娱乐、休闲服务和各种交际活动场所的酒店。

会议型酒店：指主要接待对象为各种会议团体的酒店。

长住型酒店：指主要接待常住或长期居住的商务型、度假型客人或者家庭的酒店。

汽车酒店：指设在公路旁，主要为自备汽车进行旅游的客人提供食宿等服务的酒店。

（二）根据酒店计价方式划分

欧式计价酒店：这种酒店的客房价格仅包括房租，不含食品、饮料等其他费用。世界上绝大多数酒店均属此类。

美式计价酒店：这种酒店的客房价格包括房租和一日三餐的费用。目前，尚有一些地处偏远的度假型酒店仍属此类。

修正美式计价酒店：这种酒店的客房价格包括房租和早餐以及午餐或晚餐的费用，以便宾客有较大的自由安排白天活动。

欧陆式计价酒店：这种酒店的客房价格包括房租及一份简单的欧陆式早餐，即咖啡、面包和果汁。此类酒店一般不包括餐厅。

百慕大式计价酒店：这种酒店的客房价格包括房租及美式早餐的费用。

（三）根据酒店等级与档次划分

在国际上，一般将酒店分为五个等级，用星号"☆"（或字母"A"）的数目来表示，称之为星级，星数越多表明酒店档次越高。

一星级酒店：最低星级的酒店。设备简单，提供食、宿两项最基本的酒店产品，能满足旅客基本的旅行需要，设施和服务符合国际流行的基本水平。

二星级酒店：较低星级的酒店。设备一般，除食宿基本设施外，还设有简单的小卖部、邮电、理发等便利设施，服务质量较好。

三星级酒店：中等星级的酒店。设备齐全，有多种综合服务设施，服务质量较高。

四星级酒店：较高星级的酒店。设备豪华，服务设施完善，服务项目健全，服务质量优秀。

五星级酒店：最高星级的酒店。其设备、设施、服务项目设置和服务质量均达到世界酒店业的最高水平。

需要指出的是，即使国际上按照等级档次一般都将酒店划分为五个星级，但实际上并不存在一个统一通行的酒店等级"国际标准"，各国都是根据自己的国情来制定酒店等级标准并进行星级评定。也有一些顶尖的酒店超越了"五星"的概念，如位于阿联酋迪拜的阿拉伯塔大酒店就享有"七星级"酒店的称誉。

（四）根据酒店经济性质划分

这是我国特有的一种旅游酒店分类方法，可分为国有经济酒店、私营经济酒店、联营经济酒店、股份制经济酒店、中外合资经济酒店、外商投资经济酒店、港澳台投资经济酒店等。

（五）根据酒店规模大小划分

按照酒店的规模，即房间数量，可以将旅游酒店划分为大型、中型和小型酒店。通常，大型酒店是指拥有 600 间以上客房的酒店，中型酒店是指拥有 300 至 600 间客房的酒店，而少于 300 间客房的酒店则为小型酒店。

第二节 酒店业的发展及趋势

一、世界酒店业发展史

旅游和商务活动自古有之，酒店餐馆就应运而生。相传欧洲最初的食宿设施约始于古罗马时期，其发展进程经历了所谓古代客栈时期、大酒店时期、商业酒店时期等阶段，其间几经波折起落。之后，欧美各地随着经济形势和旅游业的不断发展进入了新型酒店时期，并逐步形成了庞大独立的酒店行业。

（一）古代客栈时期

由于社会的需要，为满足外出人们的吃、喝、睡等赖以生存的基本需要，千百年以前就出现了客栈和酒店。至中世纪后期，随着商业的发展，旅行和贸易兴起，外出的传教士、信徒、外交官吏、信使、商人等激增，对客栈的需求量也有了大幅度的提高。由于当时的交通方式主要是步行、骑马或乘坐驿车，因此，客栈大多设在古道边、车马道路边或是驿站附近。早期的英国客栈是人们聚会并相互交往、交流信息和落脚歇息的地方。最早的客栈设施简陋，仅提供基本食宿，无非一幢大房子，内有几间房间，每个房间里摆一些床，旅客们往往挤在一起睡，并没有什么更多的要求，当然，由于服务项目少，服务质量差，也确实没有什么可供消遣。到了15世纪，有些客栈已拥有20～30间客房，有些比较好的客栈设有一个酒窖、一个食品室、一个厨房，为客人提供酒水和食品。还有一些客栈已开始注意周围环境状况，房屋前后辟有花园草坪，客栈内有宴会厅和舞厅等，开始向多功能发展。总的来看，当时的客栈声誉差，被认为是赖以糊口谋生的低级行业。客人在客栈内缺乏安全感，诸如抢劫之类的不法事件时有发生。

（二）大酒店时期

18世纪后期，随着工业化的进程加快和民众消费水平的提高，为方便贵族度假者和上层人物以及公务旅行者，酒店业有了较大的发展。在纽约，1794年建成的首都酒店，内有73套客房，这在当时无疑是颇具规模的。而堪称第一座现代化酒店的特里蒙特酒店于1829年在波士顿落成，为整个新兴的酒店行业确立了标准。该酒店不仅客房多，而且设施设备较为齐全，服务人员亦经过培训，客人有安全感。19世纪末20世纪初，美国出现了一些豪华酒店。这些酒店崇尚豪华和气派，布置高档的家具摆设，供应精美的食物。大酒店时期的酒店，具有规模大，设施豪华，服务正规，具有一定的接待仪式，讲究一定规格的礼貌、礼仪等特点。

（三）商业酒店时期

20世纪开始不久，当时世界上最大的酒店业主埃尔斯活思·弥尔顿·斯塔特勒为适应旅行者的需要，在斯塔特勒酒店的每套客房都设有浴室，并制定统一的标准来管理他在各地开设的酒店，增加了不少方便客人的服务项目。20世纪20年代，酒店业得到了迅速发展，美国的大中小城市，纷纷通过各种途径集资兴建现代酒店，而且汽车酒店也在美国各地涌现。到20世纪30年代，由于经济大萧条，旅游业面临危机，酒店业亦不可避免地陷入困境。在兴旺时期开业的酒店，几乎尽数倒闭，酒店业受到极大挫折。商业酒店时期，汽车、火车、飞机等给交通带来很大便利，许多酒店设在城市中心，汽车酒店就设在公路边。这一时期的酒店，设施方便、舒适、清洁、安全。服务虽仍较为简单，但已日渐健全，经营方向开始以客人为中心，酒店的价格也趋向合理。

（四）现代新型酒店时期

这个时期，由于经济繁荣，人们手里有钱，交通工具十分便利，从而引起了对酒店需求的剧增，一度处于困境的酒店业又开始复苏。1950年后开始出现世界范围的经济发展和人口增长，而工业化的进一步发展增加了人民大众的可支配收入，为外出旅游和享受酒店、餐馆服务创造了条件。至 20 世纪 50 年代末 60 年代初，旅游业和商务的发展趋势对传统酒店越来越不利，许多新型酒店大批出现。现代新型酒店时期，酒店面向大众旅游市场，许多酒店设在城市中心和旅游胜地，大型汽车酒店设在公路边和机场附近。这个时期，酒店的规模不断扩大，类型多样化，开发了各种类型的住宿设施，服务向综合性发展，酒店不但提供食、住，而且提供旅游、通信、商务、康乐、购物等多种服务，力求尽善尽美，酒店集团占据着越来越大的市场。

二、中国酒店业发展史

（一）中国古代的客栈时期

1. 古老的旅馆——驿站

据历史记载，中国最古老的一种官方住宿设施是驿站。在古代，只有简陋的通信工具，统治者政令的下达，各级政府间公文的传递，以及各地区之间的书信往来等，都要靠专人递送。历代政府为了有效地实施统治，必须保持信息畅通，因此一直沿袭了这种驿传制度，与这种制度相适应的为信使提供的住宿设施应运而生，这便是闻名于世的中国古代驿站。从商代中期到清光绪二十二年（1896）止，驿站竟长存三千余年，这是中国最古老的旅馆。中国古代驿站在其存在的漫长岁月里，由于朝代的更迭、政令的变化、疆域的展缩以及交通的疏塞等原因，其存在的形式和名称都出现了复杂的情况。驿站虽然源于驿传交通制度，初创时的本意是专门接待信使的住宿设施，但后来却与其他公务人员和民间旅行者发生了千丝万缕的联系。驿站这一名称，有时专指其初创时的官方住宿设施，有时则又包括了民间旅舍。

2. 中国早期的迎宾馆

我国很早就有了设在都城，用于招待宾客的迎宾馆。春秋时期的"诸侯馆"和战国时期的"传舍"，可说是迎宾馆在先秦时期的表现形式。以后几乎历代都分别建有不同的规模的迎宾馆，并冠以各种不同的称谓。清末，此类馆舍正式得名于"迎宾馆"。古代中华各族的代表和外国使者都曾在"迎宾馆"住过，它成为中外往来的窗口，人们从"迎宾馆"这个小小的窗口，可以看到政治、经济和文化交流的盛况。我国早期的迎宾馆在宾客的接待规格上，是以来宾的地位和官阶的高低及贡物数量的多少区分的。为了便于主宾对话，宾馆里有道事（翻译），为了料理好宾客的食宿生活，宾馆里有厨师和服务人员。此外，宾馆还有华丽的卧榻以及其他用具和设备。宾客到达建于都城的迎宾馆之前，为便于接待，在宾客到达的地方和通向都城的途中均设有地方馆舍，以供歇息。宾客到达迎宾馆后，更是受到隆重接待。如使团抵达时，还受到有关官员和士兵的列队欢迎。为了尊重宾客的风俗习惯，使他们的食宿生活愉快，迎宾馆在馆舍的建制上还实行"一国一馆"的制度。

3. 民间旅店和早期城市客店

（1）民间旅店的出现

古人对旅途中休憩食宿处所的泛称是"逆旅"。之后逆旅成为古人对旅馆的书面称谓。逆旅奠定了酒店的基础。西周时期，投宿逆旅的人皆是当时的政界要人，弥补了官办"馆舍"之不足。

到了战国时期，中国古代的商品经济进入了一个突飞猛进的发展时期，工商业越来越多，进行远程贸易的商人已经多有所见。一些位于交通运输要道和商贸聚散的枢纽地点的城邑，逐渐发展为繁盛的商业中心，于是，民间旅店在发达的商业交通的推动下，进一步发展为遍布全国的大规模的旅店业了。

（2）早期城市客店

我国早期的城市还未与商业活动发生紧密联系，也就不可能有城市民间旅店的出现。后来，城邑内开始有了商业交换活动，这标志着兼有政治统治、军事防御与经济活动三者功能的城市开始出现。随着商业交换活动的活跃和扩大，城市功能不断衍变。自汉代以后，不少城市逐渐发展为商业大都会，这导致了城市结构及其管理制度的变革，而中国古代的民间旅店，正是在这种历史背景下逐渐进入城市的。中国古代民间旅店在隋唐时虽然较多地在城市里面出现了，但是，却由于受封建政府管理制度的约束而不能自由发展。在这种制度下开办的城市客店，不但使投宿者感到极大的不便，而且束缚了客店业务的开展。到了北宋时期，随着商品经济的高涨，自古相沿的坊市制度终于被取消了，于是，包括客店在内的各种店铺，争先朝着街面开放，并散布于城郭各繁华地区。

（二）中国近代酒店的发展

我国现代酒店业经历了萌芽阶段、起步阶段、高速发展阶段、回落阶段、恢复上升阶段。

1. 萌芽阶段

1980 年以前是萌芽阶段。1949 年中华人民共和国成立以后，人民政府对一些老酒店进行整顿和改造，积极筹建新型酒店，1979 年政府批准了第一批合资项目，开始了第一批合资合作酒店的建设。总体数量少、设施陈旧、功能单一、条件简陋、全国地区性分布不平衡，是这一时期的主要特点。

2. 起步阶段

1980 ～ 1982 年是起步阶段。通过引进外资，逐步兴建了一大批中外合资、中外合作酒店；从 1982 年香港半岛集团接管北京建国酒店开始，国际酒店集团相继登陆，目前在华管理的市场份额和经济效益均处于领先地位。

3. 高速发展阶段

1983 ～ 1993 年是高速发展阶段。国家提出了发展旅游服务基础设施建设，实行"国家、地方、部门、集体、个人一起上，自力更生和利用外资一起上"的方针，国内外各种渠道的资金投入酒店业，于 1993 年达到高潮。

4. 回落阶段

1994 ～ 1998 年是回落阶段。1993 年以后，酒店业逐步完成其利润平均化过程，建设高潮开始回落，同时由于市场不景气、经营不善等方面的影响，盲目建设的恶果已开始凸显，酒店业的利润率在逐年下降，1998 年全行业出现负利润现象。

5. 恢复上升阶段

1999 年至今是恢复上升阶段。在国内旅游经济热潮的快速崛起以及来华旅游和进行商务活动的客源数量持续增长的带动下，经历了 1998 年的全行业效益大幅滑坡之后，国内酒店业的客房出租率开始回升，但由于行业内的竞争日益加剧，平均房费下降，全行业的盈利没有达到同步增长。

三、酒店业的发展趋势

随着时代的发展，酒店业与时俱进，不断涌现出新的建设理念和经营模式。在知识经济风起云涌、全球化浪潮扑面而来的新时期，酒店业的发展将是全方位的，变革将是深刻的。具体来说，未来酒店的发展趋势主要表现在下述 5 个方面。

（一）绿色化趋势

酒店作为人口集中的高消费场所，为客人创造的舒适环境是依靠消耗大量的能源和物质而得到的，随着人们生态意识、环保意识的增强，低碳经济和生态经济的兴起，将酒店运行绿色化，走可持续发展道路，是酒店业发展的必然趋势，也是未来酒店业发展的唯一选择。

绿色酒店的兴起实际上是酒店行业在可持续发展理念的指导下响应环境保护倡议的一种自觉行为，值得大力宣传推广。绿色酒店推出绿色产品、提供绿色服务、提倡绿色消费，对于酒店自身而言，积极意义是多方面的。目前，我国很多酒店不再主动配送一次性牙刷、牙膏、梳子、瓶装洗发水和沐浴液等 6 小件，变为有偿服务，效果反应非常好。绿色酒店一方面讲究生态化设计，其环境保护者的社会形象很容易深入人心，受到消费者的青睐；另外，引入了循环经济的概念，可以在很大程度上降低酒店的运营成本。在我国，浙江省在绿色酒店的创建方面起步最早，成效也最为显著。据统计，该省凡是参加创建绿色酒店的成本平均下降了15%，这个数字是非常可观的。

（二）主题化趋势

社会在不断进步，酒店产业同样在不断提升，酒店的客源日益增多，由于不同消费群体的消费诉求不同，需要对消费群体进行细分。因此就决定了对酒店产品的选择。随着大众消费的升级以及体验时代的到来，大部分顾客开始寻求更有品位、更有特色的个性化酒店。

主题酒店的概念起源于美国，也称为"特色酒店"，以文化为主题，以酒店为载体，以客人的体验为本质。文化、历史、自然、神话、童话故事等都可成为酒店借以发挥的主题。主题酒店的诞生跳出了酒店产品同质化的魔圈，以独特的魅力给了消费者一个全新的体验。著名的迪斯尼度假俱乐部、太阳国际度假公司等都是经营主题酒店的专业机构。在宾客需求日益多元化的今天，主题酒店可以被看作市场高度细分的结果，它能够极大地满足对应市场群体的特定需求，因而在全球范围内迅速普及开来。与传统的酒店相比，主题酒店从某一主题入手，把服务项目与主题相结合，以个性化服务代替刻板的服务模式，体现出酒店对宾客的尊重和信任。主题酒店不再单纯是住宿、餐饮消费的场所，更是以历史、文化、城市、自然等吸引顾客体验生活的舞台。现在有很多主题产品，如主题游乐园、主题 Party、主题酒店等都十分受欢迎，主题酒店也将是酒店发展的下一个趋势与热点。

（三）科技化趋势

科学技术是第一生产力。世界范围内新科技革命的迅猛发展，促进了人类社会生产力的大幅度提高，对人类生活的众多领域都产生了广泛而深刻的影响。酒店业也不例外，酒店业的发展是伴随着科技的不断发展，科技革新成果在酒店领域的运用使酒店业发展步入了一个新的历史时期。

科技手段的应用简化了许多酒店服务工作环节，使酒店服务的工作效率和质量得以有效提高。在智能化酒店中，网络预订系统可以跨国进行预订房间，宽带网络让商务客人可以在房间与客户交流，客人可以通过电脑终端直接在客房内办理购物消费和结账退房手续。顾客的一些关于旅游业务方面的咨询和预订服务也可以足不出户地通过网络"一点通"。在某些特定的服务领域，如在前厅和客房，应用机器人提供辅助服务亦将不再稀奇。科技助长了酒店业的发展，酒店科技取得的成果令人惊叹，智能化、便捷化、人性化、节能化是酒店科技的发展方向，每一项新技术的产生都会为酒店服务功能多样化提供支持。科技给酒店带来的不仅是效率化、数字化的管理，更为客人带来了丰富多样的便捷服务，从酒店环保设计、计算机管理应用到网络预订、宽带网络、数字电视、程控电话、视频、监视系统，无疑不显示出了科技的存在，科技为酒店业的发展注入直接动力。在酒店行业竞争激烈的今天，科技已成为酒店业关心的焦点问题。酒店业的发展将进入信息与科技时代。酒店科技化发展已是必然趋势。

（四）品牌化趋势

随着需求层次的提高，人们的消费观念也在发生着变化，不仅追求产品消费的物质享受，而且追求产品消费的精神享受。其最基本的表现就是认知品牌、注重品牌与追求品牌。消费者的购买动机往往是被品牌代表的形象、信誉及象征意义激发其至是被这些因素支配。因此，追求品牌成了一种消费趋向，这也成为酒店企业实施品牌竞争战略的驱动力。

品牌是酒店企业发展到较高级别时的产物，酒店企业的竞争有三个层次：最低层次是产品的竞争，第二个层次是质量的竞争，最高层次则是品牌的竞争。品牌不仅是酒店的核心竞争力，还是酒店重要的无形资产，品牌意味着广泛的知名度和良好的美誉度，其强大市场激发能力是毋庸置疑的，由于酒店业的竞争日渐白热化，塑造品牌已经成为酒店生存与发展的必由之路。品牌的重要性在酒店业中日趋凸显，品牌是酒店在激烈竞争中争取市场份额的必备条件，也是酒店在竞争环境中追求差异化的重要手段，也是酒店国家化趋势的需要。

（五）集团化趋势

酒店集团，也称连锁酒店，是为适应不断扩大的旅游市场而产生的，它一般是指在本国或世界各地直接或间接地控制两个以上的酒店，以相同的店名和店标、统一的经营程序和管理水平、一致的操作程序和服务标准进行联合经营的酒店企业。俗话说，"团结就是力量"，酒店集团较之单体酒店在经营管理、资金筹集、市场营销、人员运用、物资采购、风险扩散等方面都占有明显的优势，而这些优势大都来自酒店集团所享有的规模效应。

随着经济全球化进程的不断加快，世界著名的酒店集团正在筹划并实施全球范围内的最佳资源配置和生产要素组合，许多非酒店业的集团公司也纷纷抢占酒店市场，世界酒店集团每年都在调整和兼并之中，酒店业的联盟和合并导致更大规模的酒店集团的诞生。从国外酒店业的发展趋势来看，酒店集团化因其具有强大的整体优势，已经成为酒店业发展的主流，并且通过有效地兼并重组，集团化的趋势将越来越明显，酒店集团的实力和规模也迅猛增长。国外的大型酒店集团，如圣达特集团、洲际集团、万豪集团等，旗下的成员酒店遍及世界各地，数量动辄几千家；而我国的酒店集团则普遍偏小，国际化程度也不高。在新的发展阶段，在日益激烈的竞争态势面前，充分借鉴国外国际酒店集团的成功经验，结合自身实际，抓住新的历史机遇与挑战，加快我国酒店集团化进程，进一步打造中国酒店集团航母，将成为我国酒店发展的又一重大趋势。

对于企业而言，21世纪是一个管理制胜的时代。21世纪的酒店，只有不断地加强现代化管理，才能在日益激烈的市场竞争中取得优势，立于不败之地。然而，管理酒店是一项极富挑战性的工作，酒店管理的科学性、技术性与艺术性要求共存。一个具有高素质的酒店管理者应该深刻理解酒店管理的内涵，善于在实践中运用酒店管理的理论，通过有效的执行管理职能来实现酒店的各个经营管理目标。

第三节　酒店管理概念与内涵

一、酒店管理的概念

酒店管理是酒店经营与管理的简称，既包括经营，又包括管理，两者既有联系又有区别。经营属于商品经济特有的范畴，面向的是外部市场，是以商品生产和交换为手段，使酒店的内部条件与外部环境达到动态平衡的一系列有组织、有计划的经济活动；管理则侧重于酒店内部，是指酒店管理者针对酒店的业务特点，对所拥有和能够支配的人力、物力、财力、信息、知识等资源加以优化配置和有效整合，以期用最小投入获取最大收益的经济活动。可见，酒店的经营和管理相辅相成、密不可分，和谐地统一于酒店的各项业务活动中。

基于上述认识，可以对酒店管理的概念做出如下表述：酒店管理是指酒店管理者在进行市场需求分析的基础上，为了有效地实现酒店预订的综合目标，根据酒店具备的经营条件和所处的经营环境，遵循一定原则，运用多种方法，对酒店的各种生产要素进行决策、计划、组织、领导、协调、控制、激励、督导、创新等一系列活动的总和。这一概念将酒店管理的目标、对象与职能集于一体，充分展示了酒店管理丰富的内涵。

酒店管理既定目标的实现程度是衡量酒店管理成效的主要依据，这些目标包括经济效益目标、社会效益目标和生态效益目标，酒店管理谋求的是三大效益目标的有机统一。酒店管理的对象则是酒店管理者在管理过程中可以凭借的各种生产要素，如人力资源、物力资源、财力资源、信息资源等，其中人力资源最为重要。酒店管理的职能是管理者与酒店实体相联系的纽带，计划、组织、控制、领导、创新是酒店管理的核心职能，而酒店管理的本质也就在于管理者能够科学地执行这些管理职能。

二、酒店管理的特征

酒店管理的特征是由其产品特性和顾客需求共同决定的，主要有以下四个方面。

（一）酒店管理的系统性

人们常说"酒店就是一个小社会"，足见对其进行管理是一项复杂的系统工程。由于顾客对酒店产品的感知贯穿于从抵店至离店的全过程，其间涉及多部门、多环节、多岗位的服务细节，任何一个细枝末节出现失误，都将导致顾客的不满。因而酒店管理必须着眼于酒店本身的系统性，恰当地处理好整体与局部、局部与局部之间的关系，从而取得最佳的综合管理效益。

（二）酒店管理的服务性

酒店管理的服务性包含两层意思，一是酒店管理过程中应始终渗透着服务的理念，即"员工是为顾客服务的，而管理人员则是为员工服务的"，以此来调动基层员工工作的积极性和主观能动性；二是酒店管理的重点落脚于为顾客提供的服务产品的质量，管理过程中必须严格督控服务员按照酒店的服务标准与程序提供使顾客满意的服务产品。服务管理不仅是酒店管理的重头戏，也是酒店管理的特色之一。

（三）酒店管理的前瞻性

不同于人们日常的衣食住行等基本生活需求，酒店需求是一种非基本的派生需求，人们前来住店往往是因为公务出差或外出旅游度假而附带产生的住宿需求，因而当地的经济和旅游发展态势将决定酒店业的发展水平。因此，酒店管理必须具有高度的预见性和前瞻性，应正确把握当地的经济发展趋势，制定科学合理的经营战略；同时还要注意引导消费、创造需求，从而有效地扩大市场。

（四）酒店管理的多变性

酒店开门迎宾，客人来源与层次千差万别，文化背景各不相同，需求偏好因时因人而异，给服务工作提出了较高的要求。同时，酒店员工的情况也是多样且变化着的，员工素质不尽相同，针对同一项服务，不同的员工会有不同的服务质量；即使是同一位员工，在不同的情绪状态下也会有不同的服务效果。因此，酒店必须能够适应多变的管理环境，视客人和员工的变化情况，积极实施各种相应的管理措施。

三、酒店管理的形式

根据经营管理主体的差异，酒店管理存在自主管理、委托管理、参与管理、顾问管理、租赁管理、特许管理等多种形式，它们本身并无好坏之分，酒店应该本着从实际出发的原则恰当地选择行之有效的管理形式。

（一）自主管理

自主管理是由酒店业主自行组织酒店领导班子的管理形式，我国大多数酒店采取这种管理形式。具体做法是酒店业主任命本系统的人员，或招聘、调进外系统的职业经理人担任总经理、副总经理及其他高层管理人员，然后再由他们面向社会招聘或在系统内部调配中、基层管理人员。自主管理酒店的经营者通常有几种情况：其一是业主自己经营管理，很多民营酒店即采取这种方式；其二是经营者与业主在行政上有上下级关系，如国有酒店委任的总经理；其三是由外聘职业经理人担任总经理，他们仅受聘于该酒店；其四是由业主挂名法人总经理，实际经营管理权由所聘请的副总经理来行使。

（二）委托管理

委托管理是指酒店业主通过签订管理合同、支付一定的管理费用将酒店全权委托给专业酒店集团或管理公司管理的形式，被委托者既可以是来自国外的也可以是来自国内的。委托管理的酒店必须采用被委托酒店集团或管理公司的成熟管理模式，但可以选择是否采用该酒店集团或管理公司的名称，其中高层管理人员全部或大部分由被委托的集团或公司委派。为了提高业主方的管理能力，也有的酒店在中高层管理人员的副职岗位上配备业主自己的管理人员作为后备力量，在实际工作中向正职学习管理经验，待委托合同期满后再挑起独立管理的重担。

（三）参与管理

参与管理则是介于自主管理和委托管理之间，将酒店的经营管理部分委托给专业酒店管理公司的一种管理形式。参与管理的酒店，其中高层管理人员由业主与管理公司共同派出，一般来说，前台管理人员由管理公司派出，后台一些部门的管理人员由业主方派出。酒店要向管理公司支付管理费，同时还须支付派出管理人员的工资。参与管理还有一种低成本运作模式，即委托有一定名望的管理专家组织一个团队进行管理，它虽然可以为酒店节省一定的管理费用，但由于受聘人员只是个人行为而没有组织保证，容易产生随意性。

（四）顾问管理

顾问管理，又称咨询管理。它是指在自主管理的基础上，聘请酒店管理专家组成智囊团对酒店的管理做咨询指导、开展检查监督、进行问题诊断、提出决策方案或临时负责酒店某一部分工作的管理形式。顾问管理既可以请管理专家个人，也可以请顾问咨询管理公司。与前几种管理形式相比，咨询管理人员与酒店之间的关系较为松散，不要求一定要在酒店坐班，他们经常参与酒店的决策，有时参加店务会议和日常的业务活动，有些咨询管理人员虽无具体职务，却可拥有一定的指挥权。

（五）租赁管理

租赁管理是酒店业主通过签订租赁合同，将酒店租赁给酒店管理公司或个人经营管理，从而获取租金收入的一种管理形式。在这里，酒店资产的所有权与经营权完全分离，业主不干预承租者的经营管理，但要监督承租者对资产的责任和行为及其经营的合法性。承租者享有全权管理酒店的权利，同时必须承担按约定向业主缴纳租金的义务。租金的缴付约定通常有三种方式：一是承租者向业主缴纳固定租金，并承担酒店所有经营费用的支出；二是以收入分成的方式缴纳租金；

三是以利润或经营毛利分成的方式缴纳租金。

（六）特许管理

特许管理就是使用特许经营权来管理酒店，它实质上是一种品牌延伸和管理模式移植的管理形式。特许经营权，代表着知名酒店集团的品牌及其管理模式，酒店向品牌酒店集团支付品牌使用费获得特许经营权后，不但可以按照该集团的管理模式和标准来管理酒店，而且还可以借助其品牌价值广泛招徕客源。我国的许多酒店在使用特许经营权时，往往还会要求对方向酒店派出管理人员帮助酒店进行经营管理，双方的共同目标是使酒店的管理能够切实达到特许经营权集团的水准。

四、酒店管理的框架体系

酒店管理工作千头万绪，管理者应该在自己意识中对酒店管理的内容形成一个明确的框架概念，即厘清思路，把握酒店管理的纲要，因循纲要来实施其管理。酒店管理纲要如下。

（一）酒店建筑实体

建筑实体的外观和体量，外装修、外环境。

建筑实体的功能结构，内部布局，空间利用。

装修形成的风格特色。

建筑实体节省能源，节省活劳动和物化劳动。

（二）酒店组织

酒店的管理体制与组织形式。

组织结构。部门的设置和层次划分，业务范围的划分和归属，岗位的设置和确立岗位责任制，对各层管理层权力的规定。

管理人员的配备。评价、选拔、确定管理人员。

分配任务。把酒店全部业务分解并分配到各部门。

编制定员。核定各部门各班组及酒店的全体人员。

形成劳动组织形式。

建立酒店各项制度。

（三）酒店管理的决策和计划

决策的分类和决策权限的划分，形成决策体系。

对酒店管理的各种决策进行选择并形成计划。

实施计划。

（四）服务质量管理

明确服务质量的概念、含义和内容，树立牢固的质量意识。

确定酒店及各部门各岗位的服务质量标准，制订服务质量计划。

服务规程管理。制订并实施服务规程，鼓励员工按规程服务。

服务质量保证体系。建立质量意识、质量控制系统、质量信息系统、服务质量考评奖惩措施。实施全面质量管理。

（五）业务管理

确定业务内容。业务决策，各部门业务内容、业务范围的确定。

酒店整体业务的设计管理。

各部门具体业务的设计及部门间的业务衔接。

业务形式、业务流程的设计及管理。

业务信息系统，业务表单的设计，传递及管理。

业务运转过程的管理。

（六）人力资源开发

区别于人事管理和劳动管理的人力资源开发。

招收，汇集各种合格人才，合理的人才流动。

对员工的分析评价，做到知人善用。

对全体人员的训练和塑造。思想素质训练、业务培训，形体训练。

合理使用人才。合理使用，积极培养，从严考核。

劳动报酬的分配。分配的原则、形式及实施。

员工福利。包括大型福利，经常性福利。

对员工的鼓励。企业文化建设，各种激励方式的使用。

（七）财务管理

酒店投资与负债，资金计划的制订，投资决策。

资金的筹措，投入方式与运作管理，融资管理。

资金分配。时间上的纵向分配，部门间的横向分配。

资金运动管理。固定资产，流动资金，专项基金运动管理。

投资回报营业收入和利润管理。

成本费用的管理。

严格财经纪律，财务制度的管理。

（八）市场营销和公共关系

市场调查，市场状况和趋势，酒店的市场定位和决策。

酒店市场策略，产品设计，价格策略。

市场开拓。产品开拓，市场经营开拓。

对公共关系概念的把握和理解，制订公关计划。

公关决策和实施形象决策，公众认定，策划，公共关系活动的审定和实施，CIS 的策划和实施。

日常工作中的公关活动，着眼长远的公关活动。

（九）设备工程管理

设备设施配置投资决策、安装，正常运行管理，设备更新改造的管理；

设备的资产管理，设备档案资料管理；

对水、电、汽、冷、暖供应的管理；

建立设备维护保养体系，建立科学的维修体系；

节能环保管理；

技术队伍和人员素质管理。

（十）物资管理

酒店物资管理体系。组织系统、采购系统、供应系统、控制系统。

酒店物资决策。种类、等级、品牌、数量、价格、成本。

物资采购供应计划，资金计划。

物资采购、验收、进仓、管理、采购批量、采购方式。

物资定额管理。消耗定额、储备定额、资金定额。

仓库管理。进仓、堆放、保管、发放、盘点、账务。

（十一）安全保卫管理

酒店安全保卫的含义、特点；

安全保卫系统的组织；

安全保卫工作计划；

和业务运行同步，切实做好安全保卫工作。

第四节 酒店管理理论溯源与职能体系

一、酒店管理理论溯源

（一）古典管理理论阶段

这一阶段的时间为 20 世纪初至 20 世纪 30 年代，是管理理论形成的初始阶段，其间的研究侧重于从管理职能、组织方式等方面研究效率问题，对人的心理因素考虑很少或根本不去考虑。这一阶段，在美国、法国、德国分别活跃着具有奠基人地位的管理大师，即"科学管理之父"——泰勒、"管理理论之父"——法约尔以及"组织理论之父"——马克斯·韦伯。

1. 泰勒的科学管理理论

泰勒的科学管理理论主要包括以下原理。

一是工作定额原理。科学管理的中心问题是提高劳动生产率。为此必须配备"第一流的工人"，即根据人的能力和天赋把他们分配到最适合的工作岗位上去，在科学实验的基础上，为他们制定出较高的劳动定额，并通过培训使他们掌握科学的工作方法，这样工人就能顺利地完成定额，提高工作效率。

二是标准化原理。泰勒通过一个工具标准化的实验证明，铲运工人工作时，根据不同的物料，使用按不同物料设计制作的标准铲子，将大大提高生产效率。后来这种工具的标准化原理普及操作方法的标准化以及工人所使用的工具、机器、材料、作业环境等一系列的标准化上。

三是差别计件工资制。泰勒认为，要提高生产率，就要取得雇主和工人两方面的合作。而当时的付酬制度存在问题，造成雇主与工人之间的对抗，阻碍生产效率的提高。为此泰勒提出了差别计件工资制，在科学定额的前提下，采用差别计件工资制来鼓励工人完成和超额完成工作任务。这种工资制度大大提高了工人的积极性，同时由于利润的提高幅度大于工资的提高幅度，所以对雇主也是有利的，因此成为雇主和工人协调与合作的基础。

在泰勒的科学管理理论指导下，传统的经验工作方法逐渐转变为科学工作方法，管理职能同执行职能开始分离，为管理理论的进一步发展建立了基础。同时泰勒还首先提出领导的权力要与员工共享，而非加之于员工，他把这个想法叫作参与式管理。

2. 法约尔的管理理论

法约尔的一般管理理论主要包括以下内容。

一是从企业经营活动中提炼出了管理职能。法约尔区别了经营和管理，认为这是两个不同的概念，管理包括在经营之中。他通过对企业全部活动的分析，将管理活动从经营职能（包括技术、商业、业务、安全和会计等五大职能）中提炼出来，成为经营的第六项职能。同时进一步得出了普遍意义上的管理定义，即管理是一种普遍的单独活动，有自己的一套知识体系，由各种职能构成，是管理者通过完成各种职能来实现目标的一个过程。

二是倡导管理教育。法约尔认为管理能力可以通过教育来获得，"缺少管理教育"是由于"没有管理理论"。每一个管理者都按照他自己的方法、原则和个人的经验行事，但是谁也不曾设法使那些被人们接受的规则和经验变成普遍的管理理论。

三是提出五大管理职能。法约尔将管理活动分为计划、组织、指挥、协调和控制五大管理职能，并进行了相应的分析和讨论。同时他认为管理的五大职能并不是企业管理者个人的责任，它同企业经营的其他五大活动一样，是一种分配于领导人与整个组织成员之间的工作。

四是提出14项管理原则。法约尔提出了一般管理的14项原则：劳动分工、权力与责任、纪律、统一指挥、统一领导、个人利益服从整体利益、人员报酬、集中、等级制度、秩序、公平、人员稳定、首创精神、团队精神。

3. 马克斯·韦伯的组织理论

韦伯主张建立一种高度结构化的、正式的、非人格化的"理想的行政组织体系"。他认为这是对个人进行强制控制的最合理手段，是达到目标、提高劳动生产率的最有效形式，而且在精确性、稳定性、纪律性和可靠性方面优于其他组织。

上述三位及其他一些先驱者创立的古典管理理论被之后的许多管理学者广泛研究和传播，并加以系统化。其中贡献较为突出的是英国的厄威克与美国的古利克。前者提出了他认为适用于一切组织的十条原则，后者概括提出了"POSDCRB"，即管理的七项职能——计划、组织、人事、指挥、协调、报告和预算。

（二）现代管理理论阶段

这一阶段的时间为 20 世纪 30 年代至 60 年代，以梅奥为代表的一批管理学家在古典管理理论的基础上，对行为科学理论进行了集中研究，产生了许多具有代表性的，到今天依然非常著名的现代管理理论成果。同时在这一时期，许多管理学者（包括社会学家、数学家、人类学家、计量学家等）都从各自不同的角度发表自己对管理学的见解，涌现了一大批著名的现代管理理论学派。

1. 行为科学理论

20 世纪 20 年代末至 30 年代初，全世界曾出现经济大危机。在美国，罗斯福政府从宏观上对经济实施管制，管理学者们则开始从微观上研究"硬件"以外的造成企业效率下降的影响因素，以研究人的心理、行为等对高效率地实现组织目标（效果）的影响作用为重心的行为科学理论开始萌芽。

2. 管理丛林理论

在古典管理理论和行为科学理论产生之后，特别是第二次世界大战后的 20 世纪 40 年代至 60 年代，随着科学技术的进步和生产力的巨大发展，生产社会化程度日益提高，管理理论的研究也出现了空前繁荣的局面，涌现出众多的管理理论学派。

（三）现代管理理论的再思考阶段

这一阶段的时间为 20 世纪 60 年代中后期至 90 年代初，美国的经济内临石油危机，外遇崛起的日本及欧洲的挑战，国际经济环境发生剧烈变化，美国一向认为最先进的企业管理发生了危机，难以适应高度变化的环境的要求。管理学界开始对现代管理理论进行更进一步的探索。此时来自战争的词汇——"战略"被引入管理界，管理学家们开始从战略管理的角度研究企业组织与环境的关系。进入 20 世纪 80 年代后，美国管理学界从日本企业的成功经验中发掘出了一系列以企业文化理论为核心的创新管理经验，开始对美国现代管理理论进行全面反思。

（四）全球化和知识经济时代的管理变革阶段

这一阶段的时间为 20 世纪 90 年代至今，信息化和全球化浪潮迅速席卷全球，人类进入知识经济时代，信息和知识成为重要的战略资源，信息处理和传递技术的发展正在和仍将继续使企业生产经营活动及其组织产生重大变革。在上述环境影响下，现代企业管理在管理思想、经营目标、经营战略、生产系统和企业组织等方面开始了全面创新，管理理论学界则主要针对学习型组织、虚拟组织及柔性组织问题展开了研究。

二、酒店管理职能体系

管理活动是管理主体通过"某种力量"作用于管理客体的过程，这种力量就是我们所说的管理职能。法国管理学家法约尔提出的计划、组织、指挥、协调、控制五大职能论一直被奉为管理学的经典，之后不断有管理学者在其基础上对管理的职能进行不同的取舍或补充。现代企业的管理实践表明，管理的核心职能逐渐演化为计划、组织、控制、领导和创新，酒店管理的职能体系也包含这5个方面。酒店管理者必须对管理职能有深刻的认识，并在实际的管理工作中自觉地执行管理职能。

（一）计划职能

1. 计划职能的含义

"凡事预则立，不预则废"，这一管理思想精髓深刻地体现出计划的重要性。《现代汉语词典》中对"计划"一词的解释是"工作或行动以前预先拟定的具体内容和步骤"。计划面向未来，立足现实；通俗地讲，它需要解决做什么、怎么做、何时做、谁来做等一系列问题。计划的前提是决策，决策的结果形成计划。酒店的计划职能是指酒店通过充分的调查研究和分析预测，在决策的基础上进一步明确未来特定时期内的发展目标，并规定实现目标的具体途径与方法的管理活动。因此，在酒店管理中，首先要科学、合理地拟订计划。

2. 计划管理的任务

酒店计划管理的任务，简单地说就是编制计划、指导业务；执行计划、达到目标。具体而言，有以下几个方面的内容。

（1）科学确立目标体系

计划管理的首要任务就是要提出酒店经营管理的目标体系。由于酒店的经营管理是一个长期的过程，涉及多个层面和多个部门，故其目标体系需包含各阶段酒店管理的整体目标和各部门的分项目标，且各目标应具有广泛的一致性，共同为酒店内各环节及各位员工的工作或行动指明方向、明确责任，促进相互之间的沟通与协调。同时，目标体系的确定还要注重其可行性，充分考虑现实中存在的困难和不可抗拒的不利因素。

（2）合理调配各种资源

酒店作为企业，追求的是以最小的劳动要素投入换取最大的经济收益，通过计划管理可使酒店对所拥有的人力、物力、财力、信息等资源进行优化组合与科学调配，达到人尽其才、物尽其用的效果，有效地减少各种资源的浪费，从而形成尽可能大的接待能力，实现酒店的效益最大化。

（3）明确规范业务活动

计划制订后的主要任务就是遵照计划中的业务活动规范来开展工作。计划除了提出目标之外，还应对实现目标的途径、方法和一些具体步骤做出说明和规定，提出建设性的措施。根据计划，酒店管理者要组织各部门、各层次、各岗位的员工积极开展业务活动，分阶段地将计划目标一一落实。

3. 计划的制订

制订计划是管理的基础。计划是否恰当，直接影响酒店管理的成效。因此，计划的制订应该是一个集思广益的过程，必须在对酒店内外的各种信息进行广泛收集、整理和深入分析的基础上，由管理者拟订出计划草案以供相关人员讨论，并根据讨论意见对草案反复进行修改，使之更加可行，更加具体化。当酒店上下相关人员对计划草案达成共识后，即可将其确定下来，由有关部门正式行文，作为日后工作的依据。

4.计划的实施

从系统的角度看，计划的实施是紧随计划的制订工作，并在其后与之相互交叉进行的，两者之间实际形成了一个"制订—实施—反馈—再制订—再实施—再反馈"的动态系统。计划的实施分为计划的执行与计划的修订两个方面。

（1）计划的执行

酒店计划确定后，就应按照目标体系将具体的工作任务分部门、分层次、分阶段地逐一落实到部门、班组、员工，分解至酒店业务活动的淡季、平季、旺季或月、周等。为了切实地完成这些任务，酒店可采取岗位责任制和经济责任制，要求各岗位的员工和管理者按规定的标准完成工作任务，并承担一定的经济责任。同时，酒店也须授予部门、班组及员工相应的权力，并承诺达到计划目标后的相应利益，做到责、权、利三者的统一。在执行计划的过程中，酒店管理者还必须通过严格的考核制度和有效的激励机制调动员工的积极性，监督计划的执行情况，评估计划的执行结果。

（2）计划的修订

计划是对未来发展状态的一种谋划，在计划的实施过程中，由于某些不可预知因素的影响，很可能出现实际结果与预期目标错位的情况。这时，就需要对出现这种情况的原因进行分析和诊断，正确判断是工作失误使然还是目标偏离实际造成的，如果是后者，必须及时调整目标，对计划进行修订。但无论是局部修订还是整体修订都要慎重，须经酒店办公会议反复讨论、论证决策。

（二）组织职能

1.组织职能的含义

如果将酒店比作一个人，组织就是这个人的骨架。酒店的组织职能贯穿于酒店管理的全过程，是酒店管理的重要支撑。它是指为了有效地达到酒店的计划目标，管理者通过设定组织结构、划分部门、分配权力等手段对人力、物力、财力、信息等资源进行调配以协调酒店各种业务的管理活动。组织职能是计划职能的自然延伸，既是实现计划的重要保证，又是其他管理职能的基础和前提。

2.组织职能的内容

酒店管理的组织职能就是管理者对酒店组织的管理，它包含两重含义：其一是形成酒店的组织机构和管理体制；其二是为达到酒店管理目标，合理地调配酒店的人、财、物、信息等资源，对接待业务进行有效的组织。

（1）酒店组织机构

酒店的组织机构是我们通常所说的企业社会结构层面上的组织概念，它在本质上反映出酒店系统内部人与人之间的关系。组织机构形式的设计必须符合酒店运行的客观规律、必须有利于生产关系的改善和管理效率的提升，同时还必须有完善的管理体制与之相适应，即需要有一系列的规章制度、行为规范和监督机制为组织的良性运行保驾护航。随着时代的发展，酒店组织的重构与管理体制的改革创新正逐渐推动着酒店管理水平向着新的高度跃进。

（2）酒店业务组织

酒店的业务组织包括酒店接待能力的组织和酒店接待业务周期的组织。

酒店接待能力是指酒店能够接待顾客并满足其需要的各种条件，如设施设备、服务水平、环境气氛等的总和。酒店接待能力的组织则是管理者根据酒店顾客的需求、客源流向等变化，审时度势、合理安排酒店的人、财、物、时间等资源，达到以最小的投入接待尽量多的客人的目的，使酒店接待能力符合酒店计划目标的要求。

酒店的接待业务周期是指酒店周而复始不断地为客人提供服务的过程。如客房经过员工清理、管理者检查后即具备接待能力，到顾客入住，接待业务开始；顾客离店，该客房失去接待能力；客房经重新整理合格后就又恢复了接待能力。当酒店形成接待能力后，还需进行接待业务周期的组织才能真正接待顾客并满足其需要。所以，在管理过程中，酒店管理者应根据业务的进行情况对酒店所拥有的各种资源进行及时的组合和调配，并进行好现场控制，使酒店的接待业务按计划、有序地进行。

（三）控制职能

1. 控制职能的含义

在酒店管理过程中，管理者应始终以计划目标为基准，使各项业务工作按照既定的计划有序地开展，并随时调整和改变策略以适应酒店经营的需要。酒店的控制职能是指酒店根据计划目标和预定标准，对酒店的运转过程进行监督、检查、分析、调节，以确保目标任务完成的管理活动。当酒店运作的实际情况与目标之间的偏差超出允许范围时，管理者应及时分析和诊断、迅速采取相应的处理措施以避免更大的损失。控制职能的实质是对酒店业务的实际运行活动的反馈信息做出反应。

2. 控制的类型

根据控制职能在酒店管理过程中发挥作用的时机，可以将控制分为预先控制、实时控制和反馈控制 3 种类型。

（1）预先控制

预先控制又称事前控制，是一种"防患于未然"的控制行为。它是指管理者通过对酒店业务情况的观察、预测和分析，估计可能出现的问题，在问题未发生前加以防止的管理活动。一般来说，酒店应专门对一些常见的可能出现的异常情况制订预案，一旦问题出现，就可以依照预案有条不紊地进行处理。因此，应急预案的制订工作是一种预先控制行为。

（2）实时控制

实时控制又称现场控制，是指管理者在酒店业务进行过程中的控制行为。它通过管理者的现场巡视、督导下属员工按服务规程操作；根据业务活动的需要，对预先安排的人力、物力、财力等资源进行合理的重新组合、调配；及时处理顾客投诉以消除不良影响，保证酒店的服务质量。

（3）反馈控制

反馈控制又称事后控制，是指管理者在酒店经营业务活动结束以后实施的控制行为，通常是将实际工作结果与预定目标相比较，找出偏差并分析产生差异的原因，提出整改措施，以便在下一轮的经营工作中改进和提高。

3. 执行控制职能的程序

在执行酒店的控制职能时，要分四步走。

（1）制定标准

标准是控制的必要条件。所谓控制标准是指在正常条件下员工完成工作的方式方法应达到的要求。控制标准的制定需要以酒店计划为依据，标准应尽量详细、具体，便于执行和衡量。在酒店中，控制标准有数量标准与质量标准之分，前者如营业额、成本费用等，可以用精确的数字加以量化；后者如服务规程、卫生标准等，主要用描述性的语言来表达。

（2）评估效果

制定控制标准以后，就可以通过检查将实际工作与这些标准进行比较，评估其效果。作为经营性企业，酒店工作效果评估主要侧重于营业额与预期的成果，成本、费用支出的合理性，服务质量水平等直接影响到酒店综合效益的内容。需要指出的是，对于不同的考核对象，宜采取不同的评估要求，如对中高层管理者主要以酒店经营管理目标为衡量标准，而对操作层面的员工主要以工作量、工作时间以及服务质量等作为衡量标准。

（3）分析差异

当评估结果出现偏差时，管理者必须分析差异产生的原因及其对未来经营业务活动的影响。只有找出问题的症结所在和出现偏差的主要原因，才能进行有效的控制。常见的产生差异的原因有计划目标或标准不合理、实际工作中的误差、外部环境变化的影响以及各种因素的综合作用。

（4）纠正偏差

找到问题的症结后就要对症下药，予以纠正。管理者应针对产生差异的不同原因采取不同的纠正偏差的措施。在采取纠正措施时，一定要落实纠偏时间和责任，并采取有效的控制方法，以达到管理的目的。

（四）领导职能

1. 领导职能的含义

领导是与计划、组织、控制并列的职能，同时又与这3种职能互有交叉。领导者既是酒店计划的决策者，又是酒店业务的组织者，还是酒店运行的控制者。酒店领导者的权力与权威能否有效行使，将直接影响整个酒店的经营成果。酒店的领导职能就是酒店管理者通过塑造自我形象，影响下属的价值观和态度，改变下属的认知，给予下属利益和授予下属权力，率领下属组成较高凝聚力的团队，从而实现酒店的既定目标。

2. 领导者的能力要求

领导者是酒店管理的核心主体，因而对其能力有着较高的要求。对最高层经理人员，即领导者而言，概念形成的技能和做人的工作的技能要比技术方面的技能更为重要。概念形成方面的技能，如宽阔的视野、长远的眼光、攻势型的创业和决策精神等，是指能看清企业与环境之间关系的技能，是指能将企业看成一个完整系统的能力。而做人的工作的能力，包括清楚地表达实现目标的方针、乐于听取他人意见、具有通过合理分配及奖罚分明来充分发挥雇员能力的技能等，是一种激励人的技能，是能使一般人去完成特殊工作的能力。领导者要给下属传达基本政策，使他们了解企业的任何一种新的动向、重要的信息和想法。

3. 领导职能的内容

酒店领导职能是酒店管理不可或缺的重要职能之一，其内容十分广泛，主要有以下4个方面。

（1）科学决策

进行科学的决策是领导职能的首要内容。酒店的各级领导者，无论层次高低，都有责任对面临的现实问题做出决策，其决策应该当机立断，这也反映出领导者的一种魄力。当然，由于领导者所在层次的差异，其决策的内容和重要程度也有所不同。

（2）合理用人

任人唯贤、人适其岗是领导者用人最基本的原则，也是领导职能的另一基本内容。酒店的各级领导者要善于吸引人才、发现人才、团结人才和使用人才。在此，酒店领导者的人格魅力尤为重要，只有那些独具人格魅力的领导者才会得到专业人才的认可与追随。

（3）综合协调

酒店业务涉及多部门、多岗位和多成员，一旦部门、岗位或成员之间在工作中就某些具体问题未能达成共识时，就需要酒店领导者出面进行综合协调，使各人和事、各部门和岗位的业务活动能互相配合、互相衔接、互相制约、互相间形成一个和谐的整体，协调的目的是保证酒店经营活动的顺利进行，并有效地实现酒店的计划目标。

（4）统一指挥

酒店业务的有序开展还有赖于领导者的指挥调度。指挥是上级对下级的一种管理行为，表现为领导者通过语言、文字等信息形式将指令传达给指挥对象，使之服从自己的意志，并付诸于行动。在酒店这样的层级制组织中，指挥链是逐级向下的，为了避免下级对上级的多头指令无所适从，一般不能越级指挥。

（五）创新职能

1. 创新职能的含义

时至今日，创新性活动已成为企业提升其核心竞争力的必要手段，进而从管理活动中延伸出来，成为创新职能。酒店的创新职能是指管理者基于保持酒店在既定良性轨道向着计划目标运行的前提下，根据内外环境的动态变化，不断调整组织活动内容以适应环境变化，或者在一定程度上改造环境，从而使酒店以新观念、新面貌、新形式、新产品、新渠道等进一步发展的管理活动。

2. 创新的基本原则

酒店创新要结合时代和现实需要，通过变通、改造或重塑的形式使酒店的各项工作具有现代性，从而更趋合理化。酒店创新应遵循以下基本原则。

（1）市场导向原则

市场是酒店生存与发展的生命线。作为典型的服务型企业，酒店应该树立"顾客至上"的经营理念，将最大限度地满足顾客需求作为努力的方向，市场导向的创新原则要求酒店在做出创新开发决策之前，必须进行详细周密的市场调研预测和可行性分析。

（2）特色导向原则

在充分调查和研究的基础上准确地确定创新的特色和鲜明的主题，是酒店创新获得成功的重要因素。酒店创新具有了鲜明的个性主题，就能获取差异化优势，区别于竞争对手，避免或减少重叠性的市场竞争，从而有利于酒店产品的定位和市场促销。

（3）文化导向原则

酒店是具有高文化附加值的企业，应非常注重企业文化的建设。因此，酒店创新还必须坚持文化导向原则，进行全方位的文化创新活动，不断开发出高文化含量的创新型产品和服务，满足酒店顾客和员工的需求，在拥有满意的员工的基础上产生满意的顾客。

3. 创新的途径

一般来说，酒店创新工程可以从观念创新、组织创新、产品创新、营销创新和科技创新等几个方面着手来加以实施。

（1）观念创新

社会心理学研究表明，内化于人们心里的各种观念是可以经过后天改造或重塑的。进行酒店创新时，首要任务就是培养全员的创新观念，使他们在思想上对创新的现实性和紧迫性有一个充分的认识，要在各项工作中不断强化这一观念，并使之与各种形式的奖励直接挂钩，以此来调动各级员工主动创新的积极性，从而形成一种良好的酒店创新文化。

（2）组织创新

组织结构也是酒店创新的重要领域之一。面临知识经济时代，传统的直线制、多层级组织架构无论是在管理效率还是在应变能力上都存在不少缺憾，为了突出"人性化管理"的要求，酒店可考虑在内部各管理层构筑起共同管理体系，使整个组织更趋于柔性；还可考虑减少管理的中间层次，缩短指挥链，使组织扁平化。

（3）产品创新

由于酒店产品的特殊性，我们不能用一般实物产品技术性改进或创造的方法对其进行创新，酒店产品的价值在很大程度上在于由酒店的服务、环境、文化氛围等给顾客带来的心理满足感，对它们的创新性开发，应从提升服务质量、改善消费环境和挖掘文化底蕴多方面入手，使之更具吸引力。

（4）营销创新

随着酒店市场日趋成熟，竞争日趋国际化、全球化，营销创新已成为酒店发展的必然选择。酒店营销创新的目的是通过新颖的营销理念或手段抓住顾客，使顾客关注自己的产品并产生购买意愿，最终实施购买行为，从而提高酒店的市场占有率。主题营销、机会营销、网络营销、分时营销、绿色营销、内部营销、关系营销、跨文化营销等都是近些年来兴起的新型营销方式。

（5）科技创新

科学技术是第一生产力。酒店创新自然也离不开科技创新，这里的"科技"，既包括物质形态的硬技术，又包括智力形态的软技术。一方面，酒店要善于应用各种科学领域的最新研究成果，如计算机网络技术、环境生态保护技术、自动温控技术等；另一方面，酒店也要尝试企业经营管理技术如人力资源管理技术的革新。无论是硬技术还是软技术，都要在酒店运行过程中反复实践，不断总结经验教训，并寻求新的突破。

第二章 酒店组织管理与营销管理

第一节 酒店组织管理概述、设计原则与内容

一、酒店组织管理概述

（一）酒店组织管理的定义

在后金融危机时代，不单单经济型酒店，高星级酒店也在金融危机的重创下开始思考如何更为经济有效地进行组织结构的设计与管理，既能节省人力资源，发挥每个员工的最大效能，保持稳定的服务质量，又能实现较好的员工满意度，在金融寒冬内明哲保身。

1. 酒店组织的定义

从狭义上来说，组织就是指人们为实现一定的目标，互相协作结合而成的集体或团体。酒店组织是指为实现酒店经营目标，由管理人员、服务人员和其他技术人员互相协作而组成的集体。这些人员之间相互关联、通过运用各种管理方法和操作技术、技能，把投入酒店的资金、物资、信息转化为可供出售的产品（有形产品和无形产品），以达到酒店经营的目标。酒店组织既是酒店正常运营的保证，又会给酒店的经营带来根本性的影响。

2. 酒店组织管理的定义

酒店组织管理就是通过建立合理的组织机构，将有利于实现酒店经营目标的各种要素及其相互关系进行合理组合与配置的管理活动。酒店组织管理主要包括两个方面的含义：首先，是建立酒店的组织机构及其管理体制，并确定酒店人力、物力、财力等要素的分工协作及其相互关系；其次，是合理调配酒店组织中的人力、物力、财力等形成接待能力，开展业务活动。因此，酒店组织管理包括：建立合理的组织结构，并确定组织内横向管理部门和纵向管理层次的设置与划分；为各个职务配备相关人员，并进行系统的人力资源管理活动；建立健全相关的规章制度，明确责权关系；处理协调组织内各种关系，合理调配，形成系统；培育与建设酒店文化等内容。

总之，酒店组织管理是酒店管理的一项重要职能，也是体现酒店管理者经营管理能力的一个重要方面。同时还需注意的是，酒店组织管理的内容在不同时间、不同环境下发挥的效能范围会有所不同。因此，要求酒店管理者在进行组织管理时与时俱进，准确把握酒店组织管理的侧重点。

（二）酒店组织管理的作用

1.实现酒店所有者、顾客和员工价值的保证

酒店所有者、顾客和员工的价值观和目的各不相同。酒店所有者的最终目的是使酒店的股权受益人获得最大的利益，使酒店得到更大的发展；顾客则更偏重于体验和享受更优质的、能给他们带来惊喜的服务；而酒店员工则更多地考虑个人的职业发展与经济利益。若没有组织管理来规定职务或职位并对责权关系加以明确，就会造成酒店的运营效率降低，影响宾客满意度，减少酒店营收，并最终影响酒店员工利益的结果。正是从这个角度出发，良好的组织管理才是实现酒店所有者、顾客和员工价值的保证。

2.调动酒店员工工作积极性的重要途径

良好的组织管理能明确员工的工作关系和工作责任，可在最大程度上降低员工之间工作与沟通上的矛盾，使其非常愉悦地进行合作，并在合作中互相学习。除此之外，组织的透明度也有利于员工对晋升到上一层的岗位有明确的概念，并对自己的职业进行合理规划，进而提高其工作的积极性、主动性与工作热情。

3.提高酒店核心竞争力的重要手段

酒店员工的流失率一直居高不下，除了行业普遍的低薪酬、工作时间长等原因外，站在不同立场看还有其他原因。从酒店员工角度看，其流失最主要的原因是员工与管理者之间的糟糕关系以及希望渺茫的职业发展前景；而酒店管理者最常见的是对年轻员工不能吃苦、不谦虚好学、自我认识不足等方面的抱怨。毋庸置疑，人力资源是酒店发展中最宝贵的资源，是酒店核心竞争力的关键组成部分之一。因此，对这对矛盾关系的解决就需要良好的酒店组织管理，只有这样才能实现酒店组织内部员工之间相互协作的良性循环，同舟共济，提高酒店的核心竞争力。

二、酒店组织设计的原则与内容

酒店的组织结构设计并非一成不变，它也随着时间和经济状态的改变而改变。可以说，酒店的组织结构的发展是时代和人类思想变迁的产物。

（一）酒店组织结构的发展

提到酒店的组织结构，很容易联想到最典型的金字塔形的组织结构。这种组织结构非常常见，也是非常经济的一种组织结构，每一层的面积代表了人数。其中决策层以酒店总经理、各部门的总监或经理组成，决定着酒店的管理理念、价值体系和各类战略的制订等。

从金字塔形的组织结构可以看出，越往上权力越大。处于上层的管理者容易产生一种优越感，进而压迫比自己等级低的组织成员，导致低层尤其是基层组织成员产生不满情绪，最终将这种不满情绪向顾客释放。也就是说，在这种组织状态下，处于金字塔最低端的并不是基层员工，而是酒店的顾客。

（二）酒店组织结构设计的原则

1. 满足经营需要的原则

一般来说，高星级酒店的组织结构要比经济型酒店繁杂。高星级酒店以提高宾客满意度为主要的组织目标，提供的服务项目多、岗位分工细，需要更多的一线专业人员。为了更好地管理员工，往往会进一步增加基层管理人员和中层管理人员的人数，管理链条长。经济型酒店在提高宾客满意度的基础上更注重节约成本，只提供有限服务，员工往往可以身兼数职，管理阶层也很少，组织结构较为精简。因此，到底采用哪种组织结构，主要衡量指标就是是否能满足经营的需要，是否有利于组织目标的实现。

2. 分工协作原则

分工协作原则体现的是提高管理的专业化程度和工作效率的要求。具体来说就是把组织目标和任务细化为各个层次、各个部门及每个人的任务和目标，明确他们的工作范围、工作职责及完成工作的手段、方式和方法。协作就是明确部门之间、部门内部的协调关系与配合的方法。分工协作是提高工作效率的基本手段，其中分工是基础，协作是关键，两者相辅相成。只有分工没有协作，分工就失去了意义；没有分工，协作也就无从谈起。

3. 统一指挥原则

统一指挥原则指的是从最高管理层到最低管理层，命令应保持一致，要求在组织上下级之间形成一条连续不断的指挥链。但对命令不能只是简单地重复，而应该由执行者根据实际情况进行深化和具体化。其次，酒店命令应逐级下达，指挥者应向直接下级下达命令而不应越级指挥。最后，现代组织管理要求酒店每个员工只有一个直接上级，只接受直接上级的指挥和领导。

只有遵守统一指挥原则，才能更好地避免多头管理。多头管理指的是一个员工同时受到相同部门的多位权限相同的并行上级或者来自不同部门的多位上级的指挥与监督。若是这多位上级的指挥统一，或有明确的主要负责领导与其他监管领导的区别，则员工在执行指令时不会出现问题；若多位上级的指挥不统一，或者两者都为主要负责领导，则会使员工对执行指令无从下手，从而降低组织工作效率。

4. 有效的管理幅度与管理层次原则

管理幅度指的是一个组织内的管理者直接管理的下属的数量。合适的管理幅度应是因时制宜、因人而异的。一般来说，管理幅度随着管理层次的上升而下降，即管理层次越高，其管理幅度越小。这是因为管理幅度不仅仅代表管辖范围的大小，而且还表示相应的业务难度与业务量的多少。酒店管理经验表明，一般总经理的管理幅度为 3 人，副总经理为 4 人，部门经理为 6 人，主管为 6 ~ 8 人，领班的管理幅度可以为 12 人。

与管理幅度相对应的概念是管理层次，是组织职权等级链上所设置的管理等级的数量。在组织规模一定的前提下，管理幅度与管理层次呈比例关系，由此也形成了扁平式组织结构与锥形式组织结构两种组织结构形态。但无论采取哪种组织结构，都必须以提高组织效率为唯一原则。

5. 责权对等原则

责权对等原则也称为权责一致原则，是指组织中的管理者所拥有的权力应当与其所承担的责任相适应。有责无权不仅束缚管理人员的积极性和主动性，而且会导致无法履行其应承担的职责；有权无责则会助长瞎指挥、滥用权力和官僚主义。为了实现组织设计中的责权对等，酒店应为每个职位选择合适的人选，进行正确的授权，同时完善监督检查制度。

6. 弹性原则

弹性原则是指在组织设计中要留有一定的余地，以适应不断变化的经营环境。具体来说就是建立富有弹性的组织体系，制订具有伸缩性的规章制度，并随着外部环境的变化及时进行调整，从而实现在适应环境变化的同时还能高效完成组织目标的目的。

（三）酒店组织结构的形式

酒店组织结构根据酒店的规模和级别有着很大的不同。从酒店的发展程度来看，酒店组织机构大致有直线制组织结构、职能制组织结构、直线职能制组织结构、事业部制组织结构和矩阵制组织结构 5 种形式。

1. 直线制组织结构

这是一种简单的组织结构形式，它从最高层主管自上而下层层节制，实行垂直领导，多见于小型的酒店组织，以节省人力资本和提供有限服务来增加利润空间的经济型酒店为其典型代表。这种组织结构中每个人的权限十分清楚，客房部负责客房及酒店的清洁卫生，前厅部负责宾客的接待与相关对客服务，维修部负责酒店设施设备的维修保养，财务部负责酒店每天的业务收入的审核与上交。

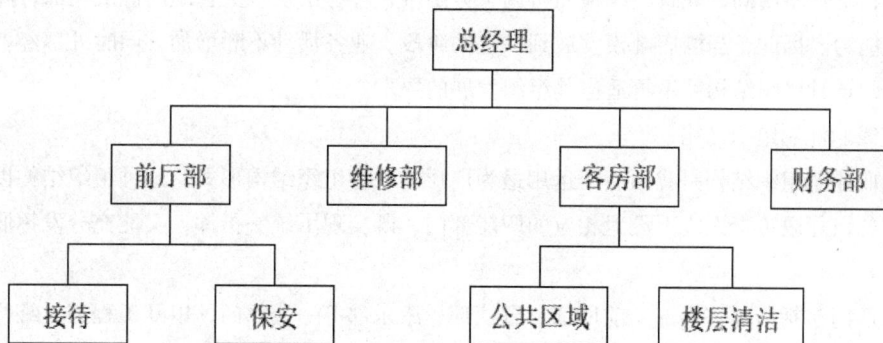

图2-1 直线制组织结构图

这种结构的优点在于结构简单，职责和权限十分清楚，命令统一，上下级均按照相应的规章制度行事，信息沟通迅速，解决问题及时。但这种组织结构中总经理往往身兼数职，不仅对自身能力提出了很高的挑战，而且容易使其陷入日常管理活动中而无暇顾及有关酒店整体发展的重大决策。因此，直线制组织结构只适合组织规模小、业务单一的小型酒店，酒店一旦级别升高、规模扩大、提供的服务增加，直线制便不能满足管理的需要。

2. 职能制组织结构

职能制组织结构的构建依据是每个岗位的职能及其相应的工作方法，即把承担相同职能的管理任务及其人员组合在一起形成各个职能部门，适用于业务较单一、外部环境稳定的中小型酒店。

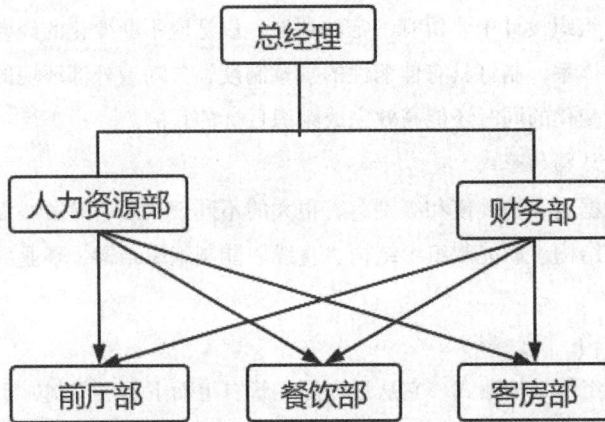

这种组织结构的优点在于管理职能的明确分工，可以充分发挥职能部门的专业技能，提高工作效率。但其明显的缺点是，每个职能部门只负责某一个方面的职能，管理的焦点为本部门而非整个组织，责任不明确，导致组织横向协调十分困难，容易出现多头管理的混乱局面，降低了组织的应变能力。因此，当酒店规模发展到一定的阶段、业务活动不断增加，同时外部经营环境发生变化时，这种组织结构就不再适应其组织发展的要求。

3. 直线职能制组织结构

直线职能制组织结构是我国酒店运用最为广泛的一种组织结构形式。这种组织结构以直线为基础，在各级行政负责人之下设置相应的职能部门，既实现了统一指挥，又能充分发挥职能部门的专长。

业务部门包括诸如客房部、前厅部、餐饮部、康乐部等一线部门，以及工程部、维修部等技术性较强的部分二线部门，可以单独存在，其主要任务是保证组织目标的实现。业务部门按直线制的形式进行组织，即按照垂直系统排列各个职位，各级管理者按照统一指挥原则全面负责本部门范围内的各项业务活动，责权分明，效率较高。

职能部门是指不直接从事接待和供应业务，而是为业务部门服务、执行某种管理职能的部门，起参谋作用，但无权直接指挥和发布命令，因此，职能部门不能单独存在，如酒店的人力资源部、安保部、财务部等。职能部门按分工和专业化的原则组织，发挥职能部门专业化的管理作用和管理人员专业化的管理专长，如安保部每年对所有部门入职的新员工进行安全与自我健康的培训和管理。

这种结构的优点在于很好地解决了并行部门间的冲突问题，在业务部门有严格的晋升和直线汇报与审批制度时，业务部门的执行人员可以严格执行自身部门主管人员交代的任务，并不受职能部门的直接管理。除此之外，直线职能制还沿袭了职能制结构的权责明确的优点。同样，客观地看，直线职能制依然存在一些缺点：部门之间的横向沟通较差，信息传递链过长，部门负责人协调工作量大，组织效率低；在实际管理中，往往会出现过多强调直线指挥，而对参谋职能利用不够的情况，影响员工的积极性与主动性，缺乏对变化的市场环境和突发事件的灵活处理能力。

4. 事业部制组织结构

事业部制组织结构是适用于大型酒店、酒店管理公司和集团化经营的酒店的一种组织结构形式，就是在酒店集团总部的领导下，按照产品或者地区分设若干事业部，各个事业部独立运营、互不干涉，拥有较大的经营自主权，有独立的核算与审批制度。

事业部制组织结构的优点是：可以减轻高层管理人员日常管理事务的负担，有利于其集中精力考虑企业的重大经营决策和发展战略；能够明确考核各事业部的经营业绩，有利于发挥各事业部的积极性；有利于扩大企业规模、市场覆盖面和产品多样化；有利于培养胜任经营管理工作的高级管理人才。事业部制组织结构的缺点表现为：由于各事业部重复设置职能部门造成了管理费用的增加；部门之间横向协调困难；各事业部易滋生本位主义，重视本部门眼前利益而忽略组织的整体利益等。

5. 矩阵制组织结构

矩阵制组织结构是一种常见的组织结构形式，由两套管理系统组成，即传统职能部门系统和为完成某一临时任务而组建的项目小组系统，也就是在直线职能制组织系统的基础上，再增加一种横向的领导系统，从而组成矩阵制组织结构，一般比较适用于对协调合作要求高、复杂性强、需要对经营环境变化做出迅速反应的大型酒店组织。

矩阵制组织结构的优点是：加强了组织的横向联系，既促进了任务的完成，同时还充分利用了专业设备和人员，实现了人力资源的弹性共享；集中了不同背景、不同技能与不同知识结构人员的项目小组能充分发挥集体的智慧与力量，互相激发，相得益彰，大大提高了工作效率；另外，矩阵制组织结构还具有较大的机动性，能够对经营环境的变化迅速做出反应，增强了组织的抗风险能力。

矩阵制组织结构有两个突出的缺点：项目小组完成任务后，其小组成员就各自回到原来的部门与岗位，比较容易产生临时观念，责任心不够强；矩阵制组织结构具有双道命令系统，成员受双重领导，比较容易出现权责不清、互相抱怨的状况，浪费大量的时间用于协调，对人员的积极性具有一定的负面影响。

第二节 酒店组织管理制度的构建

一、酒店组织管理制度的含义与特征

（一）酒店组织管理制度的含义

制度管理法是现代酒店管理的重要方法，只有形成一整套系统、科学、严密的组织管理制度才能保证酒店经营管理活动的正常进行，实现酒店的经营目标。

从狭义上来说，所谓酒店组织管理制度就是酒店根据国家的各种法律、条例、规定等形成的用于指导、制约、激励酒店经营管理活动的、成体系的活动和行为规范。酒店组织管理制度是将单独分散的个人行为整合为有目的的集体化行为的必要环节，是酒店经营管理的基本手段，它高度规范化，一旦形成并颁布实施就不能随意改动，同时要求酒店全体员工必须遵守。

（二）酒店组织管理制度的特征

1.制度的强制性和公平性

酒店组织管理制度的强制性体现为酒店以强制的形式要求全体员工必须遵守酒店的各项规章制度；公平性体现为在酒店所有的规章制度面前人人平等。酒店只有很好地树立了酒店组织管理制度的严肃性和权威性，才能真正发挥其对酒店经营管理活动的指导、规范与约束作用。

2.制度的规范性和目标性

酒店组织管理制度的目标就是保证酒店经营目标的实现，保护酒店利益相关者的权益。在实际管理过程中，科学、严谨、切实可行的管理制度可以起到自动调节的作用，规范酒店及员工行为，使酒店各项业务活动有章可循，朝实现酒店目标的方向发展，保障酒店投资者、管理者与员工等的利益。

3.制度的灵活性和发展性

制度管理的灵活性是指酒店的管理制度须与其他管理方法配合使用，以避免影响各部门及员工的积极性和主动性。酒店在进行组织制度管理时，不应机械移植其他酒店的管理制度与规范，而应结合酒店自身具体情况展开，鼓励全员参与酒店的制度化管理，同时注意制度的发展变化，使其能够真正发挥积极的作用。

（三）酒店组织管理制度的类型

目前，国内酒店业通行的做法是基于岗位责任制基础上的制度化管理，一些著名的酒店集团也总结和推出了自己成熟的酒店管理制度和规范。酒店的基本制度规定了酒店投资者、经营管理人员、员工等利益相关者各自的权利、义务与责任的分配关系，确定了财产的所有关系和分配方式，制约着酒店活动的范围和性质，是涉及酒店所有层次、决定酒店组织的根本制度。

1. 总经理负责制

总经理负责制是适合现代酒店管理规律与要求、被普遍采用的一种领导制度。总经理既是酒店的法人代表，在酒店经营中处于绝对的中心地位，又是酒店经营管理的负责人，全面负责酒店的经营和业务。在酒店内部建立以总经理为首的组织管理体系，总经理应该承担的责任主要有法律责任、经济责任、对员工的责任、对消费者的责任等，在获得酒店经济利益的同时，要保证员工的基本权利，改善员工的生活状况，为消费者提供安全、舒适的服务。

2. 经济责任制

经济责任制是现代酒店经营管理中一种重要的管理制度。酒店经济责任制是以酒店的经济效益和社会效益为主，按照责、权、利相结合的原则，具体规定酒店、部门、员工等的经济责任的一种制度。实行经济责任制的目的就是提高酒店全体员工的责任心，充分发挥员工的主观能动性，通过增强酒店内部活力实现国家、酒店与个人利益的统一。

酒店经济责任制包括酒店对国家的经济责任制和酒店内部的经济责任制。

（1）酒店对国家的经济责任制

酒店作为具有营利性质的经济实体，要按照国家和上级主管部门的有关政策、法律法规确定酒店的经营计划与决策，在合法获得经济效益的同时完成相应指标税金的缴纳。具体表现为：酒店根据市场需要开展各项经营管理活动，满足市场需求，获得经济效益；在上缴税金等方面完成和超额完成国家下达的指标；兼顾社会效益，促进酒店的持续发展。

（2）酒店内部的经济责任制

酒店需要各部门、全体员工共同完成所承担的对国家的经济责任。酒店按管理层次活动分为部门、班组和个人的责任制，具体落实到每一岗位——酒店经理、部门经理、主管、普通员工。每一个层次的管理者及员工都制定了各自的任务和权限，都必须在各自的工作岗位上完成各自的任务，从而形成酒店内部的经济责任制。

3. 岗位责任制

酒店岗位责任制是根据酒店各个岗位的工作性质与业务特点，明确规定其权限、责任、工作标准等的一种责任制度，是酒店责任制度的基础。酒店岗位责任制包括总经理岗位责任制、各部门主管和技术人员的岗位责任制、各岗位服务员的岗位责任制，其中酒店服务员岗位责任制是责任制的基础，也是岗位责任制的主要形式。

岗位责任制是一个完整的体系，一般通过岗位责任书、工作说明书等书面性文件体现出来，其内容主要包括：各岗位的名称和性质；各岗位的上下级关系；各岗位的职责范围和具体的工作内容；每项工作任务的基本要求、标准和操作程序；应承担的责任以及协作的要求；对物资与设备的使用与保管；任职资格；等等。

4. 酒店的工作制度

工作制度是使酒店组织协调有效运转的保证，也是现代酒店管理的基本制度，是经济责任制度及岗位责任制度实施的保障。工作制度的内容主要包括前台部门的业务技术、服务规范和后台部门的操作规范，具体内容有质量检查制度、会议制度、经济核算制度、考核评估制度、各服务岗位的业务技术规范等。其中的业务技术规范直接决定着酒店对顾客提供服务的质量水平，因而在酒店的工作制度中占据非常重要的地位。

5.员工行为规范

员工个人行为规范是指酒店专门针对个人行为而制定的规矩的统称，也称作员工手册或员工守则，是酒店运用最广泛的一种管理制度。员工个人行为规范是组织中对员工行为和活动约束的最细化的层次，其效果好坏、程度如何往往体现了酒店的服务质量以及上级的领导能力和管理能力。一份员工手册一般包括以下内容：序言，主要是对员工的加入表示欢迎；酒店简介，包括酒店规模、特色、组织结构、服务精神等；劳动管理，包括工作时间、薪酬福利、培训进修、人事变动等；工作纪律，主要是奖惩的规定；安全守则及其他内容。

（四）酒店组织制度的实施

1.制度实施的组织保证

制度实施的组织保证是指能使制度贯彻执行的客观条件和环境条件。首先，开展法纪和制度教育。通过各种形式的教育培训灌输、培养、提高员工的规范意识和制度观念，并将其用以指导、规范个人的工作行为。其次，营造优秀的企业文化。通过优秀企业文化的熏陶使员工的制度意识植根于内心深处，并逐渐将这种个人行为扩展为群体行为，从而在酒店内部形成一种浓厚的自觉执行制度的氛围。最后，还需要实行严格公正的考核和奖惩，既是对制度执行情况的系统检查与监督，又是保证制度实施的重要组织手段。

2.制度实施的主观条件

制度实施的主观条件是指制度执行者的自身条件，主要包括两个方面：一方面是良好的员工基础素质，实现这一点还需要在员工招聘环节严格把关。基础素质好的员工具备顺利贯彻执行制度的原始素质。一般旅游院校学生是较好的员工来源。另一方面是对员工素质的塑造，主要是通过各种形式的培训教育、实践锻炼来综合培养员工素质，引导员工自我塑造和自我提高，从而使员工对制度的执行从被迫转化为一种自觉要求。

第三节 酒店市场营销概述及营销任务

一、酒店市场营销概述

（一）酒店市场营销概念

市场营销是个人或群体通过创造产品和服务，并同他人交换以满足其欲望与需求管理过程。

酒店的产品不是单纯以物质形态表现出来的无形产品，而是有形设施和无形服务的结合。因此，酒店的营销活动应当区别于传统实体产品的营销。具体来说，酒店市场营销活动应当具备这样的功能：首先，了解顾客的合理需求和消费倾向；其次，设计、组合、创造适当的酒店产品，提供合理的价格，以满足目标市场顾客的需要。所以说酒店的营销活动必须是酒店内各部门密切配合的结果。酒店市场营销的作用在于沟通酒店和顾客之间、酒店内部的各种关系，寻求酒店的最佳效益。

综上所述，酒店市场营销是酒店为了使顾客满意并实现经营目标而开展的一系列有计划、有步骤、有组织的活动，其核心是满足顾客的需求，最终目的是保证酒店获得持续稳定的盈利。简言之，酒店市场营销就是在适当的时间、适当的地点，以适当的价格，通过适当的渠道，采用适当的促销策略，向适当的顾客销售适当的产品和服务。

（二）酒店市场营销的特征

1. 注重服务过程

酒店产品具有综合性、无形性及评价主观性的特点，因此，要求酒店更加注重服务过程中员工和顾客进行服务接触的过程，即服务的"真实瞬间"。这是酒店服务质量展示的有限时机，是建立良好顾客关系、培养忠诚顾客的最佳时机。

2. 注重销售的时效性

酒店服务属于一次性服务，也就是说，酒店不可能将当天没有卖掉的客房储存起来放在其他时间销售给顾客。酒店客房和服务无法储存的损失表现为机会的丧失和折旧的发生，这就使酒店营销活动面临比实体产品销售更大的挑战。所以思考如何提升酒店在某一天或者某一个时点的入住率，把握好客房销售的时效性，避免客房资源闲置是无法回避的问题。

3. 注重需求管理

需求管理是对顾客的需求在时间、规模和结构等方面进行引导和控制。酒店顾客需求波动很大，在不同季节、不同时段和不同日期都是变化的。酒店行业普遍的经验是鼓励酒店进行客房预销售，即客房的预订。然而在客房预订时，酒店的管理者又不得不面对许多的不确定性，如可用来预订的客房数量，不同预订提前期可接受的折扣限额等。通过对顾客需求的管理，不仅可以尽量缩小酒店淡旺季之间的不平衡，还能将酒店的需求规模保持在一个适当的水平上，寻求酒店的最佳运行规模。

4. 注重内部营销和外部营销的统一

酒店产品生产与消费同时性的特征说明了员工与客人同为酒店生产与服务过程的要素。这一特征使得酒店营销中不仅要关注顾客的需要与满意度，同时还必须重视员工的利益与需要，即将内部营销和外部营销统一起来。其中，外部营销是以客人为对象的营销，内部营销则是以酒店内部员工为对象的营销。

现代酒店营销应以顾客的需求为导向，产品设置与服务提供都要符合市场需求。在卖方市场转为买方市场的环境下，转变酒店固有的营销观念是酒店在激烈市场竞争中立于不败之地的前提和保证。

二、酒店市场营销任务

酒店市场营销的过程由市场调研后的市场细分、市场选择和市场定位构成，这是一个连续的系统的过程，也是酒店能否发现市场、进入市场、占领市场和扩大市场的关键。

（一）酒店市场细分

1.酒店市场细分的内涵

（1）酒店市场细分的概念

现代酒店面临着市场竞争日益激烈、顾客日益挑剔且需求多样化的困境。酒店如果不进行有效的市场细分并提供有针对性的产品与服务，将无法吸引顾客。通过对市场的有效细分，为不同需求层次的顾客制定不同价格或分配不同资源，是提高顾客满意度和解决酒店企业资源闲置或潜在收益流失的重要途径。

酒店市场细分就是根据消费者明显不同的需求特征将整个酒店市场划分成若干个消费者群，每一个消费群体内部都具有较高程度的同质性。通过市场细分，酒店能够向目标市场提供有效的服务与产品及其相关的营销组合，从而使顾客需求得到更有效的满足，并使酒店获得目标利润。

（2）酒店市场细分的基础

①消费者需求的异质性

消费者的需求具有鲜明的异质性特征，同时又表现出明显的集群偏好。如度假旅客和商务旅客有着各自明显的偏好，对应的市场上就出现了度假酒店和商务酒店。

②企业资源的有限性

任何一家企业所拥有的资源都是有限的，任何一个企业都无法为所有消费者提供他们需要的服务。如一家五星级酒店的服务对象是高端商务旅客或者高端度假旅客，此时普通的经济型旅客就不是它的服务对象。

③企业经营的择优性

任何企业都倾向于在自己擅长的领域开展服务，或倾向于避开正面竞争，酒店企业也是如此。

（3）酒店市场细分的作用

在旅游市场细分作用的研究中，多数学者对市场细分的作用在以下三方面达成了基本共识：市场细分有利于识别和发掘市场，开发新的旅游产品，开拓旅游新市场；有利于针对性地制定和调整旅游市场营销组合策略；有利于旅游企业优化资源配置，从而取得良好的经济效益。

对于酒店企业来讲，进行有效市场细分的主要作用如下：首先，通过对每个细分市场的购买潜力、竞争情况等的分析对比，有利于酒店探索出适合酒店自身的市场机会。其次，有利于酒店掌握目标市场的特点，提高酒店的应变能力。最后，有利于酒店制定和调整营销组合策略，合理利用资源，从而提高整体的经济效益。

2.酒店市场细分的原则和标准

（1）酒店市场细分应遵循的原则

①可衡量性

所谓可衡量性是指各细分市场的需求特征、购买行为等能被明显地区分，各细分市场的规模和购买力大小等能被具体测量。要做到这一点，就要保证所选择的细分标准清楚明确，能被定量地测定，这样才能明确划分各细分市场的界限。另外，所选择的标准要与顾客的某种或某些购买行为有必然的联系，这样细分出来的市场对酒店企业才具有实用性。

②可盈利性

所谓可盈利性是指细分后的子市场要能够为酒店提供足够的利润。如果一家酒店是以顾客的肤色作为市场细分的标准，从可盈利性的角度看就毫无意义，也不会给酒店的经营带来任何好处。此外，从可盈利性的角度细分市场时还要考虑市场规模、开发成本对酒店经营效益的影响，也就是说，细分出的市场首先在顾客人数和购买力上要足以保证酒店可以取得良好的经济效益；其次必须保证细分市场的相对稳定性，即不仅要保证酒店的短期利润，还必须有一定的发展潜力，保持较长时期较好的经济效益。

③可进入性

所谓可进入性是指酒店可以进入细分后的子市场，并通过提供有效的产品和服务获得利益，即经过细分后所确定的目标市场要使酒店有条件进入并能占有一定的市场份额。酒店必须从实际出发，以保证细分出的市场是酒店的人力、物力、财力等资源所能达到的，是经营能力所能及的，否则不能贸然去开拓。此外，酒店的营销人员要有与客源市场进行有效信息沟通的可能，具有畅通的销售渠道，这对于具有异地性特征的酒店市场尤其重要。

④差异性

所谓差异性是指酒店各细分市场之间的需求存在一定的差异，这些差异既是酒店进行市场细分的依据，也是形成酒店经营特色和利润空间之所在。酒店通过差异性的构建区别于竞争对手，形成自身稳定的目标顾客群体。

（2）酒店市场细分的标准

酒店要进行有效的市场细分，就必须找到一个适当的科学的划分依据。下面我们将就几种主要的酒店市场细分标准进行详细分析。

①地理因素

按地理因素细分市场是指以顾客所在的不同的国家、地区或区域作为划分市场的标准，这是酒店企业最基本的一种市场划分方式。不同的国家与地区的顾客由于经济状况、消费习惯及风俗文化的差异对酒店的产品产生不同的偏好。如亚洲的客人与来自欧美的客人对酒店设施的要求上有很多的差异，亚洲客人比较注重酒店的装饰和设施，而欧洲客人则强调客房的整洁、卫生与舒适宜人；亚洲客人比较注重自己在旅游购物时的花费，而不太愿意支付高价来享受高星级的酒店服务，且较少支付小费；欧洲客人则强调在高档次的，尤其是连锁型的酒店内下榻，其在住宿方面的支出要远远超出亚洲客人，并且更愿意在享受良好服务后支付小费。酒店在了解顾客的差异之后，可以结合自身的实际情况来采取不同的营销手段招徕和吸引顾客，并且设计和提供不同的服务和产品满足顾客差异化的需求。

②人口统计变量因素

消费者需求和偏好与人口统计变量关系密切，另外人口统计变量比较容易衡量，有关数据相对容易获取，这是人口统计变量成为最常用的一种市场细分依据的重要原因。

第一，性别。由于生理上的差别，男性与女性在产品需求与偏好上有很大不同。传统视角下一般认为商务客人以男性居多，女性较少，所以大多数酒店忽略了现代女性入住酒店时的一些需求。随着女性在商务领域发挥的作用日益重要，商旅活动中女性比例逐渐上升，许多高端酒店意识到女性在入住酒店时对私密性和女性产品的独特需求，特设专门的女性楼层来迎合这部分女性顾客的需求，在很多地方甚至出现了女性主题酒店。

第二，收入水平。收入水平是酒店在进行营销时一个较易获取数据和衡量的细分变量标准。高收入消费者与低收入消费者在选择酒店产品、对房价的敏感性等方面都会有所不同。现代酒店在细分市场时较多考虑消费者的收入水平因素。

第三，职业与受教育程度。不同的职业和受教育程度的不同会使顾客对酒店产品有不同偏好。

此外，人口统计变量还包括年龄、家庭生命周期等因素，处在不同的年龄阶段、不同的家庭生命周期的消费者的需求也有较大差别。

③心理因素

酒店在营销时应重视顾客心理需求的分析，加强产品心理属性的研究，重视产品的品位、形象、个性、感性等方面的塑造，营造出与目标顾客心理需求相一致的产品和服务属性。不同消费者出于不同购买动机在选择酒店产品时的侧重点有所不同，有的顾客在入住酒店时更看重朴实、环保，有的则追求奢华的感觉或者某种刺激的感觉。因此，酒店营销应根据顾客生活方式、所处的社会阶层、个性特点等因素进行市场细分，这就是心理细分。

第一，生活方式。人们追求的生活方式各不相同，如有的群体追求新潮时髦，有的追求恬静、简朴，有的追求刺激、冒险，有的追求稳定。具有相同或者相近生活方式的人在入住酒店时有着截然不同的偏好。

第二，社会阶层。处于同一阶层的消费者具有类似的价值观、兴趣爱好和行为方式，不同阶层的消费者则在上述方面存在较大的差异。很显然，识别不同社会阶层的消费者所具有的不同的消费特点，将为酒店市场细分提供重要依据。

第三，个性特征。消费者的个性特征对其选择酒店产品有很大的影响。个性特征主要体现为外向或内向、乐观或悲观、保守或激进、热情或冷漠等。性格外向、容易感情冲动的消费者往往喜欢表现自己，因而他们喜欢购买能表现自己个性的产品；性格内向的消费者则喜欢大众化，往往购买比较平常的产品；富于创造性和冒险心理的消费者，则对新奇、刺激性强商品特别感兴趣。

④购买行为

许多学者认为，购买行为能更直接地反映消费者的需求差异，因而成为市场细分的最佳起点，主要包括以下 3 种情况。

第一，按购买目的细分。商务酒店、度假酒店、会议型酒店等不同类型的酒店以顾客的购买目的为细分标准，其所面对的顾客群体也不同。

第二，按购买时间细分。根据顾客购买时间的不同，酒店顾客被分为偏好旺季顾客及偏好淡季顾客。一般而言，旺季偏好顾客都是一些受时间限定或约束的人群，在时间条件的约束下，这类顾客不会介意偏高房价；而淡季偏好顾客多属于对价格比较敏感而时间不受限制的人群。当然，由于酒店类型不同，淡季或旺季偏好的顾客分布也有差别。如对于旅游景区内的酒店而言，旺季偏好型顾客多属上班族，平时没有时间外出旅游，只有到节假日才能抽出时间。淡季时，酒店也需要寻觅一些符合"对价格比较敏感而时间条件相对充裕"的淡季偏好客户作为补充客源，并通过各种措施，如价格折扣等施加影响，从而有效地帮助酒店解决淡季时期的经营问题。如在美国有一些企业受经费限制，专门在淡季在酒店召开一些公司会议，这样的客源对酒店而言就是典型的淡季偏好型顾客。另外，老年顾客也是这些酒店淡季时期可以着重开发的顾客群体。

第三，按购买数量和购买频率细分。酒店可以根据顾客入住酒店的数量和频率来进行细分，频繁入住的顾客可以为酒店带来稳定的收入和利润，是酒店的忠诚顾客。通常从营销学的角度我们把顾客按照购买频率和数量分为大量使用者、中度使用者和轻度使用者。大量使用者人数可能并不很多，但他们的消费量在全部消费量中占很大的比重，酒店经营也可以这样来进行划分。

（二）酒店目标市场选择

酒店市场细分的结果是将整个酒店市场划分为具有不同特征的细分市场，目标市场选择是市场细分的下一个环节。酒店通过评估每个细分市场对自身的吸引力程度选择进入一个或多个细分市场。

1.酒店目标市场选择的标准

（1）酒店资源

酒店资源包括酒店的人力、物力、财力及酒店形象等。如果酒店规模较大，实力雄厚，有能力占领更大的市场，可采用差异性营销策略；如果酒店资源有限，实力不强，无力兼顾整体市场或几个细分市场，可采用集中性营销策略。

（2）产品同质性

同质性是指本酒店产品与其他酒店产品类似性。如果本酒店产品同其他酒店产品相似，说明产品同质性高，适宜采用无差异性营销策略；反之，适宜采用差异性营销策略或集中性营销策略。

（3）产品生命周期

一般而言，酒店产品所处市场生命周期的不同阶段所采用的营销策略也有规律可循。新产品上市往往以较为单一的产品探测市场需求，此时产品价格与销售渠道基本单一化，因此新产品在引入阶段可以采用无差异化营销。进入成长或成熟阶段后，由于竞争者的加入，同类产品增加，无差异营销难以奏效，所以在成长与成熟阶段酒店采用差异化或集中化营销更好。

（4）竞争者数量

当酒店的竞争者数量较少时，一般可以采用无差异性营销策略；当竞争者数量较多且市场竞争较为激烈时，宜采用差异性或集中性营销策略，以确保本酒店的产品和服务在一个或多个方面区别于竞争对手，形成竞争优势。

（5）竞争者的营销策略

酒店在选择目标市场的营销策略时，必须考虑竞争对手所采取的营销策略。如果某个实力较强的竞争对手已经采用了差异性营销策略，在本酒店难以与之抗衡的情况下就应该进行更有效的市场细分，实行集中性营销策略；如果竞争对手的力量较弱，而自己的力量较强，则可完全根据自己的情况确定营销策略。

酒店营销的成功与否关系着酒店的发展和前景，如何才能使酒店营销发挥积极作用，这在整个酒店经营中时时都要认真考虑。酒店在市场细分之后要选择自身资源能力所擅长的目标市场，积极运用和开发各种营销策略，以达到优质营销的最终目的，赢得顾客满意。

2. 酒店常用的目标市场选择策略

（1）无差异目标市场营销策略

无差异目标市场营销策略是指酒店无视顾客需求的差异性，而将整个市场都作为自己的目标市场，只推出一种产品和服务，制定一种价格，运用统一的营销组合策略开展营销活动。

这种策略突出的优点在于可以简化分销渠道，相应地节省市场调研和广告宣传的经费开支，使平均成本降低。缺点是不能完全满足旅游者的差异化需求。随着顾客的收入水平、社会地位、生活方式以及个人兴趣的不断变化，对旅游多样化的需求日益增长，单一的市场营销策略很难满足旅游者的差异化需求。因此，本策略主要适用于市场上供不应求或少数垄断性较强的酒店企业，在竞争激烈的市场中则不能适应现代酒店业的发展。

（2）差异性目标市场营销策略

差异性目标市场营销策略指的是酒店针对不同的细分市场制定出不同的营销组合策略，全方位地开展有针对性的营销活动，同时占领所选定的几个目标市场。这个策略适用于资源丰富和能力较强的酒店企业。

差异性目标市场营销策略根据消费者的不同需求特点对整体市场进行细分，并在此基础上选择整体市场中数个或全部细分市场作为自己的目标市场，针对不同细分市场的需求特点，提供不同的产品及制定不同的营销组合，满足不同的细分市场的需求。

这种策略的优点是能更好地满足顾客的不同需求，有利于提高酒店产品的竞争力，扩大整体市场份额。如果一个酒店能够同时在几个细分市场上占有优势，就会产生连带效应，有助于树立起令顾客信赖的、具有较高美誉度的积极形象。另外，由于酒店同时经营数个细分市场，有助于降低在某个单一市场中的经营风险。这种策略的局限性主要表现在由于产品种类多而导致营销费用较高，又由于经营分散使酒店在单一子市场中难以实现规模经济，从而影响了经营效率。

（3）集中性目标市场营销策略

集中性目标市场营销策略是指酒店集中所有力量，以一个细分市场作为目标市场，实施高度专业化的服务，试图在较小的细分市场上占有较大的市场份额。这个小的细分市场是大型酒店集团没有注意到，或者不愿意顾及的市场。这种策略的突出优点在于能充分发挥酒店的优势，使酒店在特定市场上具有较强的竞争力。

这种策略往往适合资源能力有限的中小型酒店或新进入市场的酒店，他们在较大的市场上难以取得竞争优势，因而力图在较小的市场范围内取得较高的市场占有率。由于经营范围针对性强，容易形成本酒店产品与经营的特色，因此有利于扩大酒店在特定细分市场上的知名度，增加由此带来的销售额，节省营销费用，并通过专业化的营销满足特定的消费者的需求。这种策略的不利之处是酒店过分依赖小市场的状态和稳定性，如果目标市场需求突然发生变化，则存在较高风险。

以上3种策略都有各自的优缺点，酒店在选择自己的经营策略时必须根据自身的条件、产品和服务的特点以及市场的情况加以权衡，慎重行事。目标市场选择是一个系统性的工作，从整个酒店的营销活动来看，目标市场的选择仍属于前期工作，这一工作成功与否会直接影响市场定位的效果。

（三）酒店市场定位

"定位"一词最早出现在广告业，强调广告要在视听者心目中留下一定的位置。如果酒店能在目标顾客心中确立一定的位置，给顾客一个购买的理由，往往就能在竞争中处于有利的位置。

1. 酒店市场定位的内涵

在酒店行业竞争激烈的今天，产品和服务同质化日益严重，顾客有太多功能相近的酒店可以选择。那么顾客如何进行购买决策？顾客光顾本酒店而不是其他酒店的理由是什么？从营销的角度来讲，这些都要依靠酒店有效的市场定位来解决。

酒店市场定位是指酒店根据竞争者现有产品在市场上的地位及顾客对产品某些属性的偏好程度塑造出鲜明的酒店个性或形象，并通过有效的方式传递给目标顾客，从而在细分市场上占有强有力的竞争地位。这种个性或形象可以是实物方面的，也可以是心理方面的。

定位是以酒店产品为出发点，针对潜在顾客进行的，也就是说，定位是为酒店在潜在顾客心中确定一个合适的位置。通常情况下，无论酒店是否意识到产品的定位问题，在顾客心中酒店都会占据或者形成一定的位置或者形象。如酒店巨头"希尔顿"在顾客心中意味着"高效、优质的服务"；经济型酒店创造品牌"假日酒店"则给人"经济、卫生、舒适、便捷"的市场形象。因此，在酒店产品和服务日益同质化的今天，对于酒店而言，定位并不是酒店要为本身的产品做些什么，而是指酒店要给顾客留下些什么印象，即在消费者心目中建立区别于竞争对手的印象和位置。

2. 酒店市场定位的基本策略

（1）直接对抗定位

直接对抗定位也称针锋相对定位，是指把本酒店的产品定位在与竞争者相似或者相近的位置上，同竞争者争夺同一细分市场。一般来说，当本酒店能够提供比竞争对手更令顾客满意的产品或服务，或者在某些方面优于竞争对手时，可以采用这种定位策略。如百事可乐与可口可乐、肯德基与麦当劳的竞争，就是直接对抗定位的例子。在酒店行业，如锦江之星和如家快捷就是典型的直接对抗定位。

如果竞争对手实力很强，且在消费者心目中处于优势，此时实施直接对抗定位策略就有一定的市场风险，因为这不仅需要酒店拥有足够的资源和实力，而且需要在知己知彼的基础上实施成功的差异化。

（2）再定位

再定位是指酒店发现最初选择的定位策略不科学、不合理，营销效果不明显，继续实施下去很难成功，因而做出对原有定位进行调整的策略。一般通过更换品牌或管理方（如果是运用特许经营或委托管理的话）、调整产品和服务内容或者改变广告诉求等一系列方法来重新为酒店定位。酒店重新定位的目的在于能够使企业获得新的、更大的市场，寻求新的增长。

（3）避强定位

这种定位是指酒店意识到很难通过与同行业竞争对手相抗衡来获得竞争的绝对优势，从而选择避开细分市场上强大的竞争对手，突出宣传自己与众不同的特色来取得相对优势。酒店可根据自己的条件，通过营销创新，在目标市场上营造一种明显区别于竞争对手的新产品或新服务，突出宣传自己与众不同的特色，在某些有价值的产品属性上取得领先地位。

3. 酒店市场定位的过程

（1）明确酒店的竞争优势

所谓竞争优势是指酒店在竞争过程中相对竞争对手所表现出来的优势。消费者一般都选择那些给他们带来最大价值的产品和服务。因此，赢得和保持顾客的关键是比竞争者更好地理解顾客的需要和购买过程，并向他们提供更多的价值。通过提供比竞争者更低的价格，或者提供更多的价值以使较高的价格显得合理，酒店可以从产品、服务、价格、人员、形象等方面构建竞争优势。如香格里拉酒店集团作为亚太地区的先驱型豪华酒店集团，强调其源于亚洲的特点及其独特的亚洲式热情好客服务之道，这也是香格里拉赢得世界级酒店集团荣誉的基础。

（2）通过竞争优势传递市场定位

如果酒店自身存在若干潜在的竞争优势，那么就必须选择其中一个或几个竞争优势，并据此明确自身的市场定位。

在选择好市场定位之后，酒店必须采取切实步骤把理想的市场定位传达给目标消费者。酒店所有的市场营销组合必须支持这一市场定位战略，即通过产品、价格、广告等渠道来传递酒店的定位。当酒店的某种产品或者服务的特性超出竞争对手的水平时，就应该强调这些特性。

第四节 酒店市场营销策略及营销新理念

一、酒店市场营销策略

（一）传统的酒店营销策略

1. 产品策略

产品策略是市场营销 4Ps 组合的核心，是定价策略、渠道策略和促销策略的基础。产品策略指酒店制定经营战略时，首先要明确能提供什么样的产品和服务来满足消费者的要求。酒店企业在提供产品时应注意整体产品设计和创新。

（1）酒店的整体产品设计

从消费者的视角看，酒店产品是指顾客在入住酒店期间所获得的各种感受，是客人住店期间全部经历的总和，包括对无形服务和有形设施的消费体验。这种消费体验源自酒店产品的 3 个层次：核心产品、形式产品和延伸产品。

酒店的核心产品是指酒店为客人提供的最基本的服务和产品，并以此来满足客人在酒店中最基本的需求，提供最基本的服务。例如，酒店通过提供清洁卫生的客房、安静安全的环境给入住客人以最基本的生理和安全需求的满足；通过提供温馨人性化的服务给入住客人以尊重和被认可的心理需求的满足。酒店的形式产品是酒店产品和服务核心利益的外在表现形式，它既表现为实体产品又表现为无形的服务，如酒店的位置、装修、品牌、商标等都属于形式产品。酒店的延伸产品是指顾客购买酒店产品和服务时得到的附加利益的综合，如酒店的服务质量保证、酒店免费提供的机场接送机服务等。酒店除了做好核心产品之外，对形式产品和延伸产品也要足够重视。

（2）酒店产品的创新

在目前酒店行业竞争日益激烈的状态下，酒店产品要勇于创新。但是在行业实践中，由于固定设施投入的成本较高、酒店产品创新无专利性等原因，酒店产品的创新本身缺乏动力。因此，酒店产品的创新与实体产品和技术创新相比是滞后的。目前普遍的情况是酒店引进当前较新的技术使得产品和服务特征得以提升或者改良，或者直接进入某个新市场。

2. 价格策略

（1）影响酒店产品定价的主要因素

影响酒店产品定价的因素主要有内部因素和外部因素两大类。内部因素主要是指影响产品价格的酒店自身原因，包括酒店投资成本、酒店定价目标和其他营销组合；外部因素是指影响酒店定价的市场环境等外在原因，主要包括市场需求状况、社会文化及经济环境、政策法律因素等。

①内部影响因素

第一，酒店投资成本。根据国际酒店业的统一标准，经济型酒店每间客房的投资成本为 1.5

万～4万美元。酒店常用的客房定价的参考方法是千分之一法，即以每间客房造价的千分之一作为客房每天/间的价格。因此，酒店投资成本是影响酒店价格水平的基本因素之一。此外，业主希望的投资成本回收期也会对房价的高低产生影响。

第二，酒店定价目标。定价目标的差异会在很大程度上影响酒店定价。如秉持利润导向目标定价的酒店，希望获得适当的投资利润，不会使销售价格低于单位成本。以竞争导向目标定价的酒店，一般采用低价策略来提高市场占有率，因而可能以低于单位成本的价格出售。而一些相对弱势且在行业里处于跟随地位的酒店，为了应对和防止竞争，往往采取跟随大型连锁酒店进行定价的方法。

第三，其他营销组合。酒店产品质量会影响酒店的定价，一般质优则价高。另外，营销渠道和促销手段的选择也会对酒店价格产生影响。

②外部影响因素

第一，市场需求状况。酒店房价随市场需求状况即供求关系的变化而不断调整。某一地区酒店数量的不断增加会导致行业内竞争日益加剧，为了获得高客房出租率，削减房价成为一种常用的竞争定价方法，竞争的后果是酒店整体房价偏低。因此，某一地区酒店供过于求时，酒店需要考虑降低价格；供不应求时，酒店可以考虑适当提高价格。

第二，社会文化及经济环境。酒店作为旅游业的重要组成部分，受社会文化及经济环境的影响较大。一旦全球或者酒店所在国的经济滑坡或者政局动荡，当地的酒店业就会呈现不稳定性和波动性。

第三，政策法律因素。政府或行业组织的政策因素或者价格约束对酒店定价也有一定的影响。如政府为了维护市场秩序，或为了其他的目的，可能通过立法或者其他途径对酒店行业的价格进行干预。政府价格干预行为主要能够起到两方面的作用：一是维护消费者的利益，防止价格过高形成酒店暴利；二是保障酒店的利益，避免恶性价格竞争。

（2）酒店产品的定价方法

①理解价值定价法

这种定价方法是以消费者对酒店产品的认识程度为依据而制定价格的方法，消费者的主观感受和评价是制定价格的基础。每家酒店在顾客心目中都有特定的位置，顾客会将其与备选的酒店相互比较，通过权衡相对价值的高低而最终做出选择。因此，酒店首先需要为其产品在目标市场上定位，并运用各种营销手段来影响消费者的价值观念，使消费者感到其选择的产品比其他产品获得更多的相对利益，然后就可根据消费者所形成的价值观念大体确定客房价格。运用理解价值定价法的关键是把自己的产品同竞争者的产品相比较，准确估计消费者对本产品的理解价值。

②差异定价法

这种定价方法是为同一酒店产品定出多种价格，以便运用在不同的细分市场上。制定出不同价格的依据主要有以下3种情况。

第一，顾客不同。酒店不同的客人类型会给酒店带来不同的利益，针对不同的客人实施不同的价格可以增加酒店的营业额。如对一个无预订的散客，酒店给出的是门市价；而对协议单位的客人，由于协议单位能给酒店带来持续而稳定的客源，酒店给出的就是协议价或折扣价。

第二，地点不同。处于不同地理位置的同一连锁酒店集团的不同酒店，定价会有所差异。如上海香格里拉大酒店的门市价就高于同一时期宁波香格里拉大酒店的门市价。

第三，时间不同。同一酒店在每年的不同时期会制定不同的价格。由于供求关系的作用，酒店在旺季时可以制定较高的价格，而在淡季时理论上价格只要高于营运成本就可以了。

③竞争导向定价法

这种定价方法是指通过研究竞争对手的产品价格和服务质量，以竞争者的价格为基准点，确定本酒店的产品价格。竞争是这种定价方法考虑的中心，除非市场需求或成本因素的变化引起了竞争者价格的调整，否则不对其做出反应。竞争导向定价法包括率先定价法和随行就市定价法。

第一，率先定价法。酒店根据市场竞争及自身的市场定位，率先制定具有竞争性的价格，以吸引客源并获得市场优先权。若价格符合市场供求需要，则能够在竞争中获得较大收益。

第二，随行就市定价法。酒店根据同一行业的平均价格或其直接竞争对手的平均价格来制定价格，从而较好地避免了正面的价格竞争。因此，随行就市定价法在竞争态势不明朗、酒店缺乏较强竞争力的情况下可以帮助酒店避免竞争，保持一定的市场份额。

3.分销渠道策略

酒店分销渠道是指出售或代理出售酒店产品和服务的企业和个人，包括直接分销渠道和间接分销渠道两大类。

（1）直接分销渠道

直接分销渠道又称零层次渠道，指酒店不通过任何中间商直接向顾客销售产品，亦即顾客直接向酒店购买产品。

通常有3种直接分销渠道可供选择：①酒店直接向上门的顾客出售酒店产品服务，这是酒店的传统销售方式。②酒店通过电话、传真、互联网等途径向顾客出售产品。近年来，随着信息技术的广泛应用及计算机的普及，越来越多的顾客在线预订旅游产品。网络已成为酒店未来发展重要的分销渠道之一，酒店应做好主页设计、网站建设等方面的工作，强化在线渠道的销售效果。③酒店在经营区域或目标市场领域内自设销售点，如酒店在机场、火车站等地设立销售点，面顾客直接销售。这一模式还包括连锁酒店集团与成员酒店之间相互代理预订，互相推荐客源的合作。

（2）间接分销渠道

间接分销渠道是指借助中间商将酒店产品转移到最终消费者手中的途径。随着市场进一步国际化，酒店单靠直接分销渠道难以有效地吸引分散在各地的顾客，许多酒店借助批发商、零售商、代理商等销售机构和个人在销售信息上的优势开展销售活动。

根据中间商介入数量的不同，间接分销渠道有不同的长度和宽度。分销渠道的长度指产品从酒店转移到顾客这一过程中所涉及的中间商的数量。中间商的数量越多，分销渠道越长。分销渠道的宽度是指一个酒店在具体分销渠道中中间商以及销售网点的数目和分布格局，中间商及销售网点多的属于宽渠道，反之则可称为窄渠道。

酒店通常有两种间接分销渠道可供选择。

①酒店—零售商—顾客

酒店将产品以较低的价格出售给零售商，由零售商组织客源。

②酒店—批发商—零售商—顾客

酒店在与批发商（如经营团体包价旅游的旅行社）进行价格谈判的基础上，以大幅度低于门市价的价格将其产品批量销售或预订给批发商，批发商则委托零售商将产品出售给最终顾客。

大部分酒店产品必须依靠一定的销售渠道，才能将产品转移到顾客手中。分销渠道既是酒店产品商品化的必经之路，也是连接产品和顾客的中介，而不同的分销渠道决定了酒店营销活动的质量和效果。酒店在分销渠道选择上应注意以下几个方面：首先，顾客数量较大、购买频率较高、分布较广的酒店可以采用较长、较宽的渠道。其次，高端酒店适宜采取较短、较窄的渠道。最后，实力薄弱的酒店更多依赖中间商，实力较强的酒店应当更加注重自身分销渠道的建设，降低对中间商的依赖。

4. 促销策略

所谓促销策略是指酒店为了激发顾客的购买欲望、影响他们的消费行为、扩大酒店产品的销售而进行的一系列联系、报道、说明等促进工作。以下是酒店企业常用的几种促销手段。

（1）酒店广告

酒店广告是指酒店通过付费的方式选择和制作有关酒店产品的信息，由媒体发布，说服顾客购买或使用，提升酒店知名度和影响力，树立酒店产品的形象以达到促销目的。目前较为普遍的酒店广告是平面媒体广告和电视广告。前者以文字为主要表现形式，广告信息容量大，费用较低，能够更全面、准确、详细地对酒店产品进行广告宣传，且具有一定的保存性。但是表现力不够强，内容不够丰富，受众的目的性不够明确。后者可以在较短时间内形成情节性的片段，具有较强的感染力，但是费用较高。

（2）公共关系

公共关系是指酒店为了与公众沟通信息，使酒店与公众相互了解，协调各方面关系，提高酒店知名度和美誉度，为酒店的市场营销活动创造良好外部环境而开展的一系列专题性或日常性活动的总和。这些活动始终贯穿于酒店企业的发展过程，包括各项专业色彩浓厚的专题公关活动，如新闻发布会、大型庆典活动、大型酬宾活动等。公共关系在大型的酒店集团或连锁酒店运用较多，但在规模较小的单体酒店并不多见。

（3）营业推广

营业推广也称销售促进，是酒店用来刺激早期需求或提高市场占有率而采取的各种短期性促销方式的总称。酒店的推广营业包括价格优惠（尤其常见于试营业期间）、积分换房、客房升级、免费入住体验等多种促销方式。营业推广能使消费者产生强烈而又快速的反应，但是在建立长期品牌偏爱方面的效果并不理想。目前很多酒店招聘"试睡员"就是营业推广的典型体现。

（4）人员推销

人员推销是一种比较传统的、效果较好、费用较高的促销手段。酒店的人员推销指通过人际交往的方式向顾客进行介绍、说服等工作，促使顾客了解、关注、购买本酒店产品或服务，如联系走访代理商、中间商、机关团体、VIP顾客等。这种促销方式的优势在于强化了交易过程中的感情色彩，有利于培养与顾客较为稳定的交易关系，但是促销的人员成本偏高。

（二）新型的酒店营销策略

1.4Cs营销策略

4C分别指代顾客（Customer）、成本（Cost）、便利（AConvenience）和沟通（Communication）。4Cs理论主要是针对服务型企业提出的，强调服务型企业应当站在顾客的角度来进行营销活动，注重顾客的需求及满意度、顾客愿意承担的消费成本、顾客购买的便捷性以及与顾客的双向沟通。

（1）4Cs营销策略的构成要素

①顾客

酒店作为典型的服务型企业更应重视顾客，关注顾客的需求。因而酒店营销最重要的任务就是寻找顾客、发现顾客、吸引顾客。酒店工作人员要善于发现、预见顾客需求，并能够对顾客需求做出敏捷反应。

酒店应当根据消费者需求的变化及时调整产品和服务。如上海四季酒店针对顾客个性化需求提供金钥匙服务，并安排富有经验的礼宾部服务生协助客人在上海购物；地中海俱乐部根据单身度假者越来越多的情况提供更多的单人房等。当然，酒店在满足顾客需求时也应当遵循"80/20法则"，即大部分酒店80%的营业额是来自其中20%的忠实顾客群的重复购买或消费，只有20%的营业额是来自那些80%的游离顾客。酒店在经营时应当着重对20%的忠实顾客的需求进行针对性研究，考虑如何通过满足他们的个性化需求来留住这部分顾客。

②成本

根据经典营销学原理得到这一公式：酒店顾客价值（顾客净享受价值）=（酒店的产品价值+酒店的服务价值+酒店的人员价值+酒店的形象价值）-（顾客货币支出+时间支出+体力支出+心理支出）。从这个公式可以发现，提高酒店顾客价值除了降低货币支出，即最常用的降低价格的方法之外，还有很多其他途径，如降低顾客的时间支出、精力支出和心理支出等。

酒店可以运用这一原理，通过尽量减少顾客的消费总成本，包括货币成本、时间成本、体力成本、心理成本等，来提高顾客净享受价值，消除或降低顾客对价格的敏感性，继而提升顾客的满意度和忠诚度。许多国际知名的连锁酒店集团都在这些方面做出了相关规定并进行了有益尝试。如为了提升顾客的净享受价值，提高顾客满意度，洲际酒店集团向全世界的旅行社和会议组织者提供质量保证承诺，承诺对顾客不满意部分重新服务或退款，通过减少顾客的心理支出提升了整体的顾客感知质量。

③便利

4Cs 强调便利是客户价值不可或缺的一部分，因此酒店在制定营销策略时，要更多地考虑为顾客的购买提供方便，而不仅仅是关注酒店自身的方便。

酒店在提升便捷性时应注意以下两点：首先，降低顾客购买前的搜寻、决策成本。时间已成为越来越珍贵的资源，而搜寻酒店资料和信息会花费顾客很多时间和精力。酒店应全面、清楚、简洁地向顾客提供酒店的信息，减少消费者的搜寻时间，降低其决策难度，这是体现便捷性的一个方面。其次，便捷性还体现在要使顾客的购买活动变得方便容易，并确保酒店良好的可进入性，如地理位置的合理性、交通工具到达的状态、酒店是否方便停车等。

④沟通

首先，酒店应该通过同顾客积极有效地双向沟通，建立起基于共同利益的新型企业与顾客关系。酒店企业通过与顾客进行深入广泛的交流，可以获得有关顾客需求的信息，明确顾客的欲望与需求，了解顾客真正愿意为产品支付的价格，掌握顾客的购买习惯和购买偏好，从而实施方便顾客购买的措施，更有针对性地向顾客提供优质服务。酒店从管理层到基层员工都应当重视和把握每一次与顾客沟通交流的机会，都必须认识到营销工作不仅仅是营销部员工的事情，而是需要酒店全体员工共同努力完成。

另外，酒店还要注重内部沟通，即管理人员与服务人员之间、员工与员工之间、部门与部门之间的相互沟通。只有在有效的内部沟通的基础上，酒店管理人员才能够做出科学的经营决策、明确顾客的需求并设计出优秀的产品和服务；只有在有效内部沟通的基础上，酒店的服务人员才能明确酒店的经营目标和方向，进而有效地服务顾客。

（2）4Cs 策略的优势

在竞争性市场中，顾客及顾客需求具有动态性，顾客忠诚度也会发生相应的变化，顾客对酒店的青睐会因某些主观或客观因素的变化而转移到其他酒店。要提高顾客的忠诚度，赢得长期而稳定的市场，就要求酒店以有效的方式与顾客建立持续的关联，形成一种互助、互求、互需的关系，把顾客与酒店联系在一起，这样就大大减少了顾客流失的可能性。从这个视角看，4Cs 的优势主要体现在以下两个方面：① 4Cs 强调顾客在营销中的主导地位及顾客需求的多变性与个性化发展，酒店只有更多地考虑顾客的需要并提供针对性的服务，才能提升顾客的满意度，为酒店赢得更多的忠诚顾客。②虽然 4Cs 总体上是 4Ps 的转化和发展，但是 4Cs 以更有效的方式在酒店与顾客之间建立起了一种基于共同利益的新型企业与顾客关系，有别于传统的说服、劝导关系，更加适应现代市场营销的要求。

2.7Ps 营销策略

美国营销专家菲利普 – 科特勒认为每一行业中都渗透着服务，其区别只在于所包含的服务成分的多少。他提出的由"纯粹有形产品"向"纯粹服务"过渡的产品分类模式中，酒店产品属于"有形产品与服务的混合"，即属于服务成分较高的产品范畴。在这个基础上，美国服务营销学家布姆斯（Booms）和比特内（Bitnet）针对服务的特殊性提出了扩展营销组合，又称"服务营销组合"，即7Ps理论。

（1）7Ps营销策略的构成要素

7Ps是在传统的4Ps的基础上增加3个"服务性的P"，即人（People）、过程（Process）、有形展示（Physical Evidence）。因此，7Ps包括产品、价格、渠道、促销、人、有形展示和服务过程7要素。

①人

服务人员和顾客成为酒店营销管理的两个主要对象，这是7Ps营销组合中很重要的一个观点。

对酒店顾客而言，酒店的工作人员是酒店产品的一部分，肩负着服务提供和服务销售的双重任务。在酒店行业，由于酒店服务产品的生产和销售同时进行，因此酒店服务人员同顾客之间的互动会直接影响到产品的质量。

顾客是"人"要素中一直备受关注的关键点。酒店服务的特征之一是顾客会参与服务的整个过程，这一特点使得酒店服务的效果不仅仅取决于服务者的素质、专业知识以及服务者是否被赋予了足够的自主权，还与顾客的个人行为特点密切相关。此外，一位顾客对酒店产品与服务质量的认知很可能会影响其他顾客的消费，因此，酒店管理者还应研究如何在顾客与顾客的相互影响中进行质量控制。

②过程

酒店的所有服务内容和项目都是通过一定的程序、机制以及活动得以实现的，这就是服务递送过程。简言之，服务过程就是指酒店服务生产和提供给顾客的过程。酒店的服务过程是由服务人员来完成的，表情愉悦、专业和表示出关切的服务人员可以减轻顾客必须排队等待结账或者入住的不耐烦感觉，或者平息服务问题出现时的抱怨和不满，提高顾客消费体验。

③有形展示

酒店的有形展示要素包括实体环境（酒店建筑及设计风格、内部装修及装饰、色彩搭配等）以及服务提供时所需要的设施（客房、床及床上用品、卫浴产品），还有其他实体性线索（如服务人员的气质、精美的服装、酒店的气味、噪声水准等）。有形展示部分会影响顾客对酒店的总体评价。因此，目前很多酒店企业，尤其是高星级酒店都在积极提升酒店硬件设施的档次，即通过提升有形展示的水平来提升顾客对酒店的整体评价。

（2）7Ps策略的优点

①强调了员工的参与对整个营销活动的重要意义

企业员工是企业组织的主体，每个员工做的每件事都将是客户对企业服务感受的一部分，都将对企业形象产生一定的影响。酒店应让每个员工都积极主动地参与到企业的经营管理决策中来，真正发挥员工的主人翁地位。

②强调酒店企业应关注为顾客提供服务的整体性

7Ps 策略更重视酒店内部各部门之间分工与合作过程的管理，强调酒店营销是一个由各部门协作、全体员工共同参与的活动，只有酒店部门之间的有效分工与合作才能保证整体服务质量，让顾客感受到"满意＋惊喜"的服务体验。

③强调有形展示在酒店产品和服务营销中的重要性

酒店产品和服务的不可感知性和所有权的不可转移性使顾客在购买酒店产品时具有一定的心理障碍，所以 7Ps 强调酒店可以通过有形展示来降低顾客购买的心理障碍。另外，酒店还可以通过互动沟通了解顾客在酒店入住过程中的感受，让顾客参与酒店服务营销过程，及时改进服务来满足顾客的期望。

二、酒店市场营销新理念

在酒店业竞争日趋国际化、全球化的形势下，出现了一些新型的营销理念。这些新理念不仅丰富了酒店营销管理理论，也对酒店企业营销效果的提升起到了不可忽视的作用。

（一）体验营销

体验通常在人们对事件的直接观察或者参与中形成，是一个人达到心理或精神的某一特定水平时，意识中所产生的感受。

体验营销是指酒店以服务为舞台，以商品为道具，为给顾客创造出值得回忆的入住体验而开展的一系列营销活动的总称。这是一种基于顾客的感官、情感、思考、行动和联想 5 个方面来重新定义和设计酒店营销行为的方式。传统营销带给顾客的是单纯地满足住宿或者用餐等功能性需求的感受，而体验营销突出的是一种独特的个性化需求被满足的主观享受，通过文化体验、氛围体验、娱乐体验、情感体验等方式去营造意境，给顾客留下难以忘怀的经历。

（二）内部营销

内部营销是与外部营销相对应的概念。传统的营销理念只把消费者即外部市场作为酒店营销的主要活动领域，而内部营销理念认为建立一个良好的内部市场是酒店外部市场营销获得成功的关键。

内部营销理念指的是酒店应把员工视为酒店的内部市场，充分认识到员工在酒店发展中的重要性，将员工放在管理的中心地位，通过对员工的物质利益、精神追求等合理需要的满足，培育满意的员工，激发其自发主动对顾客服务的意识，为酒店更有效地拓展外部市场提供可靠的支持。

酒店必须明确认识到在员工有效地为顾客提供服务之前，酒店必须像对待最终顾客一样服务于内部顾客，使内部顾客满意，通过有效内部营销赢得员工的满意与忠诚，使员工对酒店产生归属感和荣誉感，从而更有效地服务外部顾客。

（三）绿色营销

在环境恶化、资源短缺、人口爆炸、世界性饥荒和贫困等世界性问题日益严峻的时代，环境保护和可持续发展变得日益重要。在这样的背景下，酒店业也逐渐开始推行绿色营销理念，一批绿色酒店也应运而生。

1. 绿色营销的内涵

酒店的绿色营销是指酒店以环境保护观念作为其经营哲学，满足消费者的以绿色消费为中心这个出发点，在绿色文化的指导下，创造和挖掘市场机会来谋求发展。酒店绿色营销关注的焦点是要求酒店的经营活动应当谋求顾客利益、酒店利益、社会效益和生态效益的和谐统一，不能以牺牲社会效益和生态效益为代价获取酒店的经济利益。

在绿色营销理念的指导下，出现了一批绿色酒店。所谓绿色酒店是在酒店建设和经营管理过程中，坚持以节约资源、保护环境为理念，在经营管理活动中注重节约能耗和促进环境和谐，是一种环保、健康、节约、安全的酒店。

2. 酒店绿色营销的途径

（1）树立绿色消费理念

绿色消费是一种通过选择不危害环境又可持续发展的产品和服务来满足人们生活需要的一种理性消费方式。它既尊重了地球生态环境系统的平衡和负荷，又坚持可持续发展，是一种科学的消费方式。酒店经营过程中要首先以"社会生态环境至上"的理念来代替"经济利益至上"的理念，积极倡导顾客的绿色消费，加强酒店的社会责任感。目前很多酒店企业开始逐渐意识到环保和绿色营销的重要性。

（2）实施绿色管理

酒店实施绿色管理在国际上通行的做法是推行"6R"原则。6R分别指研究（Research）、消减（Reduce）、再使用（Reuse）、循环（Recycle）、保护（Reserve）、替代（Replace）。其中研究是指酒店在经营管理中将环保纳入酒店的管理决策，重视研究本酒店的环境对策；消减是指酒店应该通过采用新技术或者新材料减少废物排放和能源的消耗；再使用是指酒店应当积极贯彻物尽其用的原则，不浪费任何资源；循环是指酒店注重对废弃物的回收处理，循环利用；替代是指酒店应该用可回收利用的物品代替一次性用品；保护是指酒店应该树立积极的环保意识，推广绿色消费理念。

（3）做好员工的绿色教育与培训，引导顾客绿色消费

酒店应该针对员工做好绿色培训工作，反复强调绿色酒店的意义，以及如何在对客服务中引导顾客进行绿色消费。对外部消费者应当在服务过程中进行绿色消费理念的灌输和引导，可以在酒店公共区域或者客房进行绿色消费的宣传。

（四）主题营销

1. 酒店主题营销的内涵

（1）酒店主题营销的概念

酒店主题营销是指酒店企业在组织开展营销活动时，根据当时的消费热点、时令季节、客源

需求等因素，选定一个或多个主题为吸引标志，向顾客宣传酒店形象，吸引公众关注从而激发顾客的购买欲望。酒店的主题营销强调通过赋予酒店某种主题以更好地挖掘卖点，使销售活动更人性化，从而激发顾客的购买欲望。

酒店主题营销主要把握以下两个方面。

①主题的差异性

酒店进行主题营销的重点之一在于强调主题的差异，通过塑造一种与众不同的主题形象，使自己的产品与服务区别于竞争对手，优于竞争对手。酒店必须从顾客的立场出发，在调查分析顾客需求的基础上确立主题。此外，酒店还要善于正确分析自身的优势和劣势、面临的机遇和威胁，发挥本酒店的资源优势，形成其他酒店难以模仿的主题，确保主题发展的稳定性与持久性。

②主题的文化性

文化是酒店进行主题营销的源泉和根本，也是酒店的竞争力所在。主题应当是富有文化内涵的商业卖点，蕴含丰富的文化特色，通过主题体现酒店的建筑风格、装饰艺术和特定的文化氛围，让顾客获得富有个性的文化感受。

（2）酒店主题营销的作用

第一，体验经济时代下，顾客的消费经验日益丰富和理性，已经懂得如何表达他们的需要，尤其是对独具特色的个性化需求的表达。主题营销以特定主题为酒店经营的核心，突出酒店的文化感，让顾客可以感受全新的与众不同的入住体验，从而满足其求新、求异的心理需求。

第二，主题营销可以提高酒店的知名度，打响酒店的品牌，增强酒店在顾客心目中的美誉度。酒店在满足了消费者独特需求，带来全新体验的同时，通过明确的主题也让消费者记住了酒店的特色和品牌，进一步激发消费欲望和重复购买酒店产品的可能性，从而提高酒店经济效益。

第三，主题营销将与主题相关的元素融入酒店的每个角落，实现了主题与酒店整体环境的完美融合。因此，成功的主题营销是竞争对手难以模仿的，也是酒店核心竞争力的集中体现。

2.酒店主题营销的具体运用

（1）事件营销

事件营销是主题营销在酒店业中的初级运用，也就是将某一事件作为该次营销的主题，在经营中以该事件为中心开展营销活动。事件营销并不是单纯地进行一次营销活动，而是将酒店整体营销活动处在某一事件背景下，从而让消费者易于接受，实现营销的目的。事件营销在提高酒店知名度、提升短期的经营业绩等方面都有较好的表现。

事件营销在酒店业中的运用比较广泛，是现代酒店业中较常用的一种营销方式，最常见的方式就是以节日为主题开展事件营销。如利用情人节的事件营销，不仅酒店的装饰和整体氛围设计要迎合情人节主题，而且酒店餐饮部门会推出针对情侣客人的情侣套餐，客房部会有针对性地推出情侣套房等，以此在整个酒店里烘托出一种浪漫甜蜜的情人节氛围，让消费者留下一段别具一格的回忆。

（2）主题酒店

主题酒店是主题营销在酒店业中的高级运用。主题酒店是指酒店的建筑风格、装饰艺术以及整体氛围都围绕某一特定主题开展的一种酒店。主题酒店以让顾客获得富有个性的文化感受和消费体验为目的，同时将主题融入服务，以个性化的服务取代一般化的服务，让顾客获得快乐的同时感受到酒店的与众不同。

主题酒店的本质特点就在于差异性、文化性和体验性。首先，差异性满足了消费者的独特需要，吸引了更多的消费者。其次，文化性体现在酒店主题通常具有较强的文化内涵，并表现在酒店的方方面面，能迅速地让消费者感受到并融入其中。最后，差异性和文化性营造了主题酒店的体验性，让顾客在酒店的主题空间中不仅满足了基本的服务需求，而且享受到了主题文化所带来的全方位的感官体验。

事件营销和主题酒店都是主题营销的表现形式，但两者之间也存在着不同点。事件营销具有临时性和短期性的特点。当某一事件的效应消失时，该次事件营销也就完成了。事件营销只存在于该事件产生效应的阶段。主题酒店则具有长期性和一致性的特点。主题酒店在建店之初便确定了主题，整个酒店从服务到装饰、从餐厅到客房都将紧扣该主题，并将该主题自始至终贯彻在酒店经营中。

第三章 酒店业务及顾客关系管理

第一节 酒店前厅业务管理

酒店业务是酒店工作的主要内容，是酒店存在和运行的基础。对酒店业务的管理，也就成了酒店管理的主要内容。一方面，酒店管理最大量的工作是在业务管理上。另一方面，酒店对其他各系统的管理也是围绕着业务活动而进行的。业务管理成了酒店管理体系的主线。酒店业务管理的前提是要形成业务，即在反映酒店主题和业务决策的前提下形成合理的业务内容和业务结构。根据酒店业务的特点，本章主要介绍酒店三大核心部门即前厅部、客房部和餐饮部的业务运行与管理。

酒店的前厅部是酒店接待客人的重要部门，是酒店直接对客服务的起点，是客人在店消费的联络中心和客人离店的终点。它的主要任务是负责销售酒店的主要产品——客房，联络和协调酒店各部门的对客服务，为客人提供前厅部的综合性服务。前厅部工作质量的高低，不仅直接影响到客房的出租率和酒店的经济效益，而且能反映出酒店的工作效率、服务质量和管理水平的高低。

一、酒店前厅的职能与组织结构

（一）酒店前厅部的主要职能

前厅部的工作职能具体表现在以下几个方面。

1. 立足客房销售

客房产品的销售是前厅部的中心工作，其他一切工作都是围绕这个中心进行的。客房是酒店最主要的产品，是酒店经济收入的主要来源，客房产品具有所有权的相对稳定性、地理位置的固定性、价值补偿的易逝性等特点，受时间、空间和数量的限制。因此，能否积极发挥销售作用，做好客房产品的销售，将会影响到整个酒店的盈利水平。

2. 掌握正确房态

客房状况的正确显示，是酒店服务质量与管理水平的体现，也是客房产品顺利销售的基础。前厅部的客房状况显示系统包括客房预订显示系统、客房现状显示系统。只有做好客房状况的实时显示，掌握正确的房态，才能更好地开展对客服务。

3. 协调对客服务

前厅部将通过销售所掌握的客源市场预测、客房预订与到客情况以及客人的需求，及时通报给其他相关业务部门，使各部门能够相互配合协调，有计划地完成本部门应该承担的工作任务。前厅部通过对客售后服务，及时地将客人的意见反馈给有关部门，以改善酒店的服务质量。

4. 提供各类服务

前厅部直接为客人提供各种服务，为住店客人办理住宿手续、接送行李、委托代办业务、记账结账等。酒店前、后台之间以及各部门与客人之间的联络、协调关系等也需要前厅部来牵头。

5. 提供客账管理

目前，国内大多数酒店为了方便客人、促进消费，已向客人提供统一结账服务。客人提供必要的信用证明或预付账款后，可在酒店各部门签单消费，客人的账单可在预订客房或办理入住登记手续时建立。前厅部的责任是区别每位客人的消费情况，建立正确的客账，以保证酒店的良好信誉及应有的经营收入。

6. 建立客史档案

由于前厅部为客人提供入住及离店服务，因而自然就成为酒店对客服务的调度中心及资料档案中心。大部分酒店为住店一次以上的散客建立了客史档案，记录了酒店接待客人的主要资料，这是酒店给客人提供个性化服务的依据，也是酒店寻找客源、研究市场营销的信息来源。

（二）酒店前厅的组织结构

前厅部的组织机构，需要根据本酒店等级的不同、规模的大小、业务量的多少、酒店客源的特色而设置。前厅部的组织机构应具备预订、接待、问询、收银、行李、商务等服务功能。

二、酒店前厅业务管理

（一）预定业务管理

1. 客房预订

客房预订是推销客房产品的重要手段之一。

目前，随着旅游业的发展和酒店业的激烈竞争，订房已不仅是客人为了使住宿有保证而进行的单方面联系客房的活动，还成为酒店为了争取客源、保证经济效益的实现而进行的主动式推销，这是双向的预约客房的行为。随着客源市场竞争的加剧，主动式推销客房越来越引起酒店管理人员的重视，订房已成为酒店重要的推销工作。客房预订的种类，一般有以下 4 种形式。

（1）保证类预订

保证类预订使酒店与未来的住客之间有了更为牢靠的关系。通过信用卡、预付订金、订立合同 3 种方法来保证酒店和客人双方的利益。但使用时要注意其效果。一是信用卡。客人使用信用卡，收银人员要注意信用查询，防止出现恶意透支现象。二是预付订金。预付定金是酒店最欢迎的，特别是在旺季，一般由酒店和客人双方商定。订金可以是一天的，也可以是整个住宿期间的。三是订立合同。订立合同是指酒店与有关单位签订的供房合同。但应注意合同履行的方法、主要签单人及对方的信用，并注意要防止呆账的发生，明确规定最高挂账限额和双方在违约后应承担的责任。

（2）确认类预订

客人向酒店提出订房要求时，酒店根据具体情况，以口头或书面的形式表示接受客人的预订要求。一般不要求客人预付订金，但客人必须在规定的时间内到达酒店。否则，在用房紧张的情况下，酒店可将客房出租给未经预订直接抵店的客人，酒店不保证提供房间。

（3）等待类订房

酒店在订房已满的情况下，为了防止由于客人未到或提前离店而给酒店带来的经济损失，仍然接受一定数量的客人订房。但对这类订房客人，酒店不确认订房，只是通知客人，在其他订房客人取消预订或提前离店的情况下才予以优先安排。

（4）超额预订

在用房旺季时，酒店为防止因订房客人未到或住店客人提前离店而造成客房闲置现象的发生，适当增加订房数量，以弥补酒店经济损失。但超额预订会因为客人的全部到达而出现无法供房的现象，并可能损失酒店的经济利益和损坏酒店的形象。

2.客房预订业务的程序

（1）受理预订

接到客人的订房要求时，预订员将客人的订房要求填写在统一规格的订房单内，以明确酒店接受预订的各种信息，如客人姓名、联系方式、抵店时间、需要房间种类与数量等。

（2）接受或婉拒预订

酒店根据客人的需求与本酒店的具体情况，确定能否满足客人的预订需求。能满足客人的预订需求时，则接受预订；否则，可婉言拒绝。

（3）确认预订

酒店接受了客人的预订后应及时给客人发出预订确认书。确认书中应复述客人的订房要求；申明酒店对客人订房变更及取消预订的有关规定；向确认类预订的客人申明抵店的时间；对保证类客人申明收取订金及取消预订的有关规定。

（4）记录、储存订房资料

预订员将客人的订房资料分类整理，按客人的抵店时间顺序排列存放。

（5）预订的变更、取消及客人抵店前的准备

如果已确认的预订客人要求变更或取消预订，预订人员应及时办理手续，填写订房变更与预订取消单，以防出现差错影响客房出租。客人抵店前，预订员及时将有关资料转交总台接待人员。

客房预订工作中应注意的问题：客人预订一经酒店确认，就产生法律效力，所以应该注意，订房信息记录应准确无误；客人抵店前，订房信息要及时传达到相关部门，做好接待客人的准备工作；酒店房源方面有任何变化，都应及时通知客人；酒店任何人员为他人办理预订业务，都应

按照所规定的程序进行，防止造成损失与混乱；把取消预订与违约的有关处理规定告诉客人。

（二）接待业务管理

客房预订并没有完成客房产品的销售，它只是增加了提高客房出租率的可能性，接待服务和分房管理才是最终完成客房产品的销售。分房管理是直接出售客房产品，是一种艺术，分房工作管理得好，就能将高价客房或闲置客房出售，从而减少闲置，增加销售量。

1. 按有关规定入住登记

入住登记的过程是客人与酒店第一次面对面的接触机会。对于酒店总台来说，入住登记手续是对客服务的第一个关键的阶段，这一阶段的工作效果将直接影响前厅部客房产品的销售。提供信息、协调对客服务、与客人建立正式的合法关系，是办理入住登记手续的目的。需要注意的是，在办理入住登记手续时，应该做到：遵守国家法律法规中有关户籍管理的有关规定，如没有身份证等有效证件，将不予办理手续；获取住店客人的详细个人资料；合理满足客人对房价的要求；建立正确的客人账户。

酒店为了维护自身和其他客人的合法权益，保障酒店和其他客人的生命财产不受伤害，可以行使"拒绝入住权"。

2. 客房状况的控制

在前厅部的业务运转中，客房状况的控制是一项重要内容。客房状况控制是确保客房状况准确的有效手段，它往往是前厅部业务运转的一个核心。掌握酒店的客房状况及其变化，应当引起管理者的高度重视。在客房状况控制过程中，客房状况信息的传递、有效的信息沟通是十分重要的。客房状况的变化取决于客人住宿活动。客人住宿登记后，其对应的客房状况就由原来的空房或待租状况变为住客房；客人结算后客房状况变为走客房，然后变为空房；客房状况就是这样不停地随着客人住宿的变化而变化。客房状况的变化主要通过三个部门在沟通，即客房部、开房处、收银处。这三个部门在沟通和控制客房状况方面应负主要责任。客房部要及时、准确地向开房处报告房态，接待员以此作为接待客人、分派客房的依据。客人离店结算退房时，收银员负责通知客房部，客房部在清理完客房后，再次将最新客房状况通知开房处。准确的客房状况信息取决于这三个部门的信息传递。

（三）日常服务管理

1. 迎送服务管理

迎送工作是酒店显示档次与服务质量的关键。客人抵达或离店时，迎宾员应主动相迎，热情服务，将车辆引领到合适的地方，并主动帮助行李员清点客人的行李，以免出现差错。迎宾员还负责维持大厅门前的秩序，指挥、引导、疏散车辆，保证酒店门前的交通畅通无阻。

2. 问询、邮件服务管理

客人有了疑难问题，会向酒店有关人员询问，酒店有责任与义务帮助客人排忧解难。酒店应对问询处的工作人员进行相关知识的培训，而问询员除必须有较广的知识面以外，还需要掌握大量最新的信息和书面材料，以保证在工作中给客人以准确而满意的答复。问询处还设有钥匙信件架，按房号顺序排列，存放客人的钥匙及信件。

3. 行李服务管理

行李服务是由行李员负责进行的。行李服务中需要注意的问题是，运送行李过程中，需要得到客人的确认，以防止行李出现差错而给客人的行程带来不必要的麻烦。在团队行李交接过程中，应注意行李的检查验收工作，并办理必要的手续，防止行李的损坏和财物的丢失。多个团队出现时，应采取必要的方法加以区分，防止出现混乱现象。

4. 电话总机服务

电话总机是酒店内外信息沟通、联络的通信枢纽。绝大多数客人对酒店的第一印象是在与话务员的第一次声音接触中产生的。话务员热情、礼貌、耐心、快捷和高效的对客服务，起到了联结客人与酒店的桥梁作用。电话总机服务包括接转电话、问询服务、叫醒服务和联络服务4个方面的内容。

5. 客人投诉管理

投诉是客人对酒店服务工作不满而提出的意见。酒店一般前厅部设有大堂副理来接受和处理客人的投诉。通过客人的投诉，酒店可以及时了解工作中存在的问题，有利于酒店不断改进与提高服务质量和管理水平。正确处理客人投诉，可以加深酒店与客人之间的相互了解，处理好酒店与客人之间的关系，改变客人对酒店工作的不良印象。圆满处理客人投诉，可以树立酒店良好的声誉，让客人对酒店的不满降到最低限度。酒店大堂副理应掌握处理客人投诉的方法、原则和技巧。

6. 商务中心服务管理

为满足客人日益增长的商务需要，酒店通过商务中心向客人提供打字、复印、传真、秘书、翻译、代办邮件、会议室出租、文件整理和装订服务。酒店商务中心除应拥有计算机、复印机、传真机、装订机、有关商务刊物和报纸、办公用品和设备外，还要配备有一定专业和经验的工作人员，以提供高水平、高效率的对客服务。

7. 其他服务管理

为方便客人，满足客人多方面需要，酒店前厅还向客人提供旅游代办、机（车、船）票预订、出租汽车预约、收发邮件等服务。这些服务可以由旅行社、出租汽车公司、邮电局等专业部门在酒店设置专业机构办理，也可以由酒店代理。

（四）客账业务管理

前厅客账管理工作的好坏，直接关系到能否保证酒店的经济效益和准确反映酒店经营业务活动的状况，也反映了酒店的服务水平和经营管理效率。前厅客账管理的时间性与业务性都很强。位于前厅的收银处，每天负责核算和整理各业务部门收银员送来的宾客消费账单，为离店宾客办理结账收款事宜，编制各种会计报表，以便及时反映酒店的营业活动情况。从业务性质来说，前厅收银处一般直接归属于酒店财务部，但由于它处在接待宾客的第一线岗位，又需接受前厅部的指挥。

1. 客账记录

客账记录是前厅收银处的一项日常业务工作。为了避免工作中的差错，发生逃账漏账情况，前厅收银处的客账记录必须有一套完备的制度来保证，并依靠各业务部门的配合及财务部的审核监督。客账记录的方法和要求如下。

（1）账户清楚

接待处给每位登记住宿的宾客设立一个账户，供收银处登录该宾客在酒店居住期内的房租及其他各项花费（已用现金结算的费用除外）。它是编制各类营业报表的情况来源之一，也是宾客离店时结算的依据。通常，酒店为零散宾客建立个人账户，团体宾客建立团体账户。

（2）转账迅速

宾客在酒店停留时间短，费用项目多，每一位宾客一系列的消费都在几天甚至几小时内发生，这就要求转账迅速。各业务部门必须按规定时间将宾客账单送到前厅收银处，防止跑账、漏账、错账发生，保证准时结账，准确无误。如采用电脑收银系统，只要收银员将账单输入收银机，前厅电脑就同时记下了宾客当时的应付款项，能避免漏账，大大提高工作效率。

（3）记账准确

前厅为宾客建立客账后，即开始记录宾客住店期间的一切费用。宾客的房租，采取依日累计的方法，每天结算一次，宾客离店，加上当日应付租金，即为宾客应付的全部房租，一目了然。其他各项费用，如饮食、洗衣、长途电话、电报电传、理发、书报、租车等项目，除宾客愿在发生时以现金结算外，均可由宾客签字认可后，由各有关部门将其转入前厅收银处，记入宾客的账卡。这就要求记账准确，宾客姓名、房号、费用项目和金额、消费时间等必须清楚，和户头账户保持一致。

2. 宾客结账

现代酒店一般采用"一次结账"的收款方式，指宾客在酒店花费的全部费用在离店时一次结清。这样，既能给宾客带来方便，又能够留下服务态度好、工作效率高的良好印象。

宾客的结账方式现在一般有3种：一是现金支付，这对酒店来说是最理想的，因为酒店收取现金以后可以马上使用；二是用信用卡支付，这种支付方式比较方便，同时酒店的应收款项也可得到保证；三是使用企业之间的记账单来支付酒店费用。

3. 夜间审核及营业报表编制

在许多酒店中，收银处夜间工作人员除了上述业务，还要承担夜间审核和营业报表编制的工作。夜间审核工作是将从上个夜班核查以后所收到的账单及房租登录在宾客账户上，并做好汇总和核查工作。营业日报表是全面反映本酒店当日营业情况的业务报表，一般由前厅收银处夜审人员负责编制。其中一份于次日清晨送往酒店总经理办公室，以便酒店经理及时掌握营业总情况；

另一份送交财务部门作为核对营业收入的依据。

第二节 酒店客房业务管理

客房，是酒店的主体部分，是酒店向客人提供住宿和休息的场所，是酒店经济收入的重要来源，客房经营管理的好坏，直接关系到酒店的声誉，影响酒店产品的质量。客房部担负着客人住店期间的大部分服务工作，其业务范围涉及整个酒店和公共区域的清洁卫生、物资用品消耗的控制、设备的维修保养等。客房管理是连接客房产品生产和消费的纽带与桥梁。客房管理的好坏，能否根据客人类型、客人心理尽量满足客人需求，则成为直接影响客源的重要条件。同时，因客房使用低值易耗品多，物料比例大，如何最大限度地降低成本、提高利润，也是客房管理的重要任务。

一、酒店客房的职能与组织结构

（一）酒店客房部的主要职能

1. 提供基本的酒店产品

客房是宾客旅游投宿的物质承担者，是住店宾客购买的最大、最主要的产品。因此，酒店的客房是酒店存在的基础，没有了客房，实际意义上的酒店就不复存在了。

2. 酒店的主要收入来源

客房是酒店最主要的商品之一，客房部是酒店的主要创利部门，销售收入十分可观，一般要占酒店全部营业收入的40%～60%。

3. 负责酒店公共卫生及布件洗涤发放

客房部也是酒店管家部门，不仅负责整个酒店公共部分的清洁保养及绿化工作，也担负着整个酒店布件的洗涤、熨烫、保管、发放的重任，对酒店其他部门的正常运转给予不可缺少的支持。

（二）酒店客房部的组织结构

随着隐蔽式服务的提出，我国多数酒店的客房服务由楼层服务台的服务模式向客房服务中心模式转换，也有一些酒店没有改变。故目前酒店客房服务的方式有两种：楼层服务台和客房服务中心。无论采用哪种服务方式，都应根据酒店自身的实际情况和客人的需要出发而设立。一般客房部的主要组成部分包括：经理办公室、客房楼层服务组、公共区域服务组、客房服务中心、布草房、洗衣房等。

二、酒店客房业务管理

酒店客房业务管理的主要目的，是保证客人住宿期间能满足客人使用设施与享用物资的需求，为客人提供清洁卫生、设备用品齐全、舒适美观的客房，满足客人享受各种服务的要求，为客人提供物质和精神上的享受。

（一）客房清洁卫生管理

客房的清洁卫生工作是客房部的重要工作之一，客房卫生质量是客人最关心和最敏感的问题，也是酒店服务质量管理的重要内容，酒店必须制定严格的质量标准与操作程序进行管理。

1. 客房日常卫生管理

客房日常卫生是客房部的重要工作内容，也是衡量酒店服务质量的重要标准。卫生工作做得好，就能满足客人的需要。对客房的日常清扫，我国主要采用的是两进房制。主要内容包括 3 个方面，即清洁整理客房、更换补充物品、检查保养设备。根据酒店的具体情况，应制定相关的工作程序与质量标准。管理人员要加强监督与指导。由于客房状态的不同，清洁卫生工作会有所不同，但基本内容与基本要求是一样的，其基本程序如下所述。

（1）整理、清扫、除尘

按照酒店的规格与清洁卫生工作的要求，整理和铺放客人使用过的床铺，整理客人使用后放乱的各种用品、用具，整理客人放乱的个人衣物、用品，清扫垃圾，抹尘，吸尘。在房间整理、清扫、除尘过程中，应严格按照酒店规定的程序和质量标准进行。

（2）整理、擦洗卫生间

整理各种卫生用品及客人用具，清扫垃圾，擦洗卫生洁具及瓷砖墙面与地面。在卫生间整理、擦洗过程中，应严格按照规定的卫生标准与工作程序，杜绝一条抹布一抹到底的不道德行为。

（3）更换、补充用品

在房间整理清洁过程中，按照标准要求更换布件，补充用品。

2. 客房计划卫生管理

客房部除了日常卫生清洁工作外，还有诸如窗帘、地毯、房顶吸尘，顶灯除尘等卫生项目需要定期循环清洁。因此，应根据酒店的具体情况，制订切实可行的工作计划和卫生清洁标准，科学地安排时间、人员，保证酒店的服务水准。

3. 公共区域卫生管理

客房部除了承担客房区域的清洁卫生工作外，还承担了酒店公共区域公共卫生的清洁整理工作。由于公共区域面积大，人员分散，不利于控制与监督，因此，公共区域的清洁卫生工作要根据所管辖的区域和范围以及规定的卫生项目与标准，划片定岗，实行岗位责任制，使员工明确自己的责任与质量标准，管理人员应加强巡视检查，进行监督。

（二）客房接待服务管理

客房部接待服务工作围绕客人的到店、居住、离店 3 个环节进行，接待服务工作的管理也是以此为基础制定相应的管理程序与管理办法。

1. 迎客服务管理

客人到达楼层后，希望在人格上得到服务人员的尊重，在生活上得到服务人员的关心。根据顾客至上的原则，酒店应当制定相应的程序和要求，规范和约束员工的日常行为。员工迎客彬彬有礼，会给客人留下美好印象，使之有一个好心情，也会对酒店产生一个好印象。

2. 客人居住期间服务管理

客人住店期间，希望生活方便，他们的风俗习惯得到尊重。客人的需求变化莫测，酒店仅有规范化的服务仍然不能满足客人需求，酒店应针对不同客人的生活习惯与需求，在规范化服务的基础上，对不同客人应提供合理的个性化服务项目以满足其需求。

3. 客人离店服务管理

客人离店，是酒店接待客人活动的结束。但服务人员的良好服务，会给客人留下美好的印象。客房部员工应按酒店服务程序的规定，应做好客人离开楼层前的准备工作、客人离开楼层时的送别工作和客人离开楼层后的检查工作。

（三）客房安全业务管理

客房部管理面积大，接待客人多，工作比较复杂，容易出问题。从整个酒店讲，安全保卫工作由保卫部门负责，但客房部应该积极配合，保证客人人身与财产的安全。客房安全是指顾客在客房范围内的人身、财产及其正当权益不受侵害，也不存在可能导致客人受侵害的因素。

1. 客房安全

客房是顾客的暂居地及财物的存放处，故客房安全至关重要。客房门必须包括能双锁的门锁、广角窥镜及安全链，其他凡能进入客房的入口处，均应能上锁或闩。客房内各种电器设备应确保安全，卫生间的地面及浴缸应有防滑措施，所有茶具、杯具等应及时消毒，对于家具应经常检查其牢固程度；引领客人进房的服务人员应向客人介绍安全装置的作用及使用方法，并提请客人注意阅读客房内所展示的有关安全的告示及说明；客房服务人员清扫客房时，应将房门打开，不能随意将客房钥匙放在清洁车上，并检查客房内各安全装置；前厅问询处等各部门也应严格为住客保密。

为保证客房安全，还要严格控制钥匙。一般要求客人外出时将钥匙交还前厅问询处保管，回店时经验证其住客身份及房号后领取钥匙；当客人离店时，应提醒客人归还钥匙；要求客房服务人员工作时随身佩带钥匙，客房部每天应记录钥匙发放及使用的情况，由领用人签字等。

2. 走道安全

客房走道的照明应正常，地毯应平整；酒店保安人员应对客房走道进行巡视，注意有无外来陌生人违规进入客房区，提醒客人将门关好；楼层服务员如发现异常现象应及时向安保部汇报；配有闭路电视监视系统的酒店，可以更好地协助客房走道的安全监视及控制。

3. 伤病、醉酒客人的处理

酒店一旦有客人出现伤病，应有紧急处理措施及能胜任抢救的专业医护人员或员工救护，并配备各种急救的设备器材与药品。任何员工尤其是客房部员工，在任何场所若发现伤病客人，应立即向保安或经理报告，总机也应注意伤病客人的求助电话；对一直到下午仍挂有"请勿打扰"牌的住客，应电话或进房询问；如有伤病客人，应实施急救，或送医院治疗。事后由安保部写出伤病报告，呈报总经理，并存档备查，对不同类型及特征的醉酒客人，应区别对待。对于轻者，要适时劝其回房休息；对重者，应协助保安使其安静，以免打扰或伤害其他客人。客房服务员应特别注意醉酒客人房内的动静，以免发生意外。

4. 火灾的防范

酒店应有严密的防火安全计划，包括成立防火安全委员会，制定防范措施和检查方法，规定各岗位工作人员的职责和任务；制订火警时的紧急疏散计划，如客人及员工如何疏散及资金财产等如何保护；配备、维修、保养防火灭火设备及用具，培训员工掌握必要的防火知识和灭火技能，并定期举办消防演习；对住客加强防火知识宣传，如在客房门后张贴安全门通道示意图及在客房内放置防火宣传材料等；一旦发生火警，总机应向消防部门报警并用紧急广播系统通知客人及员工，要求他们经紧急出口和安全楼梯离开酒店建筑，电梯应放至底层并禁止使用；前厅部应在底层安全梯出口处引领疏散客人，保安人员应严密保护现场。

（四）客房设备用品管理

客房的设备用品种类繁多，在酒店固定资产中占有很大的比重。客房设备和用品是开展客房服务工作的物质基础。管理好客房的设备和物资，是客房业务管理的重要内容之一，也是降低客房营业成本的重要途径，客房部要具体制定设备、物资的管理制度，明确规定各级管理人员在这一方面的职责，合理使用设备物资，努力降低成本，力求得到最大的经济效益。客房内的各种设备应始终处于齐全、完好状态，客房服务员及管理人员在日常服务工作和管理工作中，随时注意检查设备使用情况，配合工程部对设备进行保养、维修，管理人员要定时向客房部汇报设备使用情况。房内各种供客人使用的物品和清洁用品，应备足、备齐，以满足服务工作的需要，保证服务质量。要控制好床单、毛巾等棉织品的周转，控制好消耗物资的领用，建立发放记录和消耗记录，在满足客人使用、保证服务质量的前提下，提倡节约，减少浪费，堵塞漏洞，实行节约奖励、浪费受罚的方针。

1. 客房设备用品采购管理

根据客房等级、种类、标准及数量，核定设备用品的品种、规格、等级及需求数量，按照各部门提出的设备用品采购计划，进行综合平衡以确定采购计划并采购。

2. 客房设备用品使用管理

做好设备的分类、编号及登记工作，制定分级归类管理制度，建立岗位责任制，实行客房用品消耗定额管理。

3. 客房设备用品更新管理

客房部应与工程设备部门一起制订固定资产定额、设备的添置、折旧、大修和更新改造计划，以及制订低值易耗品的摊销计划，减少盲目性。设备无论是由于有形磨损还是无形磨损，客房部都应该按计划进行更新改造。在更新改造设备时，客房部要协助设备部门进行拆装，并尽快熟悉各项设备的性能及使用、保养方法，投入使用。

第三节 酒店餐饮业务管理

现代酒店的餐饮业务管理已成为酒店企业管理的重要组成部分，现代化酒店的规模越大，管理工作专业化的程度就越高。现代化酒店的餐厅已经不仅是供应餐饮产品的场所，而且是具有休闲、宴会、交际等多重功能的场所。餐饮产品是由满足客人某种需要或得到某种享受的物质形态的实体和非物质形态的服务。构成餐饮产品的物质实体称为有形产品，如餐厅的外观、餐饮产品的生产与服务设施、菜肴与酒水的外观及颜色式样等；餐饮产品的非物质形态称为无形产品，是客人对产品内涵的感受，如餐厅的声誉、特色、气氛、位置、等级等。餐饮产品的有形部分与无形部分具有同样的地位，不可相互替代，组成完整的餐饮产品，其核心是可食性。

一、酒店餐饮的职能与组织结构

（一）酒店餐饮部的主要职能

餐饮产品与餐饮管理的特点，决定了餐饮管理的基本任务是：加强市场调查，提高服务水平与菜肴质量，满足客人需求，有效地利用人力、物力、财力，合理组织餐饮产品生产的各项经营业务活动，争取良好的经济效益。餐饮管理的职能主要有以下四方面。

1. 餐饮产品的市场定位

餐饮管理的首要任务是做好市场调查工作，选定目标市场，进行餐饮产品的市场定位，根据本酒店的具体情况策划餐饮服务项目、餐饮服务内容，并根据市场环境与酒店条件的变化，适时调整酒店的经营方针与经营策略，增强酒店餐饮产品的竞争能力。

2. 餐饮产品的生产管理

餐饮产品的生产过程是一个复杂的过程，由于参与人员多、使用原材料品种多、生产种类多，使得生产过程的控制显得特别重要。要加强餐饮管理，努力降低成本，餐饮产品生产过程的管理就显得特别重要。

3. 前台对客的服务管理

在客人对餐饮产品的消费过程中，前台员工的服务质量对餐饮产品的销售起着相当重要的作用。应制定餐饮服务标准、服务程序、服务规范，为宾客提供主动、热情、耐心、周到的服务，争取更多的客源市场份额。

4. 餐饮产品的销售管理

要实现餐饮部的经营目标，保证完成经营收入计划，餐饮管理人员就应加强对市场经营形势的分析与研究，适时调整经营策略，采取灵活多样的营销方式开发市场。

（二）酒店餐饮部的组织结构

酒店餐饮的组织结构是确定该部门各成员之间、所属部门之间相互关系的结构。目的是增强实现部门经营目标的能力，更有效地协调员工与控制整体之间的活动。酒店餐饮组织结构因酒店的类型、等级规模和服务内容的不同而设置不同。现代酒店的管理机构普遍采用七级制（含总经理一级）甚至更少的职级。从横向组织结构来看，餐饮部一般由五个部门组成：餐厅部、宴会部、厨房部、管事部、采购部。

二、酒店餐饮业务管理

（一）餐饮清洁卫生管理

酒店餐饮卫生管理的主要目的是为客人提供清洁卫生、对人体安全有益的餐食。餐饮卫生是保证就餐者健康的首要条件，也是影响餐饮产品质量的重要因素。为了保证食品卫生，杜绝食品污染和有害因素对人体的危害，保障就餐者的身体健康，酒店应切实抓好餐饮卫生管理工作。餐饮卫生管理工作的主要内容有食品卫生管理、员工卫生管理、环境卫生管理及设备与餐具卫生管理。

1. 食品卫生管理

酒店提供的食品必须是没有受过污染、干净、卫生和富有营养的食品。食品如果受到污染将会给顾客带来疾病危害，造成食物中毒。导致食品受到污染的来源主要是病菌、寄生虫或有害化学物质以及有毒的动植物。因此，必须做好食品污染的预防工作，保证食品卫生。

2. 员工卫生管理

员工卫生管理包括员工个人卫生和操作卫生管理。员工良好的个人卫生可以保证良好的健康状态和高效率的工作，而且可以防止疾病的传播，避免食物污染，并防止食物中毒事件的发生。员工在雇用后每年必须主动进行健康检查，并取得健康证明。员工个人卫生管理除了依靠严格的上岗规章制度外，还应从根本处着手，即培养员工良好的卫生习惯。

员工操作卫生管理的目的是防止工作人员因操作时的疏忽而导致食品、用具遭受污染。员工在操作时，禁止饮食、吸烟，并尽量不交谈；员工在拿取餐具时不能用手直接接触餐具上客人入口的部位；不能用手直接抓取食品，应戴好清洁的工作手套，并且在操作结束后处理好使用过的手套；工作时不使用破裂器皿；器皿、器具如掉落在地上，应洗净后再使用；若熟食掉落在地上，则应弃置，不可再食用；注意成品的保鲜、保洁，避免污染。

3. 环境卫生管理

餐饮产品的卫生情况与环境卫生管理大为相关，这里所指的环境包括餐厅，厨房，所有食品加工、储藏、销售场所，洗涤间，卫生间及垃圾房等。按照餐饮产品储存、加工、生产、消费等流程，各环节的卫生管理都必须严格到位，不容忽视。

4. 设备与餐具卫生管理

由于设备、餐具卫生管理不善而污染食品导致食品中毒的事件常有发生，因设备、餐具不符合卫生要求而被罚款或勒令停业整顿的餐饮企业也屡见不鲜。制订出设备卫生清洁计划及各种设备洗涤操作规程并教育训练员工，是搞好设备、餐具卫生的关键。因此，餐饮部应格外重视加工设备及厨具、烹调设备及厨具、冷藏设备、清洁消毒设备、储藏和输送设备等各类设备与餐具卫生管理。设备及餐具的卫生管理，应能保证供应食品不受污染，符合卫生要求。

（二）餐饮生产管理

餐饮产品的生产管理是餐饮管理的重要组成部分，餐饮产品的生产水平和产品质量直接关系到餐饮的特色和形象。高水准的餐饮产品的生产，既反映了餐饮的等级档次，又体现出酒店餐饮的特色。餐饮产品的生产还影响到酒店经济效益的实现，因为餐饮产品的成本和利润在很大程度上受生产过程的支配，控制生产过程的成本费用可以获得良好的经济效益。

餐饮产品生产管理的关键是菜肴生产管理。菜肴生产管理，主要是指厨房的生产预测与计划、食品原料的折损率控制、菜肴的份额数量控制以及编写标准食谱与执行标准食谱等。菜肴成本加大的原因之一是产品过量生产，预防菜肴的过量生产，可以控制无效的食品成本发生。菜肴成本加大的原因之二是食品原料的净料率控制不当，由于菜肴生产的需要，食品原料需要经过一系列的加工，才能符合制作要求，食品原料加工方法适宜，会增加它的净料率，提高菜肴的出品率，减少浪费，从而有效地降低菜肴成本。值得注意的是，提高食品原料的净料率应当在保证产品制作质量的前提下进行。另外，菜肴原料份额也会影响到菜肴的成本，应该给予高度的重视。

（三）餐饮推销管理

餐饮业务的经营管理者必须清醒地认识到，餐饮产品的生产销售是以市场为中心，以满足客人需求为目标。餐饮产品的市场推销直接从对餐饮市场经营环境的调查与预测开始。通过餐饮产品的推销活动，促进生产者与消费者之间的信息交流，消除障碍，刺激客人消费。推销过程实质上是一个信息传递过程，通过推销使消费者对本酒店经营的餐饮产品知晓、理解，成为潜在的消费者。推销是推动餐饮产品从生产领域向消费领域转移的过程，也是促使餐饮产品价值实现的过程。但餐饮产品要真正达到销售目的，除了推销者要选用适当的推销方式外，还要认真做好推销的思想准备，了解客源市场状况，将重心放在客人身上。

餐饮产品的推销可利用报刊、电视、广播等新闻媒介形式进行，也可采用户外广告的形式，如道路指示牌、屋顶标牌、灯箱广告牌、餐厅布告栏等。餐饮产品的推销还可通过推销人员与潜在客人面对面地交谈，向客人提供本酒店的信息，说服潜在的消费者购买本酒店的餐饮产品。酒店还可采用特殊的推销方式，如利用赠券、品尝样品、套餐折扣、赠送礼品等方式进行。

在餐饮产品推销过程中，首先应注意餐厅主题设计，力求办出自己的特色，拥有自己鲜明独特的形象，使客人在消费后留下深刻的印象。餐饮产品推销中，餐饮部门的形象设计可以突出自己的个性，环境情调的不同可以给人一种新鲜的感觉。餐饮部门提供的额外服务，会吸引众多的客人，如时装表演、音乐晚会、优惠供餐等。服务人员的建议式推销也会收到意想不到的效果。有的餐厅采用现场烹饪的方法，可引起客人的极大兴趣。有的餐厅，在推出一种新的菜肴时，采用特价或奉送品尝的方式，会产生良好的推销效果。利用节假日进行餐饮产品的推销活动，是餐饮部门经常采用的一种方式。各种节假日是难得的推销时机，餐饮部门这时都会制订节日推销计划，可以根据自己企业的特点，使推销活动生动活泼、有创意，争取获得良好的经济效益。

（四）餐饮成本管理

餐饮产品的成本管理是餐饮管理的关键。餐饮成本控制贯穿于餐饮产品生产的全过程，凡在餐饮产品制作与经营过程中产生的影响成本的因素，都是餐饮成本管理的对象。餐饮产品成本管理，关键的问题是做好餐饮产品的控制程序。制定并确定餐饮产品的各项标准成本；实施成本控制，对餐饮产品的实际成本进行抽查和定期评估；确定成本差异，分析造成成本差异的原因与责任；消除成本差异，找出解决成本差异的具体方法。

餐饮产品的制作是一个系统工程，餐饮产品的成本控制需要从以下三方面努力。

1. 食品原料的成本控制

食品原料是菜肴制作的主要成本，它包括主料成本、辅料成本、调料成本。主料成本是菜肴的主要原料成本，一般来说，主料在菜肴中占的份额最多、价格最高，是控制的重点。辅料成本又称为配料成本，在菜肴制作过程中，辅料起着衬托主料的作用，也是不可忽视的成本。调料成本是指菜肴生产过程中调味品成本，在菜肴生产过程中关系到菜肴的质量，是餐饮产品成本中一项重要的开支，有时甚至超过主料成本。食品原料的成本控制从两方面入手：一是做好食品原料的采购保管控制，同质论价、同价论质，减少采购中间环节，入库后合理储备，努力降低成本；二是食品原料的使用控制，管理人员应做好食品原料使用的监督工作，一旦发现问题，应及时分析原因，并采取有效措施，进行纠正。

2. 人工成本控制

菜肴的制作是手工劳动，人的因素起着相当重要的作用。人工成本控制，一是用工数量的控制，尽量减少缺勤工时，控制非生产和服务工时，提高生产效率，严格执行劳动定额。二是做好工资总额的控制，人员配备比例适当：高技术岗位的人员过多，会增加人力资源成本，造成人力资源成本过高；低技术岗位的人员过多，又会影响菜肴生产质量。

3. 燃料能源成本控制

燃料能源成本是菜肴生产与经营中不可忽视的成本，尽管在菜肴成本中可能占有的成本比例很小，但在餐饮产品的生产中，仍有一定数量。教育员工重视节约能源、做好节省燃料的工作是非常必要的。在餐饮产品的生产过程中，管理人员应坚持对能源工作和节能效果的经常性检查，以保证燃料能源控制工作的有效性；燃料能源成本的控制方法很多，管理者可以结合本单位的具体情况加以总结，使餐饮产品的生产程序化、标准化，把燃料能源的成本控制到在最低限度。

（五）菜单筹划管理

在餐饮产品的生产销售过程中，菜单起着重要作用。餐厅的主要产品是菜肴与食品，它们不宜过久存放，许多菜肴在客人点菜之前不能制作。酒店通过菜单把本餐厅的产品介绍给客人，通过菜单与客人沟通，客人只有通过菜单来了解菜肴的特点，因此，菜单成为餐厅销售餐饮产品的重要工具。菜单还成为酒店控制成本的重要工具。菜肴原材料的采购、菜肴的生产、服务人员进行菜肴产品的推销、酒店餐饮产品的效益，基本上都以菜单为依据。

1.菜单的基本类别

根据菜单的不同划分标准，菜单有以下不同的分类。

（1）根据菜单价格形式分类

①套餐菜单

根据客人的需要，将不同的营养成分、不同的食品原料、不同的制作方法、不同类型与价格的菜肴产品合理地搭配在一起形成套餐。套餐菜单上的菜肴产品的品种、数量、价格是固定的。套餐菜单的优点是节省了客人点菜的时间，而且在价格上也较为优惠。特别是现在许多酒店在套餐菜单上增加了不同档次和标准，更方便客人进行选择。

②零点菜单

是酒店最基本的菜单。客人可根据菜单上列举的菜肴品种选择购买。一般酒店餐厅零点菜单的排列顺序按人们的进餐习惯排列，西餐是：开胃菜类、汤类、沙拉类、主菜类、三明治类、甜品类等。中餐则以菜肴食品原料的内容分类，如冷盘、热菜、汤类、主食、酒水等。

（2）根据菜单特点（周期）分类

①固定菜单

是指每天都提供相同菜品的菜单。它适用于就餐客人较多，且客人流动性大的商业餐厅。许多风味餐厅、大众餐厅、吧房、咖啡厅和快餐厅都有自己的固定菜单：这种固定菜单一般是该餐厅经过精心研制并在多年销售过程中深受客人欢迎并具有特色的菜品品种。

②周期循环菜单

周期循环菜单是指按一定天数周期循环使用的菜单，这些菜单上供应的品种可以是部分不同或全部不同，厨房按照当天菜单上规定的品种进行生产。它适用于企事业单位长住型酒店的餐厅。周期循环式菜单的优点是满足了客人对特色菜肴的需求，天天可以品尝新的菜肴产品。但餐厅应该注意剩余食品原料的妥善处理。

③宴会菜单

宴会菜单是酒店与餐厅推销餐饮产品的一种技术性菜单。宴会菜单要体现酒店与餐厅的经营特色，根据不同季节和不同客源安排时令菜肴。宴会菜单要根据宴请对象、宴请特点、宴请标准、宴请者的意见随时制定。宴会菜单还可细分为传统式宴会菜单、鸡尾酒会菜单、自助式宴会菜单。

2.菜单的设计管理

菜单作为酒店与客人沟通的媒介、餐饮产品推销的重要工具，应该根据本酒店的经营特色进行精心设计，力求外观设计科学、内容清楚真实。在菜单设计中，一定要选择适合不同需求的字体，其中包括字体的大小、字体的形状。如中文的仿宋体容易阅读，适合作为菜肴的名称和菜肴的介绍，而行书体或草书体有自己的风格，使用时应当谨慎。英语字体包括印刷体和手写体。

菜单质量的优劣与菜单选用的纸张质量有很大的关系。由于菜单代表了餐厅的形象，它的光洁度和手感与菜单的推销功能有直接的联系。因此，纸张的选择应该引起管理者的高度重视。一次性使用的菜单应选用价格较便宜的纸张；对于使用周期较长的菜单，应选用耐用性能较好或经过塑料压膜处理过的纸张。

菜单的颜色具有增加菜肴推销的作用，使菜单更具吸引力。鲜艳的色彩能够反映餐厅的经营特色，而柔和清淡的色彩使菜单显得典雅大方。除非菜单上带有图片，否则菜单上使用的颜色最好不要超过4种。色彩种类太多会给客人留下华而不实的感觉，不利于菜肴的营销。同时，为增加菜单的营销功能，可适当配备必要的照片与图形，这将会产生更好的效果。

菜肴的命名应注意贴切、易懂，特别是中文菜单要能够反映原材料的配制、菜肴的形状、菜肴产生的历史渊源、菜肴名称的寓意。如果能将一些特色菜的配料、营养成分、烹制方法加以简单介绍，将会产生更好的效果。

设计菜单时应特别注意，有的餐厅经常只换内页而不注意更换封面，时间久了，菜单封面就会肮脏破旧，影响客人的情绪和食欲；因为许多客人会从菜单的整洁美观上来判断餐厅菜肴的质量。同时，菜单上菜肴的排列切忌按价格的高低来排列，否则客人会根据菜肴价格来点菜。按照一些餐厅的经验，把餐厅重点推销的菜肴放在菜单的首尾，或许这是一种比较好的方法，因为许多客人点的菜肴里总是有个排列在菜单的首尾部分。菜单策划设计的关键还要货真价实，不能只做表面文章。菜单设计得非常好，但与菜肴的实际内容不相符合，菜肴质量达不到菜单所介绍的要求，只会引起客人的不满而失去客人。

第四节 酒店顾客关系管理

随着中国加入WTO，全球各大酒店集团纷纷进驻中国酒店业市场，它们在给中国酒店业带来高速发展的机遇的同时，也带来了激烈的竞争和挑战。中国酒店业在不断提高自身产品和服务质量的同时，也逐渐意识到酒店顾客关系管理的重要性，顾客乃酒店的生存之本，进行有效的顾客关系管理是提升酒店竞争力的重要手段。但由于我国大多数酒店仍缺乏对顾客关系管理（CRM）的认知，在改善与顾客的沟通技巧和采用科学的顾客关系策略方面较为欠缺，忽视了数字时代顾客对互动性与个性化的需求，酒店顾客资源流失成为我国酒店业发展面临的重要问题。因此，在国际大型酒店集团纷纷进入中国之际，增加对顾客关系管理的深入了解和实施顾客关系管理战略，成为新时期我国酒店业持续健康发展的必然途径。

一、酒店顾客关系管理概述

（一）酒店顾客关系管理的概念

1.CRM的定义

顾客关系管理（Customer Relationship Management，CRM），是随着互联网和电子商务的大潮进入中国的。对于CRM的定义，国外众多著名的研究机构和跨国公司都进行了不同的诠释。

其中最具代表性的是第一个提出 CRM 的 IT 咨询顾问公司高德纳咨询公司（Gartner Group）对其所下的定义，它认为：所谓的顾客关系管理就是为企业提供全方位的管理视角，赋予企业更完善的顾客交流能力，最大化顾客的收益率。

我国的众多学者在国外研究的基础上也对 CRM 的定义提出了自己的见解，其中比较有代表性的是三层次定义法，它认为在现实当中 CRM 的定义从以下 3 个层面来表述会比较恰当。

（1）CRM 是一种现代的经营管理理念

它起源于西方的市场营销理论，又逐步融合了近年来信息技术为市场营销理念带来的新发展，形成了以顾客为中心、视顾客为资源、通过顾客关怀实现顾客满意度的现代经营理念。

（2）CRM 包含的是一整套解决方案

CRM 集合了当今最新的信息技术，包括 Internet 和电子商务、多媒体技术、数据仓库和数据挖掘、专家系统和人工智能、呼叫中心以及相应的硬件环境，同时包括与 CRM 相关的专业咨询等。

（3）CRM 意味着一套应用软件系统

CRM 凝聚了市场营销等管理科学的核心理念，又以市场营销、销售管理、顾客关怀、服务支持等构成了 CRM 软件的模块基石，从而将管理理念通过信息技术的手段集成在软件上面，得以在全球大规模地普及和应用。

2. 酒店 CRM 的定义和内涵

酒店顾客关系管理就是贯穿于整个顾客生命周期、通过 IT 技术和互联网技术与酒店各项资源的有效整合，为酒店组织者提供全方位的顾客视角，赋予酒店更完善的顾客交流能力和最大化的顾客收益率。

（1）酒店顾客关系管理贯穿整个顾客的生命周期

酒店顾客生命周期是从顾客的体验和观念角度来看顾客与酒店接触的全过程。酒店顾客的生命周期包含 4 个主要的阶段。

①考虑期

指顾客产生酒店需求并开始调查所有可选方案。

②购买期

指顾客通过综合分析评价各备选方案，从中选择最好的可选方案，实施酒店预订，产生购买行为。

③使用期

顾客在购买酒店产品之后使用酒店服务和产品的阶段。

④延伸期

延伸期是对顾客生命周期价值的延续，即酒店通过产品升级、产品维护、售后服务等获得顾客重复入住、向友人推荐等的外延价值。

酒店顾客关系管理贯穿顾客生命周期的全过程，通过有效的顾客关系管理，培育顾客忠诚，创造顾客价值，使酒店获得更大的效益。

（2）酒店顾客关系管理是以酒店顾客为资产的管理理念

资产在传统的管理理念以及现行的财务制度中，仅指厂房、设备、现金、股票、债券等。随着科技的发展，虽然酒店开始把技术、人才等也视为资产，然而这种划分资产的理念依旧是闭环式，而不是开放式的。因为无论是传统的固定资产和流动资产，还是新出现的人才和技术资产，都只是产品价值得以实现的部分条件，而不是完全条件，其缺少的部分就是产品价值实现的最后阶段也是最重要的阶段，这个阶段的主导者就是顾客。酒店作为非物质产品生产为主的服务性企业，更需要视顾客为酒店的资产。

CRM 提倡并且树立顾客是酒店资产的理念，成功实现从"以产品为中心"的商业模式向"以顾客为中心"的商业模式的转化，完善了管理过程。以顾客为酒店资产的 CRM 可帮助各酒店最大限度地利用其以顾客为中心的资源（包括信息、技术、人员和资产），并将这些资源集中应用于顾客和潜在顾客身上，通过缩减销售周期和销售成本，寻求扩展业务所需的新市场和新渠道，改进顾客价值、满意度、盈利能力以及顾客的忠诚度等手段，来提高酒店管理的有效性。

（3）酒店 CRM 是利用 IT 技术和互联网技术对顾客进行整合营销的过程

与其他物质性生产企业相比，酒店面对的顾客已不再是用实物产品就能够满足的顾客，而是那些想通过酒店提供的服务获得更多身心的享受，获得心灵的愉悦，与物质性需求相比较，酒店产品满足顾客期望的难度更大。因而，酒店顾客关系管理是对更广泛对象的整合，包括有形性的物质产品和无形性的服务产品，并以无形性的服务产品为主。此外，从营销的角度看，酒店顾客关系管理打破了西方传统的以 4P[（产品（Product）、价格（Price）、渠道（Place）、促销（Promotion）]为核心的营销方式，将营销重点从顾客需求进一步转移到顾客的保持上，保证酒店把有限的时间、资金和管理资源直接集中在这个关键任务上，实现了对顾客的整合营销。

CRM 在近年来的广泛应用则归功于 IT 技术，尤其是互联网技术的进步。如果没有以互联网为核心的技术进步的推动，酒店 CRM 的实施会遇到很大的阻力。从某种意义上说，互联网是酒店 CRM 的加速器，具体的应用包括：数据挖掘、数据仓库、呼叫中心、基于浏览器的个性化服务系统等，这些技术随着酒店 CRM 的应用而飞速发展。

（二）酒店 CRM 的导入背景

1. 酒店经营理念更新的需要

现代化的酒店企业经营的基本理念应该随着市场环境的变化而不断演变。正如酒店市场营销的发展一样，酒店的经营理念最初以生产为导向，这是适合于酒店业发展初期卖方市场的理念；随后酒店又确立了以销售为导向的理念，这种理念是在酒店市场竞争日趋激烈时形成的；市场经济大潮洗礼酒店业后，酒店企业普遍确立了以市场为导向的经营理念，强调对市场信号的关注；而在市场竞争更加白热化的现代社会，酒店与市场的关系，最重要、最根本地表现为酒店与顾客的关系相处得如何，因此酒店应该形成以顾客价值为导向的理念，这是一种全新的理念。顾客关系管理就是适应以顾客价值为导向的理念而产生的。

2. 酒店管理模式创新的需要

随着市场的变化，酒店在目前的制度体系和业务流程下，在顾客管理方面出现了种种难以解决的问题。主要表现在：酒店业务人员无法跟踪众多复杂和销售周期长的酒店顾客；大量的工作是重复的，常出现人为的错误；在与顾客的沟通中口径不统一；由于酒店业务人员的离职而丢失重要的顾客和销售的信息等。这一系列的问题表明，酒店当前的管理模式需要改革和创新，需要进一步提升顾客管理在酒店管理中的地位，进一步完善顾客管理体系、提高顾客管理水平，进一步优化顾客管理组织，实现专业化管理。这些问题通过实施顾客关系管理时都可得到圆满的解决。

3. 酒店核心竞争力提升的需要

随着现代技术的迅猛发展，酒店同行业之间产品和技术的差异化程度越来越小，市场竞争越来越激烈，酒店竞争的焦点也由产品竞争转向品牌竞争、服务竞争和顾客竞争。尤其是随着酒店顾客消费观念的成熟，对产品和服务的个性化、定制化要求也越来越高。如何在更加复杂的顾客群体中准确识别顾客的不同需求、实现与顾客的沟通和互动、建立和保持长期的友好合作关系、培育顾客忠诚，成为决定酒店核心竞争力的关键要素。因此，顾客关系管理的导入成为必然趋势，顾客关系管理的水平也成为评价酒店核心竞争力的重要指标。

4. 社会信息技术飞速发展的推动

近年来，随着信息技术的飞速发展，使收集、整理、加工、利用顾客信息的质量大大提高。互联网等信息技术成为日渐成熟的商业手段和工具，越来越广泛地应用于酒店领域信息系统的构建。在先进技术的支持下，酒店 CRM 的实现也成为可能。

酒店顾客关系管理在上述需求和条件背景下被导入酒店行业的管理体系中。一些领先地位的酒店已初步感受到了顾客关系管理的理念及相关的解决方案为酒店带来的变化，它们正进一步完善技术、服务等支撑体系，以创建面向顾客的更先进的新商业模式。

（三）酒店 CRM 的实施意义

随着市场竞争的愈演愈烈，传统的酒店管理系统越来越难以胜任对酒店动态顾客渠道和关系的管理，酒店 CRM 的实施将给酒店带来经营管理方式上的重大变革，对提升酒店的市场竞争力有重要意义。

1. 提高酒店的运营效率

酒店 CRM 系统通过整合酒店内的全部业务环节和资源体系，带来酒店运营效率的全面提高。一套完整的酒店 CRM 系统在酒店资源配置体系中是承前启后的：向前，它可以朝酒店的各个渠道的各个方向伸展，既可以综合传统的呼叫中心、顾客机构，又可以结合酒店门户网站、网络销售、网上顾客服务等电子商务内容，构架"动态"的酒店前端；向后，它能逐步渗透至生产、设计、物流配送和人力资源等部门，整合 ERP、SIM 等系统。因此资源体系的整合，实现了酒店范围内的信息共享，使得业务处理流程的自动化程度和酒店员工的工作能力大大提高，从而使酒店的运营更为顺畅、资源配置更为有效。

2. 降低酒店的经营风险

在高速运转的社会环境下，酒店业表现出很强的行业脆弱性，酒店经营容易受到外界环境的影响，具有较高的经营风险。在这种背景下，改变酒店传统的"以产品为中心，为产品找顾客"的经营理念，积极发展与顾客长期的互利关系，以顾客为中心来经营酒店，成为缓冲市场扰动对酒店造成冲击、最大限度地降低经营风险的有效途径之一。因此，导入酒店 CRM 将降低酒店的经营风险。

3. 提升酒店的盈利能力

实施酒店顾客关系管理对酒店盈利能力有巨大影响，其表现为对顾客关系管理对顾客份额的关注可为酒店带来更高的投入回报。顾客关系管理强调酒店顾客在该行业的高价值顾客总体中所占的份额，这个份额越高，酒店的盈利能力就越强。同时顾客关系管理对长期价值的重视，增强了酒店长期的可持续发展能力。有研究表明，长期的顾客关系与酒店的长期盈利能力具有高度的正相关关系。顾客关系管理强调对顾客的忠诚培养，而且顾客关系管理带来的忠诚顾客，将对酒店有巨大的贡献。

4. 优化酒店的市场增值链

酒店 CRM 的应用使酒店原本"各自为战"的销售人员、市场推广人员、一线服务人员、售后服务人员等开始真正围绕市场需求协调合作，为满足"顾客需求"这一中心要旨组成强大的团队；而对于酒店后台的财务、生产、采购和储运等部门而言，酒店 CRM 亦成为反映顾客需求、市场分布及产品销售状况等信息的重要来源。如此一来便优化了酒店的服务链，极大地增强了酒店的市场增值能力。

5. 转变酒店的商务模式

酒店 CRM 的实施为酒店顺利实现由传统企业模式到电子商务（Electronic Commerce，EC）模式的转变奠定了基础。EC 的蓬勃发展客观上需要全新的管理理念，即"以顾客为中心"。创造以顾客为中心的企业必须从策略、结构、绩效三方面来进行。在传统的酒店企业中，收集顾客信息首先就是个问题，即使收集到了，但能存储下来并用于酒店进行销售决策的却很少。在 EC 环境中，酒店在处理信息、从信息中创造价值、使信息成为公司资产三个层次上超越了传统企业模式。因此，酒店应用 CRM，有了一个基于 EC 的面向顾客的前端工具，为 EC 网站提供了可以满足顾客个性需求的工具，能帮助酒店顺利实现由传统企业模式到 EC 模式的转化。

6. 增强酒店在新时期的竞争力

有研究表明，在新经济环境下，相对于有形资产，无形资产对企业竞争力的贡献更大，而且其贡献份额呈上升趋势。酒店企业更是如此。顾客资产作为酒店的一项重要的无形资产，其重要性已经受到了广泛的关注，成为酒店市值的要素之一。顾客关系管理的实施对于酒店在新经济时代，有效地管理酒店顾客资产，增强竞争力具有重大的作用。

二、酒店顾客关系管理系统

以顾客为中心、建立顾客忠诚最大化以提高酒店的经济效益是实施酒店顾客关系管理的理念和宗旨，酒店顾客关系管理系统的构建将围绕酒店顾客信息管理、全方位满足顾客的需求而展开。酒店顾客关系管理系统包括酒店顾客关系管理的理论模块和技术模块。

（一）酒店 CRM 系统理论模块

酒店 CRM 的理论模块是软件开发前对系统开发目标在理论上的明确和设计，一般应用型软件的开发都要经过系统需求分析、系统设计、系统实施工程和系统维护更新几个阶段，理论模块的构建是整个系统开发的基础和指导。结合国内酒店企业的运作模式和特征，本节总结得出酒店CRM 在理论上的完善信息流程，它将有助于我们研究国内酒店顾客关系管理系统在理论和技术上的构建，并逐步引导其升级。具体来说，酒店顾客关系管理系统理论模块的构建主要基于以下几个方面。

1. 理念模块

酒店 CRM 系统需有明确的商业价值定位和管理理念的定位，他们为每一项决策和功能的执行提供指导方向。酒店 CRM 系统的开发理念是基于"以顾客为中心"的待客态度、顾客的价值观及整体酒店品牌的价值，来改善或加强酒店与顾客的关系，提高顾客的忠诚度，最终实现酒店利润的增长。因此，要充分地考虑如何让顾客感觉到酒店品牌的优越，酒店如何识别顾客的期望，怎样使酒店的员工更成功地分享外部顾客的信息，怎样激发员工的斗志和处理部门之间的协作等。

2. 战略模块

战略是企业发展和成长的保护屏障。酒店 CRM 战略应该在目标收益及方向上与酒店发展战略保持高度的一致，它是酒店发展战略的重要组成和体现，应该为酒店创造更多的盈利机会。实施酒店 CRM 战略就是从如何创造"酒店品牌"及"酒店产品品牌"价值的角度出发，发现、赢得、发展并保持有价值的顾客，并要将酒店的内外部环境、酒店战略实施和酒店的经济效益结合起来，酒店作为一种服务型企业，顾客的数量和顾客的忠诚度对酒店的发展起着至关重要的作用，忠诚的顾客非常愿意接受酒店提供的服务并愿意为此花更多的时间和资本，而且忠诚顾客及其亲身经历会影响潜在顾客的决策，从而为酒店赢得额外的利润。

3. 经验模块

随着技术的完善和实践的不断深入，人们对酒店运行的机制、管理的模式以及处理顾客之间的关系等方面都有了深刻的理解，在实际的工作中也积累了丰富的经验。好的经验可以提高顾客对酒店的满意度、信任度、归属感和较长久的忠诚度；差的经验则相反，不但会严重影响酒店与潜在顾客之间的关系，而且可能会最终失去原有的顾客。顾客与酒店多年交往的经验深刻地影响着他们对酒店的印象。所以，这就要求酒店 CRM 系统对"顾客经验"在顾客关系管理中的价值和重要性有功能上的预设。

4. 协调模块

协调机制是每个酒店所必有的模块。一是协调各部门之间的工作，使之加强沟通得以高效运转；二是协调个人和酒店之间的关系，使之目标统一、行动一致。酒店 CRM 系统功能的协调功能应能"以变应变"，无论变化来自何方：如组织结构的变化、管理体制的变更、人员的流动等。实践证明，酒店从技术上导入 CRM 已经没有太大的困难，但这并不能使酒店真正进入"以顾客为中心"的时代，唯有酒店自身从理念到行为上实现根本的转变，才能达到既定的目标。

（二）酒店 CRM 系统技术模块的构建

很多国内酒店有的甚至从未有过基本的管理信息系统（MIS），这与国外知名酒店集团在信息化和自动化程度上有很大的差距和不同，也就决定了中国市场所需要的酒店 CRM 产品不是西方酒店 CRM 模型的汉化，我国酒店企业目前所需的 CRM 还处于操作层次和分析层次，具体主要包括以下几个重要的功能模块。

1. 数据集成与数据挖掘功能模块

收集顾客的信息可以说是顾客关系管理的第一步。零乱或不完整的顾客信息是没有用的，数据需要转化为信息，只有健全、准确、持续的顾客信息才有使用价值。首先必须建立起完善和高效率的顾客采集系统，提供能够与顾客畅通无阻沟通的 CRM 平台，在与酒店顾客多种方式的接触过程中，大量关于顾客、企业团体、代理商、中间商的记录和商业机会的信息资料分散于各部门或岗位员工的私人邮件、文本文档、传真件、工作簿中，这就要求建立起完善的顾客信息入库登记制度。然后通过科学手段对顾客信息进行去伪存真，精心提炼，使其具备利用价值。利用数据库的数据对酒店业务和行业进行分析预测，对原有和潜在顾客的消费行为进行分析，提供报告和预测未来发展的模型。

2. 顾客价值评估功能模块

顾客价值的评估是筛选顾客的基础。顾客价值评估用于进行顾客利润贡献度和顾客生命周期价值评估，顾客价值的判别标准是顾客在全价值生涯中给酒店带来的利益（全生涯周期利润，CLP），而不是顾客在酒店当前或已有的消费额，基于对 CLP 的预测，选择顾客的当前价值、顾客的增值潜力两个维度指标对顾客进行组合排列得到：铁质顾客、铅质顾客、白金顾客、黄金顾客四种类型，同时还可建立潜在顾客价值评价模型及其应用策略、潜在顾客各种转化形态的实现条件、机理以及转化策略。CRM 系统非常关注顾客价值，并且应具备为 CRM 其他功能模块（特别是信息联络中心和门户网站）提供实时支持的能力，应该将酒店资源（如酒店推广营销经费及与顾客有效互动的方式和时间）引向潜在回报最高的顾客群。

3. 顾客分类管理功能模块

顾客的分类管理是实现优质服务的前提。顾客分类管理主要包括以下内容：①确定细分酒店顾客群的标准，包括顾客的个性化资料、消费的量与频率、入住方式等。②对酒店同顾客群信息的进一步分析，以便识别具有不同价值的顾客或顾客群。③对不同顾客群的管理，酒店确定不同顾客群对酒店的价值、重要程度，并针对不同顾客群的消费行为、期望值等制定不同的销售服务策略，虽然淘汰不良顾客资料可能在短期内对酒店产生影响，但没有健康的顾客渠道就不可能建立健康的酒店形象和酒店品牌。对顾客信息的分类管理将有助于提升管理和信息的功能。

4.顾客与市场信息互动处理功能模块

顾客与市场信息的互动处理是维持良好顾客关系的根本保障和措施。随着 Internet、网络、移动通信的发展，越来越多的酒店顾客习惯于通过 Web、E-mail、WAP、SMS 等方式与酒店交流沟通，电子商务和信息服务中心的建立不断完善，大大地提高了酒店顾客信息的处理效率，尤其是将 CTI（Computer Telephone Integration）、IVR（Interactive Voice Response）等技术应用于信息服务中心后，系统能够自动为顾客提供顾客信息查询、历史入住明细查询等，还可为顾客提供多样化、个性化的服务，以亲切优质的服务赢得顾客的赞许和忠诚，及时反馈顾客的需求信息，实时调整服务的内容和策略，最终真正地、最大限度地发挥信息对营销和竞争的作用。

三、酒店顾客关系管理的实施

CRM 是一个通过积极使用信息和不断地从信息中学习提高，从而将顾客信息转化为顾客关系的循环过程。这一流程从建立有关顾客知识开始，直到形成高影响的顾客互动。其间需要酒店采用各种策略，建立并保持与顾客的关系，进而形成顾客忠诚。

（一）酒店 CRM 的实施过程

CRM 的实施是一个循环往复的过程，是一个螺旋式提升的过程。酒店 CRM 的循环流程包括收集顾客信息、制订顾客方案，实现互动反馈和评估活动绩效 4 个环节，继而上升到新一轮循环。

1.收集顾客信息，发现市场机遇

酒店顾客关系管理流程的第一步就是分析酒店市场顾客信息以识别市场机遇和制定投资策略。它通过顾客识别、顾客细分和顾客预测来完成。

（1）酒店顾客识别

酒店所面对的顾客市场是一个广泛复杂的群体，不同的顾客有着不同的需求。酒店顾客识别即在广泛的顾客群体中，通过从各种顾客互动途径，包括互联网、顾客跟踪系统、信息中心档案等，收集详尽的数据，包括顾客资料、消费偏好以及入住历史资料等，储存到顾客数据库中，然后将不同部门的顾客数据库整合成为单一的顾客数据库。同时把它们转化成为管理层和计划人员可以使用的知识和信息，以便从中识别出有需求的顾客。

（2）酒店顾客细分

通过集中有需求的顾客信息，酒店可以对所有不同需求信息之间的复杂关系进行分析，按照需求差异进行顾客市场的细分，并描述每一类顾客的行为模式。通过这样的工作，酒店可以根据不同需求的顾客群体有针对性地设计和推广不同内容、形式以及功能的酒店产品，在此基础上开展一对一营销。

（3）酒店顾客预测

酒店顾客预测是通过分析目标顾客的历史信息和顾客特征，预测顾客在本次酒店消费活动中，在各种市场变化与营销活动情况下，可能的服务期望和消费行为的细微变化，以此作为顾客管理决策的依据。

2. 制订顾客方案，实施定制服务

这是指针对顾客类别，设计出适合顾客的服务与市场营销活动。在现实当中，酒店对于各类顾客通常是一视同仁的，而且定期进行顾客活动。但是用 CRM 的观念来看，这样做显然不划算，CRM 要求"看人下菜"。它要求酒店在全面收集顾客信息的基础上，针对目标顾客，预先确定专门的服务项目，制订服务计划。这就加强了酒店营销人员以及酒店服务员工在顾客购买产品前的有效准备和顾客入住酒店期间的针对性服务，提高了酒店在顾客互动中的投资机会。在这一流程中酒店通常要使用营销宣传策略，向目标顾客输送产品和服务的各项信息，以吸引顾客注意力。

3. 实现互动反馈，追踪需求变化

这是酒店借助及时的信息提供来执行和管理与顾客（及潜在顾客）沟通的关键性活动阶段，它使用各种各样的互动渠道和酒店信息系统，包括顾客跟踪系统、销售应用系统、顾客接触应用和互动应用系统。通过与顾客的互动，酒店可以随时追踪有关顾客的需求变化以及顾客消费后的有关评价，从而不断修改顾客方案。以往，市场营销活动一经推出，通常无法及时监控活动带来的反应，最后以销售成绩来判定效果。CRM 却可以随时对市场营销活动的资料进行相关分析，并且通过顾客服务中心或信息中心及时地进行互动反馈，实时调整营销活动。

4. 评估活动绩效，改善顾客关系

这是酒店顾客关系管理的一个循环过程即将结束时，对所实施的方案计划进行绩效分析和考核的阶段。CRM 透过各种市场活动、销售与顾客资料的综合分析，将建立一套标准化的考核模式，考核施行成效；并通过捕捉和分析来自互动反馈中的数据，理解顾客对酒店各项营销活动所产生的具体反应，为下一个 CRM 循环提出新的建议，以此不断改善酒店的顾客关系。

（二）酒店 CRM 的基本策略

1. 顾客识别策略

顾客识别策略即通过广泛收集和分析顾客数据，评估不同顾客或顾客群的价值，并进一步以顾客终生价值为标准，对酒店终生顾客进行细分，识别顾客类型，对不同类型的顾客采取不同的进攻策略。

顾客的价值包括三部分：历史价值，即到目前为止已经实现了的顾客价值；当前价值，即如果顾客当前行为模式不发生改变的话，将会给酒店带来的顾客价值；潜在价值，即如果酒店通过有效的营销活动调动顾客购买积极性或顾客向别人推荐酒店产品和服务等，从而可能增加的顾客价值。其中顾客的当前价值和潜在价值构成了顾客终生价值（Customer Lifetime Value，CLV），即一个新顾客在未来所能给酒店带来的直接成本和利润的期望净现值。具体的识别策略如下。

（1）顾客数据收集

对于酒店而言，要建立完整的顾客信息，必须收集以下数据：个人资料（包括年龄、性别、婚姻、收入、职业等）、住址（包括区号、房屋类型等）、生活方式（包括爱好、性格、兴趣等）、态度（包括对酒店产品和服务的态度）、客源地概况（包括经济条件、气候、风俗、历史等）、顾客行为方式（包括渠道选择、入住方式等）、需求（对酒店产品以及服务的期望）、关系（包括家庭、朋友等）。

（2）顾客价值评估

对于酒店顾客而言，影响其终生价值的因素包括：所有来自顾客初始购买的收益流、所有与顾客购买有关的直接可变成本、顾客购买酒店产品的频率、顾客购买的时间长度、顾客购买其他产品的喜好及收益流、顾客推荐给朋友同事及其他人的可能、适当的贴现率。根据酒店的行业特点和酒店产品特点，建立顾客终生价值的因素分析模型，客观评估不同顾客的终生价值。

（3）目标顾客细分

合理的顾客细分是顾客关系经济学的核心，对顾客关系管理的实施至关重要。根据酒店企业的特点制定一套顾客终生价值的评判标准，据此采用聚类分析的方法对目标顾客进行细分。一般可以根据顾客的当前价值（横坐标）和潜在价值（纵坐标）将酒店顾客分为四类。

（4）进攻策略确定

对于盈利顾客，他们是酒店利润的主要来源，应采取稳定发展策略，与其建立长期、稳定的学习型关系；对于战略顾客，由于他们将对酒店的长期发展产生重大影响，应采取积极发展策略，与其建立长期、密切的顾客联盟型关系；对于普通顾客，由于其人数众多，价值较小，应采取维持策略，与其保持原有的交易关系；对于风险顾客，由于所需投资多，预期利润小，可采取放弃策略。

2. 顾客保留策略

顾客保留策略即针对酒店的各级目标顾客，实施顾客关怀，拉近与顾客的关系，提高顾客满意度，从而保留价值顾客。

（1）与顾客密切接触

酒店通过各种途径，保持与顾客的密切接触，建立一种亲善的关系。例如，给顾客发送生日电子贺卡等，这些细微的动作看似与酒店经营行为无关，但是可以在顾客中间产生一种良好的"人情"感觉，降低了因单纯的酒店交易关系所导致的不信任，有利于给顾客留下一种良好心理感觉。

（2）顾客提醒或建议

如顾客购买酒店产品后的初期，提醒顾客可能遇上什么问题，并提供解决方法；在顾客消费酒店产品和服务的过程中，提醒顾客还需要做哪些工作，了解顾客使用酒店特殊服务和产品的原因以及使用情况；在酒店消费结束后的适当时间，还可以根据产品关联分析，推荐顾客新的酒店产品。同时当享有酒店积点优惠等权利时，特别提醒他，以免丧失应有的权利。

（3）顾客变动趋势追踪

掌握顾客消费的地点、消费时间、消费方式，进行顾客询问或浏览，追踪顾客价值等变动，及早避免顾客流失。例如，在顾客酒店消费结束后，采取问卷、电话、邮件等方式进行顾客满意度调查，及早发现顾客投诉，及时推断顾客偏好的改变，从而及早消除顾客的不满，或随之改变酒店服务和产品的策略，保留顾客。

（4）顾客需求定制化满足

对重要顾客可制订不同的优惠方案，满足其个性需求。同时销售人员应站在顾客的立场恰当地表达酒店对顾客的优惠政策，这样会取得更好的效果。比如，酒店如果想持续吸引一位顾客，有两种优惠方案的表达方式：一种是："×× 先生，依照我们的记录，您是 VIP，所以您的住房我们提供六折优惠。"；另一种是："×× 先生，我们知道您常常需要往来上海—广州洽谈公务，我们更关心您出差旅行时能否继续保持良好的健身习惯，您可以免费使用这里的健身设施。"后者显然更能贴近顾客的心理。

3. 顾客忠诚策略

顾客忠诚是从顾客满意概念中引出的概念，是指顾客形成满意概念后而产生的对某种产品品牌或酒店的信赖、维护和希望重复购买的一种心理倾向。顾客忠诚实际上是一种顾客行为的持续性。因此它既可以界定为一种行为，也可以界定为一种心态，一系列的态度、信念、愿望等，是一个综合体。它的某些组成因素对酒店而言确实非常琐碎，但对顾客而言并非如此。酒店得益于顾客的忠诚行为，而这种行为源于他们的心态。与顾客建立长期的忠诚合作关系，将为酒店带来更多的效益。CRM 的实施为酒店提供了新的顾客忠诚策略。

（1）赋予"一线员工"足够的操作技能

对于酒店而言，最前线的员工就是酒店服务人员，以及信息服务中心的接线员，这些一线员工将代表酒店与顾客面对面地接触。因此，他们在顾客中留下的印象将是非常深刻的。只有赋予酒店一线员工以足够的操作技能，才能确保顾客对以他们为代表的酒店服务和产品的满意。

（2）与酒店合作伙伴进行协作

酒店业是旅游业的四大支柱之一，是一个与顾客的食、住、行、游、购、娱相结合的综合服务行业，任何一个酒店企业都无法脱离相关行业单独完成对客的全程服务。与酒店合作伙伴进行协作是酒店实施顾客关系管理的有效措施。通过与酒店合作伙伴进行协作，共同维护和提高酒店供应链水平，可以培育顾客对供应链企业的整体忠诚，从而提升顾客对本酒店的忠诚度，并且顾客难以被竞争对手夺去。

（3）创造以顾客为中心的酒店 CRM 文化

让顾客知道酒店以他们为重，在酒店提倡"以顾客为中心"的 CRM 文化。这不仅要求酒店的市场销售和服务部门建立"以顾客为中心"的业务流程，还需要酒店的其他部门积极响应顾客需求的变化，建立真正意义上的所有部门的运营都"以顾客为中心"。

（4）实现"一对一"服务

在正确的时间、以正确的价格、通过正确的渠道将正确的产品（或服务）提供给正确的顾客，通过"一对一"服务，满足酒店顾客的个性化需求，从而培育顾客忠诚。CRM 的实施，为"一对一"服务的实现提供的技术支持，酒店可以通过数据库中的顾客信息，开发定制化产品满足不同顾客的需求。

（5）想顾客未来之所想

要培育顾客忠诚，仅仅做到"想顾客之所想"还不够，还应当做到"想顾客未来之所想"。CRM 的实施实现了这种可能。CRM 中所建立的预测模型可以帮助酒店通过对顾客和市场变化的追踪，制定未来市场开发的准确策略、开展更成功的市场攻势。真正实现"想顾客未来之所想"。

四、酒店顾客关系管理的保障

酒店成功实施 CRM，需要技术、人员、资金等资源的注入，同时要有适合其实施的业务流程和组织结构。它们构成了酒店 CRM 实施的保障体系。

（一）信息技术保障

CRM 工程的技术核心是利用现代科学技术有效地分析和建立顾客数据集成和互动的信息沟通系统，利用相配套的软件为顾客提供在线或 24 小时的有效服务。一方面，利用高信息化的数据库将酒店内外部顾客资料数据集成到同一个系统里，让所有与顾客接触的营销、服务人员都能按照授权，实时地更新和共享这些信息。另一方面，利用高效的信息流，使每一个顾客的需求都能触发一连串规范的内部作业链，使相关业务人员紧密协作，快速而妥善地处理顾客需求，从而提升酒店的业绩与顾客满意度。

1. 高信息化的数据库

存有顾客详尽数据的中央数据库，是酒店内统一的也是唯一的高信息化的决策支持系统，它需要利用信息技术实现数据与知识的转换。

（1）完备的数据信息功能

以顾客为中心的酒店数据库是一个酒店顾客信息的金矿，是全酒店进行决策的信息基础。为了确保顾客信息的交流，完善数据的信息功能，数据库自身需要具备以下特征。

①可容纳大量数据

即数据库必须可以容纳大量的详细数据。包括与酒店顾客的每一笔交易，每一个顾客电话，每一次顾客称赞或投诉等都必须记录在案。

②可持续加载数据

即数据库必须具备因业务和交易的不断进展而持续加载数据的能力。因为随着酒店业务和交易的不断进展，顾客情况会有新的变动，需要在数据当中添加新的顾客信息。

③数据信息可共享

即数据库应该为酒店营销和管理部门以及其他部门的人员共同使用。因为酒店 CRM 不仅仅是关于酒店市场营销的，而是关于整个酒店处理对客关系的问题。因此数据信息应该可以共享。

④可不断扩大容量

即数据库必须是可以扩展的。酒店规模的不断扩大，顾客交易的不断成功，都要求酒店数据库随之不断升级，根据营销增长的需要而不断扩大容量，容纳更多信息。

⑤可保护敏感数据

即数据库必须对一些敏感的顾客数据提供足够的保护，这是顾客正当的权益要求。

⑥以历史数据为基础

即数据库的成功只能依赖于长期详尽的酒店历史数据，若按预期的情况去设计数据库必然会失败。

（2）完善的信息转换能力

数据库的建立完善了酒店的信息结构，但数据本身尚不能表达顾客意愿，在数据库的成功应用中还存在一个信息转换的流程，包括将顾客知识转化为数据以及数据转化为信息两个方面。因此酒店在具备高信息化顾客数据库的同时，还必须完善这两种能力。

①将顾客知识转化为数据的能力

顾客信息的收集，除了一部分数据可以从内部或外部的数据文件和数据库中访问、获得、复制或摘录，更多的是直接来源于顾客的知识化信息，它不能直接被数据库系统容纳，必须按照数据库中已有的分类进行转换。这一流程要结合酒店行业的性质和普遍信息接受的变换形式把数据转换成共同的特征，它通常需要一些巧妙的处理手段和一定的业务知识，再加上对数据来源和数据意义的清晰理解，这是数据库应用最艰难的过程。

②将数据转化为信息的能力

详细的顾客知识，指的是关于交易的原始数据，这才是成功的酒店用来获得并保持盈利顾客的关键所在。要想创造一种能够共享的酒店决策环境，就必须把原始数据转化为可以指导行动的信息。这就需要借助于信息访问和知识发现工具——信息技术。它可以帮助酒店从所有适当的数据信息来源中获取顾客知识，进而引导顾客需求，培育顾客忠诚。

2. 高效的信息流

在顾客关系管理过程中，信息流是酒店与顾客之间双向流动的全过程，它贯穿于酒店生产、交换和消费的各个环节。任何一个环节的信息流动出现问题，都会导致顾客的不满。因而顺畅高效的信息流程是CRM的基础和保障。

（二）人员团队保障

酒店在实施CRM中还必须重视人的因素，他们对CRM的成功实施是极为重要的。

1. 获得酒店管理层认可

实施CRM应当取得酒店高层领导的支持以及管理层的理解和共同认可。这是CRM实施获取其他保障的基础，否则将成为CRM实施的最大阻碍。作为酒店的高层领导，应当从总体上把握这个 CRM 的项目实施，并扫除实施道路上的障碍。他们将为实施计划设定明确的目标、向团队提供为达到目标所需时间、财力、人力和其他资源，并推动该目标从上到下地实施。同时作为酒店的管理层人员应当具备对实施 CRM 项目的充分理解和协作支持，才能使 CRM 项目顺利开展。

2. 成立 CRM 实施团队

在实施 CRM 时，酒店要组织一个多功能的实施团队。这个团队应当在 4 个方面具有较强的能力：一是具有进行酒店业务流程重组的能力，团队成员需要对其流程的关键部分进行改造，使之符合 CRM 系统的要求；二是具有了解系统的顾客需求状况的能力，团队成员应该根据酒店的工作流程对 CRM 工具进行修改；三是具有掌握一定技术，以支持相关功能实现的能力；四是具有改变管理方式的能力。团队成员可以帮助顾客适应和接受新的业务流程。酒店可以从组织内部各部门中或通过外部招聘的形式寻找适当人员充实团队力量，以保证团队成功实施 CRM。

3. 进行全员管理培训

员工对顾客关系管理的正确认识以及对相关技术知识的掌握，也是成功实施 CRM 的重要保障。酒店首先应该通过全员培训，在酒店中形成从领导到员工对 CRM 重要性的正确认识，并积极配合实施，使 CRM 融入酒店的每个运作环节之中。同时，酒店应通过持续的员工培训，使他们能够成功地运用这一系统并以此建立酒店和顾客的关系，酒店将从对员工的培训和顾客的支持中获利。

（三）管理组织保障

CRM 系统的实施是一个管理项目，而非仅仅是一个 IT 项目。要想成为一个"以顾客为中心"的酒店组织，必须重新定义酒店的业务方法，这需要更多的员工授权，灵活的产品（服务）价格模型，以及扩充的产品特征（利益）等。因此，CRM 的实施不可避免地会引起酒店业务流程的重组和组织结构的调整。

1. 业务流程重组

业务流程重组是指利用信息技术，对酒店的业务流程进行彻底的再思考和重新设计，从而提高顾客满意度，取得经营业绩质的飞跃。在 CRM 中，它包括酒店的销售实现、市场营销、顾客服务 3 个业务流程的优化；酒店与顾客接触、交互、合作的业务流程（联络中心管理、业务信息系统、CRM 集成管理）优化和重组两个方面。

首先，专业技术人员需要预测顾客与竞争对手在未来 5 年内会如何变化，而 CRM 又是如何跟进并驱动这一变化的。其次，通过调查和业务分析，确定哪些领域最需要自动化，哪些领域需要业务流程的改善。最后进行战略规划、评估，实现以顾客为中心的业务流程重组。重新设计的业务流程要使每一步都尽可能有效执行，并配合顾客的需求。要配合顾客的需求，酒店业务流程的设计必须考虑以下 4 个方面：第一，向顾客推销产品的方式、内容以及所耗费的人、财、物。第二，如何让顾客接收酒店信息和顾客如何方便地购买酒店的产品。第三，了解如何吸引新顾客，使之成为回头客。第四，如何使不满意的顾客回心转意。总之，将流程与顾客连接到一起，能更好地提高顾客满意度，使对顾客需求的反应更迅速。

2. 组织结构再造

CRM 价值链要求酒店的组织结构必须以顾客为导向，必须改变过去以产品或品牌为导向的组织形态，形成一个以了解顾客、服务顾客为目标的组织形态，以便使组织更接近顾客。为此酒店组织结构必须体现从以产品为中心的内部导向型组织转向以顾客为中心的市场驱动型组织。

（四）合理规划保障

合理的 CRM 规划是酒店成功实施顾客关系管理的必要保障。顾客关系管理的主要目标是建立良好的顾客关系，培养忠诚的顾客群；在与顾客的每一个"接触点"上都更加接近顾客、了解顾客、关怀顾客；最大限度地增加利润，提高市场占有率。要实现这一目标，在战略开发中必须要有明确的长远规划。同时一项完备的 CRM 系统需要 3 ~ 5 年，需要将这一中长期规划分阶段、分步骤地加以实施，从最迫切、最可行的部分开始，逐步完成。因此，还必须明确各阶段的规划目标。同时管理者还要分析研究如何将 CRM 的实施与酒店的中长期发展战略结合起来，确定较为详细的实施计划。通过合理的规划，科学安排实施进程，严格进行过程控制，以保证 CRM 项目的成功实施。

（五）企业文化保障

企业文化是酒店的指导思想、经营理念和工作作风。实施顾客关系管理的初始阶段，一些员工往往会由于其既得利益和工作习惯受到冲击而拒绝接受和采用。因此，搞好企业文化建设，改变酒店上上下下的管理理念、行为准则、传统习惯也是实施顾客关系管理的重要保障环节。具体地说，要做好以下三方面的工作：一是培训，侧重于讲解新经营理念、CRM 的运作方式、顾客沟通技巧等。二是将顾客置于酒店组织的中心，使酒店各部门围绕顾客进行协调与合作，全体员工不断提高团队合作意识，树立整体效益观念，共同满足顾客的个性化需求。三是采取由上而下的阶梯传导方式实施顾客关系管理，由各级管理层带动本部门员工完成具体任务。

（六）专业化管理保障

顾客关系管理涉及酒店评价、整体规划、技术集成等多项工作。要实施这一复杂的系统工程，单靠酒店自身的力量恐怕难以奏效，需要求助于社会专业化顾客关系管理组织。一是采用公开招标的形式寻求 CRM 解决方案，邀请有关专家、技术设备厂商以及电子商务咨询公司等，研究酒店现状，提出前景好、技术一流并适合酒店自身特点的 CRM 产品；聘请专家对酒店的相关人员进行 CRM 原理培训和操作培训，协助酒店实施 CRM。二是采用 CRM "外包" 形式，把顾客关系管理交给社会力量，由已有成功案例的专业服务公司对酒店顾客关系管理的实施进行专业化的运作。

第四章 酒店培训管理

第一节 酒店员工入职培训

入职培训又称岗前培训或新员工培训，是酒店通过帮助新员工轻松、顺利进入新的职业角色，适应新的工作岗位，并逐渐实现员工由准员工向员工转变的过程。其培训目的是使即将入职的员工全面了解企业的发展历程、酒店的基本情况，熟悉相关部门的具体工作流程，学习酒店的员工手册，主要是使新员工对酒店的各项规章制度有一个初步的认识，树立服务意识。入职培训能使新员工解除疑问和顾虑，较快地适应工作环境，自觉遵守相关制度和规定，认同酒店的企业文化和价值观，尽快地进入职业角色。

虽然每个酒店入职培训的时间和具体内容有所不同，但是它具有以下共同特点：培训内容的基础性；培训目的的适应性和培训方式的程式化。入职培训的内容是：通过各种教导或体验的方式在知识、技能、素质等方面改进新员工的行为方式，以达到期望的标准。

员工入职培训分两种情况：一种情况是酒店已开业，这种情况下的入职培训一般需要一周左右；另一种情况是酒店正处在筹建期，这种情况下的入职培训则应在酒店开业前的 3 个月前进行，因为太短了达不到培训效果，太长了又增加酒店的人力资源管理成本。但是，不管是已开业的酒店，还是未开业的酒店，其入职培训都是由酒店人力资源部组织实施，涉及酒店各个业务部门，培训方法上主要采用讲授法、视听法等传统培训方法。

一、编制员工手册

（一）员工手册编制原则

酒店如何能够科学、合理地编制出员工手册，是顺利进行入职培训的前提之一。要想编制出既能涵盖酒店培训内容，又能符合被培训者的学习规律和特点的优秀的员工手册，就应当遵循以下原则。

1. 符合酒店实际

每个酒店都有自己的经营实际和独特的企业文化，面临着不同的竞争对手和市场机会，因此在编制员工手册时，要充分吸纳本酒店的企业文化，联系酒店的经营实际，使培训教材——员工手册能够做到符合自己酒店的各项实际情况,而绝不能去抄袭或者照搬别人手册编制模式和内容。

2. 内容布局合理

员工手册所包含的内容十分庞杂,既有酒店管理理念、酒店概况、酒店人事架构等与一家酒店自身有关的独特性内容,又有岗位技能、劳动管理、员工守则、劳动报酬、员工福利、奖励政策、处罚条例等适用于所有酒店的通用性内容。如何使这些内容有机合理地融为一体,为培训者和受训者提供完美的服务是员工手册编制者的重要任务之一。

3. 突出培训特色

员工手册是供新员工入职培训使用的,因此其形式要符合培训的使用要求,不能把员工手册编成教材。要使员工手册成为员工真正爱不释手的手册,就必须注意其形式的灵活化和内容的简洁化。

4. 注重学习规律

员工培训所面对的刚刚加入酒店的新员工,他们是刚刚离开校园或者具有一定工作经验的成年人。因此,培训手册的编制要考虑到成年人的学习特点和规律,使手册内容或者形式符合其学习规律。另外,由于入职培训的短期性,手册的编制还应考虑到短期培训和学习的特点。

(二)员工手册编制方法

各个酒店根据自己的特点和发展阶段,对于酒店员工手册的编制有着不同的方法。一般来讲,以下几种方法较为常用。

1. 参照法

作为新建酒店或者刚晋升级别的酒店,在没有纵向资料和经验可以承袭的情况下,一般会横向参照同类酒店的员工手册进行编制,通常由酒店内部人员完成编制工作。在参照过程中有取有舍,再结合酒店实际编制出适合自己的员工手册。

这一编制方法成本较低,周期较短,比较容易操作。但是也存在一定的缺点,如容易受编制人员甄别能力的影响,也容易受定式思维的影响,还会发生手册不适合酒店发展实际的情形。

2. 内部评选法

在酒店经营过程中,为了编制出更加符合自身培训所需的员工手册,部分酒店会通过内部评选的方法来进行编制。一般会由人力资源部或总经理办公室提出编制要求和期限,由全体员工进行内容的筛选和评定,最终再由酒店人力资源部门汇总、整合而成。

这种方法具有由下而上的特色,比较符合企业的经营实际,由于是民主评选,在执行过程中比较容易得到员工的支持。但是这种编制方法会受到酒店员工知识水平和认识能力的影响,还有可能会出现与整体行业环境不吻合的现象,而且这种方法编制周期较长。

3. 专业编制法

在酒店进行服务升级或者形象打造时期,为了编制具有科学性、前瞻性并且符合企业实际的员工手册,酒店会聘请专业人员或机构进行员工手册的编制工作。专业人员在对酒店进行调研的基础上，分析行业环境和产业环境，根据企业发展目标进行科学编制。

此编制方法，一般会被寻求经营突破或者已经处在行业前列的酒店采用。该方法具有科学性、前瞻性、符合行业发展趋势等特点，但是同样会有脱离酒店实际、易受员工抵制、费用高等经营风险。

（三）员工手册包含内容

随着培训的不断发展、体系的不断成熟，员工手册的内容逐渐完善、扩充。一般来说，员工手册基本上包含了入职培训的所有内容。

根据酒店的培训发展需要和员工手册的具体作用，目前很多酒店的员工手册基本上由以下内容组成：①开篇语，多为总经理致辞或寄语；②酒店概况简介，包括位置、规模、服务产品、经营理念以及价值观等；③酒店组织架构，多为酒店的内部组织结构设置情况，让员工了解各部门关系并清楚自己的工作相关机构；④岗位知识及职位说明；⑤国家劳动法规及酒店管理规定，为员工提供工作和报酬的依据和标准；⑥员工福利及劳动纪律，包括具体的节假日、各种保险、带薪假期和奖惩规定等内容；⑦治安与安全。

二、进行员工入职培训

（一）员工入职培训的意义

新员工在刚刚进入酒店时会面临一些问题，如能否被新的集体接纳、酒店招聘的承诺能否兑现、工作环境如何、现实与想象的矛盾等。要解决新员工的问题，进行员工手册培训是必要途径。它能有效缓解以上疑问和矛盾，实现新员工职业生涯的平稳过渡，并产生深远影响。员工手册培训的意义主要有：①适时有度的员工手册、应知应会内容培训能使新员工获得职业起点的有关信息，尽快适应酒店的企业文化和环境。②通过培训和必要的参观活动，使新员工明确自己的责、权、利和上下级关系，缩短适应工作流程的时间。③建立良好的人际关系，逐渐融入新的团体，增加员工的团队意识与合作精神。④为招聘、甄选、录用和职业生涯规划等人力资源管理环节提供信息反馈，及时为相关环节的工作进行纠偏。

（二）员工入职培训的目标

对新员工进行的入职培训虽然培训时间较短、培训内容较为简洁，但是对新员工尽快地适应酒店新环境、融入新集体、完成新任务具有重要的作用。其培训目标主要有：①了解酒店概况、认同酒店的企业文化。②熟悉岗位职责和各项制度。③实现新员工由社会人到酒店人的转变。④改进新员工的工作态度，增强团队精神。⑤加强安全教育，提高安全意识。

（三）员工入职培训的流程

员工入职培训流程与其他培训流程近似，一般而言包括3个阶段：计划阶段、实施阶段、评估阶段。但是，员工入职培训每一个阶段的培训内容与其他培训不尽相同。

第一，在计划阶段制定的培训日程表应当尽量详细并且衔接有序，让新员工一目了然。培训日程表应包含时间安排、活动内容、培训地点、组织人员及注意事项等。此外，还应该准备新员工手册、文件袋等，给新员工留下一个良好的印象。

第二，实施阶段则包括培训过程的控制与协调，同时注意培训成本和费用的控制等。

第三，评估阶段主要包括新员工满意度调查，员工能力、技术、水平测试，成本核算等。

（四）员工入职培训的步骤

一般来说，员工入职培训的步骤包括：①确定参加培训的人员和人数。②按照培训预算制定培训日程表。③根据培训人数和方式确定培训地点和时间。④根据培训内容选定优秀的培训讲师。⑤准备培训所需的物质材料。⑥组织开展实际培训。⑦培训过程监督和预算控制。⑧培训考核评估和费用结算。

（五）入职培训评估

在新员工接受完入职培训之后，培训管理部门要对培训效果进行评估和分析，以确定培训的成功与否，有没有达到培训目标。评估主要通过测试、观察和问卷等方式来完成。

第一，对于知识性的培训内容，可以采取测试的方式进行评估，如有关酒店概况的内容、服务标准类的内容、操作流程类的内容等。

第二，然而对于受训者能力提升、态度改变的评估，需要采用观察法来完成，通过对受训者在培训前后所表现出来的工作能力、服务态度、行为举止等进行比较，判断培训前后的区别，从而确定培训效果的好坏。观察法要求评估者持有客观公正的态度，并且尽量以不影响被观察者的工作为前提。

第三，然而对于培训者、培训内容、培训过程以及培训管理等问题，需要对受训者进行问卷调查才能得到较为有效的评估。同时，问卷调查还可以了解受训者对未来培训的需求，为进一步的培训工作收集资料、打下基础。

第四，对于通过不同评估方法得来的数据和资料进行汇总、整理，形成评估报告，为下一次的员工手册培训提供反馈意见和纠偏措施，也为其他培训的顺利开展做好铺垫。

第二节 酒店员工在岗培训

在培训体系中，与入职培训相对应的便是在岗培训，两者是培训体系的主要组成部分。在岗培训是指酒店根据自身的发展情况、员工的工作状况以及外界环境的变化，对在岗员工进行的有针对性的培训工作。与入职培训相比，在岗培训具有周期长、范围广、层次多等特点。在岗培训有多种类型，从培训内容来看，可以分为业务能力培训、工作态度培训和职业发展培训等；从培训层次来看，可以分为普通员工培训、重点员工培训和管理人员培训等；从培训形式来看，可以分为循环式同质培训、突击式针对培训以及规划性长期培训等。

一、分析培训需求

随着培训体系的不断完善、培训地位的不断提高，人们对培训的科学化、合理化和专业化提出了更高的要求。而做好培训需求分析是达到这一要求的首要条件，因此培训需求分析在培训和发展管理中的地位越来越重要。在制订培训计划之前，实施充分的培训需求分析是培训计划顺利展开的保障，也是进行培训效果评估的基础。

从酒店管理层面来看，培训需求分析能确保培训投入充分发挥作用并产生丰厚回报；从酒店员工角度来看，培训需求分析是保证为其提供针对性培训和实现其个人职业发展的重要条件。由此可见，培训需求分析是进行培训管理、完善培训体系的重要环节。

（一）培训需求概述

当酒店员工现有的知识、技能和态度等水平低于组织所要求的标准，即员工目前的实际能力和水平与酒店对员工的期望标准有所差距时，就产生了对员工的培训需求。同时，根据酒店的内外部经营环境的变化与发展，酒店主动对员工现有水平与未来发展所需水平进行比对，从而产生来自酒店自身发展所需的培训需求。

（二）培训需求分析

培训需求分析是指在规划和设计具体培训计划之前，由培训管理部门使用各种方法对组织目标及组织成员的知识、技能、态度、观念等内容进行系统的甄别和分析，从而确定是否需要进行培训，并明确培训内容、培训顺序和培训实施时间的过程。

培训需求分析一般由培训主管部门组织开展，此项工作是进行酒店培训的第一环节。

1.培训需求分析的主要内容

针对在岗培训，培训需求分析的主要内容由组织分析、人员分析、工作分析和绩效分析四部分组成。组织分析是在既定企业经营管理战略的统筹下进行的培训分析，主要为培训工作的实施提供培训资源，以及管理者和员工对培训工作的支持。人员分析包括圈定工作绩效不能达标的制约因素，如知识、技术、能力的欠缺，工作设计不合理或者个人工作动机问题；明确需要进行培训的对象；员工接受培训的各项准备工作。工作分析则包含确定主要任务，以及需要在培训中予以加强的知识、技能和行为方式等。绩效分析是针对在岗职工当前工作绩效与目标绩效之间的差距而进行的培训分析。

（1）组织分析

组织分析是指系统地检查组织中的各个要素，这些要素游离于任务和人员分析以外，但是却会对培训产生影响。组织分析的范围比人员分析、工作分析和绩效分析更加广泛，关注的是组织系统层次上的组成部分，如对组织目标、组织资源、培训气氛的内外部决定因素等。

组织分析的范围根据分析变量的数量有所不同，主要包括培训对象、培训类型、组织规模等。关于酒店的组织分析主要涉及以下几个环节。

①酒店战略目标分析

一个组织的经营管理战略会对培训产生重大的影响，培训的战略性角色影响着培训的频率和类型以及培训管理部门的组织形式。对培训寄予期望的组织会在培训投资和培训频度上高于那些没有培训战略目标的组织。因此，应明确酒店的战略目标及其对酒店所起的积极作用，并以此来确定酒店的培训总目标。

②培育良好的培训气氛

员工和管理者对培训的支持具有十分重要的作用，培训成功与否的关键在于两者对培训活动的参与所持有的态度。得到员工和管理者的支持，无疑会极大增强培训效果，反之则会严重影响培训效果。

③酒店资源分析

确定人力和物力资源是完成工作目标的保证。人力资源需求应该包括完成未来项目所需的人员计划，物力资源应包括设施情况、财务资源等。只有在人力、财力和时间上得到充分的保证，才能确保酒店培训的有效性。

④酒店环境分析

明确酒店所处的经营环境、政策环境和社会环境，掌握组织文化、服务质量、客户资料、人员素质等情况，准确找出酒店存在的问题以及问题产生的根源，从而确定酒店培训是不是解决问题的最佳途径。

（2）人员分析

人员分析是指确定个体员工是否需要培训、谁需要培训以及需要什么培训的过程。通过对员工目前实际工作绩效和预期工作绩效的比较来判断是否需要培训。人员分析还应判断受训员工是否做好了接受培训的准备，如个人学习能力、学习态度、信仰、动机以及工作环境问题等，这些都会对培训产生很大的影响。

人员分析所关注的重点是酒店中谁需要培训、需要什么类型的培训，从而能够知道酒店所需要的培训投入和培训项目。

①建立绩效指标

在具体人员分析过程中，要制定必要的绩效指标测量标准。培训人员可以使用这些标准在培训开始前、培训结束时和重新投入工作后进行绩效评价。这些标准可以帮助酒店确定员工的能力，进而明确员工所需要的关键技能并设计培训。建立标准的途径之一是让受训者本人对其各项能力进行自我评价，但要考虑到其评价的客观性。同时要了解员工和培训部门对培训的期望，明确员工和部门所希望达到的目标，为培训评估做好准备。

②员工个人情况分析

员工个人情况主要包括员工的知识结构、专业结构、年龄结构、个性特征、个人能力以及满意度等。通过对员工知识和专业结构的分析，可以掌握员工的知识水平是否和酒店发展相适应，专业兴趣和取向是否与酒店所需技能保持一致，从而确定合理的培训计划和培训项目，培养更多储备人才。年龄问题也不容忽视，其会对工作效率、速度和培训效果产生直接影响；年龄和个性特征是确定针对性培训计划、调整工作岗位的重要依据。个人能力与完成工作所需能力的差距是确认员工是否能够胜任岗位的关键因素，是制定培训的重要前提。员工满意度则是指通过对员工的满意度指数和需求点的分析，找出酒店在管理经营方面的问题，确定哪些问题是可以通过培训来解决的。

③培训环境分析

培训环境因素主要包括酒店培训文化的成熟度、是否具有培训传统、决策者对培训的支持和认知程度、培训对员工和酒店发展产生的作用、部门管理者对培训的支持程度、已有的培训项目能否满足受训者和酒店发展需要、员工对培训的接受度和期望值、培训资源状况等。通过对这些因素的分析，可以进一步把握好培训的目标性和针对性。

（3）工作分析

工作分析是指针对有关员工具体工作程序以及完成工作所具备的能力、知识和技术的分析。工作分析主要是按照酒店的工作标准和具体工作的任职条件，对各部门、岗位状况进行比较分析，从而在明确工作性质、工作职责的基础上确定标准，并制定履行职责、达到标准的具体素质要求，如专业知识、技能、能力等。根据这些要求来判断从事某项工作的员工技能素质与实际工作需求是否相吻合，并以此来确定酒店培训和发展需求的具体关系，编制符合实际的培训课程和项目。

①工作发展分析

任何组织的工作内容和形式都会随着组织的不断发展而变化，酒店亦是如此。这就要求在进行具体培训需求分析时要对酒店的发展趋势进行科学预测和判断，并根据这些预测和判断进行培训的安排和组织，使之具有一定的前瞻性。

②工作特性分析

酒店的不同岗位具体的工作特性也不尽相同。前厅工作要求与客房工作要求相去甚远，而销售部门与餐饮部门的要求差别更大，因此在进行培训前，对工作特性进行分析是十分必要的。

③工作负荷程度分析

工作的负荷程度包含工作量的大小、难度的大小、时间的长短以及工作环境舒适程度等，不同类型的工作负荷程度对培训的需求情况是不同的。

（4）绩效分析

绩效分析是针对在岗员工而言的，是实际绩效与目标绩效的差距分析。绩效分析的过程通常包含以下三个步骤：①通过评价员工的工作绩效来确定实际工作中是否存在问题。②分析问题的来源，是能力问题、态度问题还是工作设计问题。③对员工的培训投资和培训收益进行成本收益核算。

通过以上三个步骤，确定绩效差距是由于人员配置不当还是员工能力欠缺、需要培训，并在此分析基础上实施合理的培训。

2.培训需求分析的步骤

培训需求分析的步骤是保证培训需求分析顺利进行，并维护其合理性和科学性的一个重要前提。大体上，培训需求分析可以分为以下 4 个步骤。

（1）寻找并发现问题

根据对绩效、工作态度、酒店经营现状等方面的观察和分析，可以发现酒店在员工层面和组织层面上所存在的实际问题。

①通过归类，员工层面的主要问题

工作效率下降，不能达到组织要求；

服务质量下降，出现迟到、旷工、怠工等现象；

不能适应酒店的变化，对变革产生抵触情绪；

成本增加；

员工现有技能无法胜任现有工作，不能适应酒店发展，急需培训；

员工急于实现个人职业生涯规划。

②组织层面所面临的主要问题

新工作和新标准的出现需要新的技能；

酒店的发展需要培养人才；

酒店战略和市场变化；

客户变化和客户需求变化；

竞争对手的变化；

行业的变化。

（2）搜集培训需求信息

找出问题以后，需要对培训需求信息进行搜集。培训需求信息主要来源于高层决策者、部门管理者和员工个人。培训部门可以通过个人申报来了解员工申请培训的理由、依据；使用人力资源考核评估方式，确定培训内容和培训对象；采用档案调查方法，分析员工的现状和历史差距，确认培训需求；采用人员测评技术，对酒店人员的素质和技能进行评估，根据结果确定培训内容和培训对象。其他方法还包括员工行为观察法、问卷调查法、面谈法、讨论法、顾问委员会研讨法等，不管是哪一种方法，在收集信息和资料时，一定要保证信息的准确性。

（3）分析数据和信息

搜集到培训需求信息只是前提之一，资料来源范围广、数量大、种类多、关联多，因此要对搜集来的信息进行分析处理，区分哪些是真正的需求，哪些是假象需求；哪些是普遍需求，哪些是个别需求；哪些是短期需求，哪些是长期需求；哪些是当前需求，哪些是未来需求。只有发现对培训具有决定影响的关键因素，才能体现出培训需求分析的价值。

（4）确认培训需求

分析搜集来的信息，最终是要得出培训需求的结论，以确定谁需要培训、需要哪些培训、何时培训以及培训的组织方式等。与此同时，还应该开展确定培训目标、制订培训计划、确认培训评估方式、明确培训实施过程等具体工作。在确认培训需求过程中，要保持与决策管理层和受训人员的沟通与联系，以便得到充分的培训需求认同和支持。

3. 培训需求分析的利益相关者

培训需求分析不但与培训组织和实施人员密切相关，还与受训者、服务接受者和竞争者具有极大的相关性。只有充分考虑各方的利益和要求，才能保证培训需求分析的结果是真实、客观、全面并被各方接受的。

（1）酒店决策层

酒店的董事会、股东、总经理等，是培训得以实施的决策者和物力、人力、财力的提供者。他们从酒店发展的战略角度提出培训需求，并对培训需求能否满足酒店的战略目标进行评价。

（2）酒店管理层

此处所指的管理层是那些从事专业部门管理的各部门经理，他们是培训需求分析结果的最终检验者；同时由于他们对部门经营管理操作和业务熟悉程度很高，对员工的优缺点和真实培训需求的了解相对准确。因此，应充分利用管理层的管理经验，为培训部门提供培训目标和培训内容等方面的帮助。

（3）受训员工

作为受训者，员工是培训实施的对象。他们提出的培训需求关系到员工个人职业生涯规划的实现，也体现了其热爱学习、积极进取的心态。但是培训部门要甄别其培训需求的合理性、迫切性以及其职业规划的发展方向。只有这样，才能使培训需求的结果得到管理层和受训人员的支持与认同。

（4）培训组织部门

培训需求分析的全部工作几乎是由培训组织部门来主持完成的。首先，此项工作是该部门的核心工作之一，这项工作的质量决定着后续工作能否顺利进行。进行培训需求分析，培训组织部门（培训部或人力资源部）有着自己的优势，主要得益于该部门自招聘时起积累的有关员工成长的记录和历史，掌握着各级员工的技能、素质等详细资料，并熟知酒店的岗位变化和新趋向。

（5）外部相关者

培训需求分析不但与内部各个部门、层面息息相关，而且与外界环境有着密切的联系。首先是酒店服务的接受者，他们对于培训需求分析同样具有较多的发言权；其次是同行业的竞争者，鉴于竞争者之间的了解和分析，他们对于酒店的培训需求分析也具有较大的借鉴意义。此外，酒店供应商也能对培训需求提供一定的合理化建议和帮助。征求酒店外部的意见，关注外部环境变化，是使培训需求不断完善的途径之一。

4. 培训需求分析的方法

培训需求分析有很多方法可以使用，但是培训管理部门往往会根据酒店培训需求的不同而选择不同的培训需求分析方法，从而更加准确地掌握培训需求。

（1）行为观察法

观察是人类认识世界、熟悉事物的最基本方法。作为培训分析的一种方法，行为观察法可以获得很多有关培训需求的最直接、最真实、最原始的信息和资料。这种方法是在不妨碍被考察对象的正常工作和集体活动的前提下，对考察对象进行观察。通常情况下，通过观察获得的信息与实际所需要的信息具有高度相关性。行为观察法要求观察者熟悉被观察者的工作程序和工作内容，它会受到被观察者的阶段时间工作状态的影响，也会受到观察者主观性的影响。因此要想获得较为准确的观察结果，要求观察者具备较强的技术能力，同时能客观评判每一个被观察者，还要实行多次观察以加强观察结果的全面性和真实性。

（2）问卷调查法

问卷调查法收集信息的关键在于问卷的设计。为了保证所得信息的可靠性和真实性，在问卷设计时要遵循以下原则：对同一个问题从不同角度进行设置，采取各种方法使问卷引起受访者的重视，采用无记名形式调查，问卷的问题设计应注意实效性。问卷形式分为开放式、选择式、投射式和等级排列式。问卷种类分为随机型、分层型和综合型等。问卷语言要通俗易懂，以方便受访者理解；问卷作答时间不宜过长，最好不超过20分钟；同时要回收足够的问卷，以保证信息的全面和准确。

虽然问卷调查法具有在短时间内搜集大量信息、成本较低、调查对象可以畅所欲言、易于总结汇报的优点，但是它却无法获得问卷之外的内容，同时需要大量的时间和技术能力来进行分析，而且要求较高的问卷设计能力。

（3）申报法

申报法是通过向各部门发放培训需求申报表来了解各部门员工的培训需求。培训需求申报表是在酒店年度培训目标和部门年度培训目标的基础上，结合每个员工的培训需求来确定部门培训需求。培训管理部门根据酒店总的年度目标和各部门收集上报的培训需求，制订酒店的年度培训计划。在此基础上，对年度培训计划进行意见征求，经过反复修改，确定后再经决策层审批实施。

（4）面谈调查法

面谈调查法是对受训者、培训者、管理者、督导者、决策者等关键人物进行面对面的交流，经过系统全面的分析整理以后，确定培训需求的一种方法。面谈分为正式和非正式两种形式，即通过标准、统一的模式向受访者提出相同问题和根据不同的面谈者提出不同问题。面谈调查法需要调查人员具有较高的沟通技巧，营造宽松平等的沟通氛围，运用提问技巧，从而达到调查目的。

面谈法可以采用个别面谈和集体面谈的方式。个别面谈又分为一对一面谈和重点人物面谈，前者是通过专家、培训主管或主持人与一位员工面谈；后者则可以是一对一，也可以是多个调查者与一个重点人物面谈。集体面谈则由多人同时作为面谈对象参与面谈，这样可以营造一种畅所欲言的气氛，增加面谈资料的可靠性。

（5）资料分析法

资料分析法是通过对酒店内所能收集到的相关资料（如报表、文件、审计结果、预算报告、工作计划、投诉记录、惩罚记录等）进行分析，来寻找酒店存在的问题，从而确定培训需求。但应该注意所用资料的时效性和代表性，过期的、不准确的以及不具有代表性的资料要避免使用，这样方能保证分析的客观性和实用性。

（6）综合分析法

综合分析法是通过对酒店进行全面、系统的调查，分析理想与实际的差距，综合运用以上方法进行彼此的比对和选择，来确定酒店是否进行培训和培训具体内容的方法。这一方法较为细致、工作量大、耗时较多，需要一定的人力、财力、物力的支持和保证才能完成。

培训需求分析方法的应用需要依据培训需求分析的目的来决定最终采用哪一种分析方法，不同的分析目的决定了分析方法的使用会有所不同。培训管理部门要学会根据不同的实际情况使用最适宜的培训需求分析方法，以达到准确掌握培训需求的目的。

二、设计培训内容

（一）培训内容设计的原则

培训内容的设计决定着培训效果的好坏，也是与培训需求紧密相关的部分。设计科学、完善的培训内容是一项细致而具有挑战性的工作，关系到酒店整体培训计划的成功落实和培训需求的满足。一个比较完备的培训应当涵盖6个"W"和1个"H"的内容：Why，培训的目标；What，培训的内容；Whom，培训的对象；Who，培训者；When，培训的时间；Where，培训的地点及培训的设施；How，培训的方式方法及培训的费用。

设计培训内容要遵照以下几个原则。

1.培训内容设置要与培训目标紧密结合

培训内容要与酒店的培训目标相一致，将员工的个人发展目标与酒店的经营发展总体目标相统一，使培训内容能够满足员工自我发展的需要，发挥培训对酒店的积极作用。

2.培训内容应满足受训者培训需求

培训内容应以培训需求为依据进行设计和组织，只有符合员工培训需求的培训内容才能为受训者所接受并且容易受到酒店决策层的支持和肯定，从而在政策、财力和物力上得到酒店的支持，为成功培训创造有利条件。

3.培训内容的选择应突出实用性

受训者的在岗培训并不是为了取得学历或者文凭，而是切切实实地学到技能和知识。因此，在设计培训内容时要突出培训内容的实用性和可操作性，使受训者通过培训能学到自己想要学到的各种技能和知识。

4.培训内容的设计要符合成年人学习规律

考虑到受训者的年龄特征，应在培训教材的编排、培训内容的选择上充分考虑成年人认知的特点，使培训内容做到理论与实践相结合、案例与工作实际相结合，以期达到最佳的培训效果。

（二）培训内容设计程序

培训内容的设计是一项系统的创造性工作，在培训内容设计过程中要有一个客观的指导体系，不能凭空设想，也不能主观操作。在实际的培训内容设计过程中，既要尊重客观事实和规律，也要结合酒店的实际情况，在充分发挥设计人员创造力的基础上完成培训内容的完美设计。

培训内容设计的一般程序如下：

1. 前期准备工作

在正式开始设计之前，培训管理部门首先要进行相关准备工作，如谁来设计、具体分工如何、设计工作计划、信息的收集等。准备工作对以后的内容设计起到积极的支持作用，是保证培训内容设计工作顺利进行的必要条件。

2. 确定培训内容的目标

培训内容的目标，即通过对培训内容的学习最终希望受训者能实现知识、能力、技巧或态度的提升或改变。明确的目标可以增强受训者的学习动力，激发学习兴趣，也能为评估提供依据。

3. 信息和资料的收集与整理

在明确目标以后，培训内容设计人员便开始收集、整理与培训需求和培训内容有关的信息和资料。收集范围要相对广泛，资料种类也要丰富。这些资料经过整理后，要征求培训对象、培训管理部门的具体意见。

4. 培训内容的确定与反馈

在对信息、资料进行收集与整理后，再咨询和征求培训对象和培训管理部门的意见，然后便可以确定培训内容。培训内容确定后，要经过小范围的试验性培训，通过试验结果进行反馈，来判断培训内容的有效性和科学性以及是否符合培训内容设计的目标。

（三）培训内容的构成

培训内容所要解决的问题是培训什么。总体而言，培训内容的涵盖面比较广泛，既有技能方面的内容，又有知识层面的内容，还有职业素养、劳动政策、企业文化以及职业态度等方面的内容。但是培训内容具有一定的针对性，需要根据不同的培训需求来设计培训所需的内容。从其涵盖范围来看，培训内容既包括前面述及的入职培训内容，还包括在岗培训内容。

鉴于本项目所陈述的是在岗培训，故下文主要分析在岗培训内容的构成部分。在岗培训是更新知识、学习新技能和新技术的有效培训途径，同时是职前教育和入职培训不全面、不深入、不细致的一种查缺补漏式的培训。它可以循序渐进地提高员工的工作能力，增强员工的个人竞争力，并对酒店的运营效率和整体竞争力起到促进作用。

具体而言，在岗培训是指没有离开职位或在不影响正常工作的情况下所进行的培训。从在岗培训的不同目的来看，在岗培训的内容设计可分为以下五种。

1. 本岗培训

本岗培训主要是针对那些不能完全胜任自己本岗工作的员工而设计的培训内容。这一培训主要是有关该岗位所必需的或者岗位今后发展所需的技能、知识、态度、意识等。其目的在于通过培训内容的传授，使员工能够在工作能力上得到较大提升，从而更加适合或者胜任本岗工作。使酒店或本部门的业绩得到提升，也是本岗培训的重要培训目标。这一培训所涉及员工既有普通员工，也有专业技术人员。

2. 转岗培训

转岗培训是针对员工岗位变动而设计的培训内容。转岗的原因有：酒店经营规模发生变化或组织结构调整而要求人员重新配置；员工因性格、能力等不能胜任现有工作，需要更换岗位；员工的某方面特殊才能得到重新认识，需另行安排岗位等。

针对转岗员工的培训主要侧重于未来岗位所需的专业知识、技能、管理实务等方面。

3. 晋升培训

晋升培训是使具有发展潜力的各级员工在得到晋升之前所进行的有关未来职位的适应性培训。晋升前所进行的培训内容主要包括理论和业务方面的提升培训、新职位所需的管理技能和知识的培训，以及解决问题的能力和人际沟通能力的培训。在得到晋升后，酒店往往还会通过挂职的形式对培训者进行业务能力和管理能力的检验性培训。

4. 新业务培训

企业要发展，创新是关键。新业务是每个企业所要面临的挑战和机遇。酒店内外部环境的变化，对服务内容和质量提出了新的要求，客源也会发生变化，因而就会出现一些新的业务。新业务的培训往往具有普遍性，只是培训内容的多寡与深浅不一，对于直接从事新业务的员工来说，需要进行细致、深入的业务培训；而对于相关部门或管理者而言，则需要对此新业务有大概的了解以便在新业务开展过程中得到其支持和理解。

5. 语言培训

对于酒店这一高度国际化的行业来讲，外语是员工必备的工作技能之一。因此，对于在岗员工的外语培训，也是在岗培训的主要内容之一。根据酒店管理集团的要求和经营实际，每个酒店都会对培训的语种有不同的要求。在众多的语言培训中，英语培训最为普及，而日语、韩语、西班牙语、德语、法语等使用较为广泛的外语也日渐进入酒店语言培训的视野，为酒店的新业务开展打下坚实的语言基础。

以上所述并不能代表在岗培训的全部内容，而且即便是以上内容也不是每次在岗培训都会采用。最重要的是，酒店应根据自身实际情况和培训管理部门所做的培训需求分析来进行培训内容的设计和编排。

三、选择培训方法

（一）培训方法概述

培训方法的应用直接影响着培训的效果。随着社会的不断进步，科技在不同领域得到了具体体现，培训方法也随着科技进步和社会发展不断地发展着。培训方法在各个不同层次和类型的培训中发挥积极作用，尽管它们还存在各自的局限性，但是已经在某种程度上影响了企业培训事业的发展，并逐渐走向成熟和完善。

1. 传统培训法

传统的培训方法有很多，在培训发展历史上起着重要的作用。虽然有了新培训方法的强劲竞争，但是很多的传统培训方法仍然得到培训者和受训者的欢迎，并且仍然保持着自己的优势。

（1）讲授法

讲授法是指培训者用语言向受训者表达所要传授的内容的一种培训方法。这一方法的沟通是单向沟通，即培训者—受训者。尽管新技术飞速发展，但是讲授法还是一直受到广泛的欢迎。

讲授法是成本最低的培训方法之一，开发费用低而且可以应用于大型培训班。其培训效果也处于中等水平，能够传递大量信息并可以作为其他培训方法的辅助方法。但是讲授法缺少互动以及受训者的参与、反馈且与工作实际环境缺乏密切联系，而这会导致培训成果转化的成功率降低，不容易吸引受训者，培训者也较难有效把握受训者的接受程度。讲授法的顺利实施和富有成效的成果与充分的前期准备是密不可分的。

（2）视听法

视听法就是利用幻灯片、电影、录像等视听教材进行培训，强调多重感官的参与，多用于新员工培训。视听法很少单独使用，一般会与讲授法一起用于培训教学。

酒店可以自制或购买培训所用视听资料。该培训法有很多优势：可对培训内容实施重放、慢放或快放，使其适应受训者的专业水平，激发受训者的学习兴趣；可以使受训者接触到不易解释说明的设备、难题和事件；可以使受训者的培训连贯一致，不易受到培训者的主观影响；直观再现受训者的工作绩效，不易产生分歧；可以实施异地培训，节约成本；适宜模仿性培训，容易形成反馈。

其主要缺点：视听材料的初期开发成本和后续调整成本较高，还会有耗时过多的时间成本存在；视听资料情节过于复杂、对话效果不佳或者背景音乐过强的情况，会使受训者不能抓住培训重点；需要在培训前做好设备等准备工作。

酒店使用视听法进行培训时，所需的准备工作主要集中在设备调试、视听资料整合、技术人员配备等环节。在酒店利用已有的视听材料或者开发新的材料时，要注意视听资料的有效性和针对性，不能使培训成为娱乐课，同时要注意视听材料的适用性，并不是每个部门、每个阶段的培训都适用该方法。

（3）研讨法

研讨法也是比较受欢迎的培训方法，在培训中起着重要的作用。研讨法强调信息的双向交流，让受训者积极参与讨论学习。

按照受训者和培训者在研讨中的地位和作用的不同，研讨可以分为以教师为中心的研讨和以学生为中心的研讨。前者的主要信息来源是培训者，注意力集中对象也是培训者；后者的注意力集中于受训者的同伴，受训者自主研讨，并提出解决问题的方法，参与较为积极。

按照研讨组织形式的不同，研讨可分为：演讲—讨论式、小组讨论式、沙龙式、集体讨论式和系列讨论式。第一种是先演讲后讨论；第二种强调提问式讨论；第三种属于非正式讨论，不能解决问题，但可以加强交流、互相启发；第四种强调广泛参与，多用于成人培训；最后一种针对系列问题持续研讨，通常由权威机构或学校组织。

由于该方法的灵活性和参与性，酒店在应用研讨法进行培训时，要有明确的研讨内容和组织形式，应选择有经验、有组织能力和掌控能力的培训讲师。同时要注意激发受训者的积极性，保证信息双向交流的有效性和畅通性，不能使讨论内容表面化，最终导致讨论形式热烈却达不到培训预期效果。研讨法更多用于酒店管理层就一些开放性问题的讨论、培养管理层战略管理能力的培训。

（4）工作模拟法

工作模拟法与实际的工作比较接近，因此培训的效果比较好，能够对培训的过程加以有效控制；可以避免在实际工作中进行培训而造成的损失。但是该法的费用比较高，存在培训转化率低等问题。工作模拟法适用于那些出错的代价和风险比较高的工作，如飞行员的培训和管理决策的培训等。

（5）角色扮演法

角色扮演法能提供真实的情境，让受训人员扮演不同的角色，做出他们认为适合每一种角色的行为，表现出角色的情感，培训者在扮演过程中给予指导，结束后再进行讨论。这种方法有助于改正过去工作中的不良行为，有利于建立良好的人际关系，因此更适于态度类的培训，不适于知识和技能的培训。

（6）游戏法

游戏法要求受训者收集信息并对信息进行分析，然后做出决策。游戏主要用于管理技能的开发。它可以刺激学习，因此参与者会积极参与游戏并仿照商业竞争规则。游戏采用团队方式，有利于营造和形成团队精神。游戏法因其参与性强、培训气氛好，近年来被广泛采用，一般用来培训员工的团队精神、创新精神、发现和解决问题的能力，通过此方法开发员工潜能。

游戏法具有参与性强、吸引力大、寓教于乐、激发创新和潜能、印象深刻等优点；同时具有开发时间长、游戏占用培训时间多、适应面不宽、对培训者的掌控力和讲解力要求很高等缺点。

（7）案例分析法

案例分析法是指受训者对一个反映实际生活原则和形式的故事进行分析的一种方法。案例分析法需要各种技巧，包括批判性思考、分析、交流、沟通和判断，要想对案例进行较好的分析，就要培养和开发人脑中的理性思维和感性思维。案例分析不要求结果如何，而强调分析过程的正确性，重点培养和训练受训者的逻辑思维能力。

案例分析法有以下优点：将理论用于实践；培养创造力，锻炼分析能力；有利于个人经验检验与交流；锻炼表述和交流能力；提供借鉴作用。

（8）座谈会法

座谈会法适用于人数较少的培训群体，也是一种常用的培训方法。该方法注重实际问题的解决，受到领导层的欢迎。以座谈会法进行培训，首先要确定主持人。主持人的主要任务是宣布讨论主题、发放讨论资料、组织讨论并保证讨论不偏离主题；协调争执，保持讨论的正常进行；对讨论结果进行总结或做出决定。作为解决实际问题的培训方法，座谈会法一般会有决策人员在场。

座谈会法提供了双方讨论的机会，培训者可以把握受训者的理解和掌握情况，可以帮助受训者解决实际问题。但是讨论容易离题，对主持人要求较高，主持人要能够控制场面；不能充分发挥培训者的作用。

（9）拓展训练

拓展训练也称冒险性学习法，是利用户外活动来开发团队协作和领导技能的一种培训方法。

2. 新技术培训法

自从新技术进入培训领域以来，便对培训工作产生了巨大而深刻的影响，不仅改变了人们的培训观念与方式，而且引起了培训理论和方法的新突破。多媒体技术和其他一些正在逐渐应用于培训的新技术正在为酒店培训提供新的方法和技术支持。

（1）计算机辅助培训

计算机辅助培训是由计算机给出培训的要求，受训者回答，再由计算机分析答案并向受训者当场反馈的一种互动式培训方法。作为最先应用于培训的新技术之一，最普遍的计算机辅助培训项目是通过电脑的光盘或移动存储设备来运行的。随着网络和教学软件的发展，计算机辅助培训更趋于先进。

（2）网络培训

互联网是一种广泛使用的通信工具，它不仅是一种快速廉价收发信息的方法，还是一种获取和分配资源的方式。互联网培训是指由公众网或私人网进行传递，并由浏览器进行展示的培训方式；内部网培训是指通过组织内部网络开展的培训，只面向公司内部员工。

互联网或企业内部网培训的优势在于它不受时间和空间的限制，有利于节约成本、提高效率并易于控制，同时它使受训者信息共享、有效沟通，也使培训项目的更新过程变得简化。但是这种方法不能解决广泛视听问题，难以制定和修改采用线性学习方式的培训课程。这种方法需要建立良好的计算机网络系统，成本比较高，并且对有些内容如设备的操作、人际关系交往能力的培训等并不适合。

（3）多媒体培训

多媒体培训是把视听培训和计算机辅助培训集合在一起的培训方法。它综合了文本、图表、动画及影像等视听手段，受训者可以用互动的方式来学习培训内容。多媒体培训的普及程度已经相当高。随着网络普及度的进一步提升和网络容量的不断增加，网络多媒体培训无疑会成为最具诱惑力的培训方式。但是该方法不适用于人际交往技能的培训。

新技术对培训产生了重大影响：首先，对培训信息的传递产生了深远影响，企业可以在几个小时内实现对分布在各地的员工的培训；其次，通过新技术可以简化培训管理；最后，新技术还能为培训提供支持服务。

（二）培训方法的选择

在进行培训方法选择时，大部分组织会考虑最佳培训方法，而并不是最适合的培训方法。然而，最佳培训方法只是一个相对的概念，对不同的培训对象、培训内容和培训环境而言，只能是某一种方法最适合，但是并非最佳的就是最适合的。培训管理者要充分重视培训方法的选择，如果选择了不当的方法将直接影响受训者对培训内容的理解和接受，以致影响培训的整体效果。

1. 对传统培训方法的选择

在培训历史上，虽然有很多的培训方法，但是不能说哪一种是最好的或者最有效的，必须根据组织的具体培训目标和培训对象来确定哪一种是比较有效的方法。

作为一名培训者或管理者，在培训工作中时常会面临培训方法的选择。如何在大量的培训方法中选用合适的一种？培训者或管理者需要根据每一种培训方法的特点，将其在学习环境、培训成果转化、成本和效果等方面进行比较，然后加以选择。

培训方法的选择应从以下几方面考虑：①确定酒店培训的预期学习成果，包括言语信息、智力技能、认知策略、态度和运动机能。②分析酒店的培训环境，主要是看有没有明确的培训目标、实践机会、培训内容、反馈系统以及与他人交流的情况。③考虑学习成果转化程度，培训内容与培训环境的相似程度越高，就越有可能实现培训成果的转化。④分析两种成本，即开发成本和管理成本，然后根据酒店的具体财力和培训预算选取合适的方法。⑤最后要顾及培训效果，它基于理论分析研究和受训人员的主观感受。

2. 对新技术培训方法的选择

从学习效果、学习环境、培训转化、成本和效果等方面来对新技术培训方法进行分析，可以得出以下趋势：新技术培训方法虽然需要高昂的研发费用，但管理成本较低，且不受空间和时间限制，逐渐完善后将产生良好的效果。

尽管传统方法依然有效并很受欢迎，但是在以下情形下，建议考虑采用新技术培训方法：①有充裕的资金来开发和应用某项新技术。②受训者分布在不同区域，会产生交通、住宿等费用过高。③受训者乐于采用与网络相关的新技术。④新技术的推广是组织的经营战略，新技术可以应用于产品制造或服务过程中。⑤培训安排和员工工作时间有冲突。⑥现有培训方法对实践、反馈、评估的实施有严格的时间限制。

3. 培训内容与培训方法

方法应以内容为核心，为内容服务，是选择培训方法的原则之一。在进行知识型内容培训时，就不宜使用角色扮演法，讲授法应为首选，因为其内容涵盖面广、理论性较强；而在讲授技能型课程时，选择角色扮演法反而会比讲授法更加合适，因为它强调的是培养受训者的实际操作能力；以态度转化为目的的培训内容，游戏法则是培训的最佳选择，通过游戏使受训者在轻松愉快的活动中受到启发，领会团队精神，认识到服务心态对工作的重要意义。

不同的培训方法适用于不同的培训内容，培训者应该根据培训的具体内容选用适合的培训方法，使方法和内容相得益彰。

国际品牌酒店培训用的方法可以简单地概括为：告诉你（Tell You），就是告诉你如何做；做给你看（Show You），就是做示范；跟我学（Follow Me），就是让你试着去做；纠正你（Check You），就是对你所做的事情进行检查并纠正你的错误。

4. 培训对象与培训方法

在具体的培训工作中，培训者所面对的培训对象往往具有很大的差别，如新员工与老员工、普通员工与高层员工、本土员工与非本土员工等。培训对象不同，培训方法也应有所变化，不然就不能收到预期的培训效果。

对于新员工而言，缺乏对企业的了解，只靠讲授法是不够的，很多酒店会把新员工放到实习岗位上，以期提高其对酒店的感性认识和理性认识；对于普通员工来讲，由于受知识水平、工作性质等影响，希望接受轻松、易懂、实用的培训，因此多采用角色扮演法、游戏法或者实践练习等方式；本土员工和非本土员工因为文化背景和宗教信仰等的不同，在观念、习惯和行为方式上都会有较大区别，培训者应加强跨文化交流，采用适当的培训方法来进行培训。

总之，培训方法的选择也要因人而异，培训者要充分考虑培训对象的具体的、特殊的情况，做到因材施教，以达到满意的培训效果。

四、评估培训效果

培训效果评估是指根据组织的培训目标和需求，运用科学的理论、方法和程序从培训项目中收集数据，对培训制度、培训过程、培训计划、培训内容和培训费用进行综合分析，评估培训效果，来确定培训的质量和价值的过程。培训效果既有有形效果和无形效果之分，又有长期效果和短期效果之分，还有直接效果和间接效果之分，因而，培训效果的评估是一个十分复杂的过程。

培训效果评估在整个培训系统中起到承上启下的作用，既是对上次培训的总结，又是对下次培训的铺垫。培训评估的最终目的是验证培训是否起到了作用，避免酒店在培训上的无效投资，有利于对培训的全面管理和质量控制。

（一）培训评估概述

虽然培训的重要性得到了大多数组织的重视，但是因为培训效果难以用直观手段测量而且很难实行量化，这样就使得组织对培训投资失去信心。因此，培训效果评估的实施和完善，是培训系统良好运转的重要环节。

1.培训效果评估的作用

培训效果评估在酒店培训和发展体系中具有以下作用。

（1）证明培训活动的成就，凸显培训的价值

培训效果评估可以使酒店决策者、培训管理部门、管理层和受训者对成功的培训或工作做出肯定评价，清楚地认识到培训活动为酒店带来的实际效果，提高培训投资和受训者参与培训的积极性。

（2）提供比较和判断的依据

培训效果评估可以提供比较和判断的依据，使受训者意识到培训给个人能力和业务水平所带来的提升，增强受训者继续参与培训的信心和学习欲望；从经营者角度来看，判断标准的确定，可以使经营者对培训投入产生心理安全感，以更加支持的态度来实施培训。

（3）促进培训设计能力和信息利用能力的提升

评估是对相关培训信息处理和应用的过程。通过对这些信息的重新审定和评估，使得培训管理者对信息有了更强的认识能力，从而增加了培训设计能力。

（4）实现对培训者的有效监督

培训评估可以较为客观地评价培训者的工作，对其培训水平、职业素养、培训质量和效果做出正确的评价，达到对培训者的柔性监督目的。

（5）监督培训资金的有效使用

通过评估，可以跟踪培训资金的具体使用情况，从而说明培训活动的支出与收入的效益，使培训资金得到更合理的配置并产生更积极的效用。

2.培训效果评估的原则

（1）客观性

客观性原则要求评估的实施者在评估过程中，要坚持实事求是的态度，避免主观臆断和刻板印象的影响，尽量保持评估的可靠性、真实性和客观性。

（2）一致性

一致性是指在评估过程中要使评估标准与培训目标、培训主体、培训计划、受训者水平相一致。该原则要求评估者根据培训的各个环节和培训的具体环境制定标准，保证评估的公正合理性。

（3）实用性

实用性原则是指评估方法要具有可操作性，评估标准要有具体落脚点，避免评估方法和评估标准的不切实际。评估者要把握好评估最佳时机，利用可操作性强、简单有效的评估方法进行培

训效果的评估。

（4）连续性

连续性原则是指评估工作不是一次性事件，而是前后衔接的、长期的培训管理环节之一。唯有保持评估的连续性，才能使评估发挥积极作用进而使培训工作达到预期效果。

（二）培训评估方案设计

进行培训效果的评估，首先要选择一种适合需求的培训评估类型，进而利用选择的评估类型对培训进行全面评估。

1.培训评估方案设计类型

（1）柯克帕特里克的四级评估模型

从评估的深度和难度将培训效果分为四个递进的层次。一级评估是反映层，针对受训者对课程及学习过程的满意度进行调查，包括培训内容、培训师、方法、材料、设施、场地等评估；二级评估是学习层，在受训者完成培训后，对其所保留的学习效果进行评估，可以通过笔试、技能操作或工作模拟等方式进行评估；三级评估是行为层，重点评估受训者对培训内容的应用及应用熟练程度，评估培训给受训者行为上带来的改变以及改变程度，评估受训者在工作中可观察到的变化及培训实施前后的变化程度；四级评估是结果层，其重点是评估个人绩效和组织绩效是否有了提升以及提升的速度和程度，分析行为变化产生的具体结果对组织和个人所产生的效益。

（2）CSE 评估模型

CSE 是加利福尼亚大学评价研究中心（Center for Study of Evaluation）的简称，由该中心研究出来的评估模式称为 CSE 评估模型。CSE 评估模型对整个培训过程分阶段进行评估，从而有效获得培训过程中各阶段、各环节的可靠信息，及时对实施中的培训进行控制、调整和改进，使培训达到预期的目标。

CSE 评估模型的四项评估分别为：①培训需求评估，主要是参照已完成的培训需求结果与培训课程效果进行比较，评估现实与目标之间是否一致；②培训计划评估，分析培训计划中设计的培训项目能否实现相应的培训目标，针对每一项培训目标分析、评估所用培训方法是否合适，检查培训项目是否有遗漏和问题，并及时修正和补充；③培训形成性评估，以确定的培训项目为基础，结合培训跟踪记录，对培训教学状态及影响效果进行评估，利用反馈机制达到促进教学过程优化的目的；④培训总结性评估，是在培训结束后，对培训者的教学和受训者的学习效果进行最终评定，并对被评估者做出某种"登记"或"资格"的认证。

（3）CIPP 评估模型

CIPP 由情景（Context）、输入（Input）、过程（Process）和成果（Product）的英文首字母构成，代表该模型中最基本的四种评估。经过几十年的不断完善和修正，CIPP 评估模型已经比较成熟，国际上一些有影响力的项目均采用了这一评估模型。

CIPP 评估模型所包含的四种评估分别为：①情景评估，旨在确定与培训相关的环境，鉴别其需求和机会，并对特殊的问题进行诊断，有助于确定培训目标；②输入评估，所提供的信息资料可被用于确定如何最有效地使用现有资源才能达到培训项目的目标，有助于确定项目规划和设计的总体层面是否需要外部协调；③过程评估，为那些负责实施项目的人员提供信息反馈，进而指导实施过程；④成果评估，主要是对目标结果进行衡量和解释，包括对预定目标和非预定目标进行衡量和解释，有助于审查决策。

2. 培训评估方案的选择

培训评估方案的选择不是任意的，应该根据组织的评估目的来加以选择，同时也要考虑以下几个因素：①评估方案的可行性。②评估方案所提供信息的准确性。③评估方案对评估目标群体的可信度。④实施评估方案的具体成本。⑤评估方案实施过程对正常活动的干扰程度。⑥评估方案需要占用受训者和管理人员的时间。

（三）培训效果评估的实施

培训评估的开展要遵循科学的程序，评估工作只有尽量做到全面、客观，才能收到预期的评估效果，达到评估目的。

1. 培训效果评估的步骤

培训效果评估一般可以分为以下五个步骤。

（1）做出评估决定

一般由培训管理部门根据整体培训体系的进度和要求，结合培训实施的具体进度而做出评估决定。做出评估决定是培训评估的第一步。

（2）制订评估方案

根据评估的具体要求和目的，选用适合评估需求的培训评估方案，并结合组织的实际最终确定培训评估方案的实施途径和方法。制订评估方案是培训评估的实施前提。

（3）收集评估信息

收集评估信息是进行评估的重要环节，也是耗时最长的环节，其质量决定着培训评估的准确性。因此，要采用适当的信息收集方法和收集渠道。

（4）整理分析收集的数据

先对收集来的数据进行整理，然后再对整理好的数据进行分析。分析时可以采用趋势曲线分析法，在此基础上再进行趋势预测；也可以采用学员评价法，直接从参加培训学员那里获取信息。

（5）撰写评估报告

在前面四步的基础上，综合以上信息并对培训评估结果和趋势做出分析，形成培训效果评估报告。

2. 培训效果评估的范围

培训效果评估的范围主要包括以下几个方面：①培训需求评估、培训计划与方案评估、培训过程评估、培训效果评估。②对受训者的反应情况、知识技能的增长情况、工作表现情况以及组织效益进行评估。③对培训目标与内容、培训工作过程进行评估，对培训后的受训者进行考核评估、培训收益评估、跟踪评估等。

3. 培训效果评估方法

在培训效果评估过程中，常用的评估方法有以下几种。

（1）测试比较评估法

培训实施前和结束后分别用难度相同的测试题对受训者进行测试。如果受训者在培训结束后的测试成绩比开始时有明显提高，则表明经过培训确实提升了受训者的知识、技能或能力。

（2）工作绩效评估法

培训结束后，每隔一段时间（如3～6个月）以问卷调查或面谈的形式，了解受训者在工作上取得的成绩。通过调查比较，确认培训工作是否具有成效。

（3）工作态度考察评估法

对受训者在接受培训前后的工作态度进行比较，如果通过培训受训者的工作态度有明显好转，则表明培训工作是有效的。

（4）工作标准对照评估法

通过判断受训者在工作数量、质量、态度、效率等方面能否与工作标准相吻合，来确定培训工作是否有效。

（5）员工横向比较评估法

对同级员工中受训者与未受训者的工作情况进行比较，根据比较结果判断培训工作的成效。如果两者的工作情况差别较大，受训者好于未受训者则说明培训工作是成功的；反之，则说明培训效果不能满足需求。

（6）纵向参照评估法

培训结束一段时间后，培训管理部门向受训者的上级或下属了解其在工作上的具体表现。如果得到正向、积极的评价，则说明培训效果良好。同时，培训管理部门要充分考虑这种评估法的公正性和客观性。

第三节 酒店员工职业生涯设计规划

职业生涯，是指一个人一生中从事职业的全部历程。整个历程包含一个人所有的工作、职业、职位的变迁，以及工作态度、价值观、愿望等的连续性经历。职业发展对于员工个体和组织都有着重要的意义。

一、明确员工职业生涯设计的意义

职业生涯规划也被称作职业生涯设计，是指个人发展与组织发展相结合，通过对职业生涯的主客观因素分析、总结和测定，确定一个人的奋斗目标，并为实现这一目标而预先进行生涯系统安排的过程。职业生涯设计分个人职业设计和组织职业设计两个方面。在任何社会、任何体制下，个人职业设计都更为重要，它是人的职业生涯发展的真正动力和加速器，其实质是追求最佳职业生涯发展道路的过程。

员工职业生涯设计的作用在于帮助员工树立明确的目标与管理方向，运用科学的方法、切实可行的措施，发挥个人的专长，开发自己的潜能，克服生涯发展困阻，避免人生陷阱，不断修正前进的方向，最后获得事业的成功。

员工职业生涯设计的目的，绝不只是帮助个人按照自己的资历条件找到一份工作、达到和实现个人目标，更重要的是帮助个人真正了解自己，为自己订下事业大计、筹划未来，进一步详尽估量主客观条件和内外环境的优势和限制，在"衡外情、量己力"的情形下，设计出符合自己特点的合理而又可行的职业生涯发展方向。

只有设计好员工的职业生涯，把企业的职业规划最大限度地变成人力资本，企业才能最终实现未来的愿景。作为酒店职业设计的重要组成部分，员工职业生涯设计理应是酒店人力资源部的重要工作任务。

二、设计员工职业生涯

酒店设计员工职业生涯需要综合考虑多方面因素，从员工自身实际出发，在明确员工所处的职业生涯阶段和制定员工职业生涯发展路径的基础上，帮助员工设计符合员工与组织需要的职业生涯。具体来说，酒店设计员工职业生涯的程序包括以下三个部分。

（一）明确员工所处的职业生涯阶段

多年以来，研究人员一直在试图找出员工在其职业生涯中所面临的自我发展的主要任务，并把它们划分为较粗略的不同职业生涯阶段。虽然在这方面人们已经建立了一些模式，但是对于这些模式的准确性几乎还没有人研究过。人们对这一领域里的研究结果进行考察，结果发现几乎没有什么证据能够证明职业生涯阶段的存在。此外，在职业生涯阶段是否与人的年龄有关这个问题上，也是众说纷纭。大多数理论家虽然给出了每一职业生涯阶段的年龄范围，但这种年龄范围的出入很大。因此，若将职业生涯阶段与时间联系起来考虑，似乎更合理一些。也就是说，根据每个人的背景和经历，让一只"职业时钟"在不同的时点开始为他计时。

员工的职业生涯是一个连续的、长期的发展过程，职业选择和调整贯穿于员工的整个职业生涯。一般而言，员工的职业发展都要经过探索期、建立期、职业中期、职业后期和衰退期。

1. 探索期

人们往往在开始工作前就对他们的职业做出了初步的决策。亲人、老师、朋友以及影视节目等的影响，使人们在生命的很早时期就逐渐缩小了自己职业生涯选择的范围，并使其朝着一定的方向发展。

对于绝大多数人而言，职业探索期会在他们20多岁从学校步入职业岗位时结束。因为职业探索阶段发生在就业之前，所以从组织的立场来看，它似乎与此阶段并无关联。但实际上，组织与职业探索阶段是不无关系的。人们正是在这一阶段形成了对其职业生涯的一种预期，其中的很多预期是很不现实的。这种预期当然可能在头些年潜藏不露，后来突然暴露出来，使员工本人和雇主都遭受不应有的挫折和损失。

2. 建立期

建立期始于寻找职业和找到第一份职业，它包括被同事接受、学会如何做本职工作，以及取得在现实中成功或失败的第一次真实体验等心路历程。这一阶段的特征是，逐渐改进职业表现，不断发生错误，也不断从错误中吸取教训。

3. 职业中期

许多人面临第一次严重的职业危机是在进入职业中期阶段以后。在这一时期，一个人的绩效水平可能持续改进，也可能保持稳定，或者开始下降。这一阶段的重要特征是，职业中期的人已不再是一个"学习者"，错误容易使人付出巨大的代价。成功地经受住这一转换阶段挑战的人，可能获得更大的责任和奖赏。而其他人可能要面临自身能力再评价、变换职业、重新安排优先考虑的事项或者寻求另一种生活方式（如离婚、重返学校念书、迁居到外地等）。

4. 职业后期

对于那些通过了职业中期阶段继续发展的人来说，职业后期阶段通常是个令人愉快的时期。这时，他们可以有所放松，并且扮演一种元老的角色。他们以自己多年日积月累并经过多次经历验证的判断力，以及与其他人共享知识和经验的能力，向组织证明其存在的价值。那些在前一阶段绩效水平已经停滞或有所下降的人，在职业后期阶段将会认识到这样一个事实，即他们对于现实世界将不再拥有曾经想象的那种持久的影响力或改变能力。正是在这一时期，人们会意识到需要减少职业的流动，从而可能安心于现有的职业。

5. 衰退期

职业历程的最后阶段对每个人来说都是艰难的，但富有讽刺意味的是，对于那些在早期阶段持续获得成功的人来说，它可能更为艰难。伴随着几十年的成就和高水平的绩效表现，现在猛然间就要退休，被迫退出这个充满光辉的舞台，容易使人感到失去了一种重要的认同感。而对于早年绩效表现一般，或已经看到自己的绩效水平在下降的人来说，这或许还是一个令人舒心的时期，他们将远远地把职业中的烦恼抛在身后。

酒店员工一般以年轻人为主，大部分处于职业探索期或建立期阶段。酒店人力资源管理者对于员工职业阶段的认识，将给处于不同阶段的员工进行职业生涯规划带来极大的帮助。

（二）制定员工职业发展途径

职业发展途径是企业为员工实现其职业生涯规划指明方向并给出实施计划的具体方法。员工职业生涯的发展途径大致可以分为以下四种类型：纵向职业发展途径、横向职业发展途径、网状职业发展途径及双重职业发展途径。

1. 纵向职业发展途径

纵向职业发展途径也是传统发展途径，是指员工在组织内从一个层级到另一个层级纵向发展的过程。纵向发展途径具体表现为职务的晋升和待遇的提高。纵向职业发展途径的优点是直线向前，清晰明了，让员工清楚地了解自己向前发展的特定程序。其缺点是，随着现代企业组织结构趋向扁平化，职位等级减少，可能产生多人走独木桥的情况，使一些员工选择这条途径的可能性有所减少。

2. 横向职业发展途径

横向职业发展途径是指员工跨越职能边界的工作变换。例如，员工从餐饮部到客房部。横向职业发展途径的优点在于能够扩大员工的知识面，积累多方面的工作经验，从而提升员工自身的价值。

3. 网状职业发展途径

网状职业发展途径是指综合纵向和横向的一系列工作职务发展，它承认在某些层次上的经验的可替换性，以及晋升到较高层次之前需要拓宽本层次的经历。网状职业发展途径比纵向或横向发展途径更具现实性，因为员工很难完全走纵向发展的途径。一般来说，员工在晋升到某一高度之后，会在该层次上横向调动以积累足够的技能和经验，然后才被提升到更高的层次上去。

4. 双重职业发展途径

双重职业发展途径是指组织根据员工的实际情况，为员工建立一种平行的职业途径：一是管理类职业；二是技术类职业。在管理类职业阶梯向上晋升，员工将拥有更多的决策权和责任。在技术类阶梯上晋升，组织将给予员工更多的资源进行开发和研究，使其更具自主权和独立性，而且走技术途径的员工可以转走管理途径。

酒店由于考虑到人力资源管理成本，一般实施的是网状职业发展途径，只有少部分国有酒店或者酒店的个别部门（如酒店厨房）实施双重职业发展途径。

（三）设计员工职业生涯

员工职业生涯规划为员工一生的职业发展指明了路径和方向。酒店设计员工职业生涯时需要从以下几个方面入手。

1. 进行员工评价

（1）评价员工个人能力

肯定个人能力的有效方法是不断地观察他的日常工作，直到能做出正确判断为止。观察的要点是：劳动质量（要做的工作必须完满、正确、利落地完成）、劳动数量（能完成规定的目标、定额，而且在一般水平之上）、可靠性（在没有经常监督的条件下，可靠程度高，对可靠程度的考核包括缺勤和迟到）、判断力（指在没有详细指导下对事物的判断能力）、合作（指与同级、上级及其他人员在劳动上的和谐程度及效率）、态度（对职业及酒店的关心程度）和交际能力（礼貌、机警、愉快、愿意帮助他人，有效地表达自己的思想感情）。

许多酒店有对员工的评估系统，有的采取五分制，有的采用"优、良、中、下"评定制等。不论采用哪一种方法，绝不能只重形式，而应注重判断员工的才能。

在对员工能力及其业绩进行评估时，应注意所谓"光圈效应"，即用一个正面或反面的行为或因素来美化或丑化整个行为。酒店人力资源部的偏见或爱好常常形成一个正的或负的光圈来作为评定人物的依据，这就是"光圈效应"。

（2）肯定员工个人职业兴趣

了解员工对他当前工作和今后工作的想法的唯一正确方式，就是直接询问下级，找他们交谈。

（3）考虑员工个人经验背景

肯定了员工的能力和职业兴趣以后，酒店人力资源部应进一步考虑其经验和教育背景。同时，酒店人力资源部还应考虑员工的劳动表现中有哪些有助于他的发展，又有哪些会妨碍他的发展，对那些影响劳动的表现应及时提出。

2. 评估员工职业环境与职业发展机会

个人要想谋求职业生涯的成功发展，就必须考虑外部环境的需求和变化趋势，也就是做到"知彼"，力求适应环境变化，进而有所突破酒店评估员工的职业环境与职业发展机会，主要是评估各种环境因素对员工职业发展的影响，尤其是全面、正确地评估组织因素的影响。

3. 帮助员工设定职业生涯目标

大多数员工对自己的将来没有明确的发展目标，因此，酒店人力资源部应鼓励每个员工确定自己的目标。开始时，目标可以是简单的、短期的，然后确立长期目标。确定目标时应考虑员工的兴趣、经验和教育背景。长期目标应宏观一些，短期目标则应具体一些。

4. 帮助员工确定职业生涯路线

职业生涯目标确定后，向哪一条路线发展，此时要做出选择。例如，是向行政管理路线发展，还是向专业技术路线发展，抑或是先走技术路线，再转向行政管理路线等。发展路线不同，对职业发展的要求也不相同。由于绝大多数酒店实行的是网状职业发展途径，因此，酒店应鼓励员工走网状职业发展途径。

5. 制订员工职业行动计划

制订职业生涯行动计划就是酒店人力资源部引导员工为了达到其长、短期的职业生涯目标应采取的措施。具体措施包括工作、培训、教育、轮岗等。需要指出的是，制订员工职业行动计划时应与酒店整体行动计划相一致。

6. 评估与调整

由于在规划过程中，所考虑的内在和外在、主观和客观的因素较多，而且这些因素会随时间的推移而变化，因此为了确保规划的可行性和有效性，必须随时对生涯规划的内容加以评估。此外，在实际实施的过程中，也会发现当初做规划时未曾想到的缺点与执行后的困惑。所以，规划每实施一段时间后，有必要就计划执行的方法做出评估。

　　另外，实施员工职业生涯规划时，必须为日后可能的计划调整而预留余地。调整的依据是每次的成效评估。至于计划调整的时机，必须考虑以下三点：定期检测预定目标的达成进度；每一阶段目标达成之时，依据实际达成的状况修订未来可采用的策略；客观环境改变足以影响计划的执行。

第五章 酒店考核管理

第一节 绩效考核的含义、功能与原则

一、绩效考核的含义

（一）绩效的含义

绩效一般有组织绩效、部门绩效和个体绩效三个层次，但无论是组织层次还是部门层次，绩效的根基都来自员工的绩效。因此，本书中的绩效是指员工层次的绩效。

如果将绩效定义为一种行为而不涉及结果的话，在实践应用当中将是非常困难的。因为并不是行为确定绩效标准，而是与行为相关的组织确定绩效标准。假如不使用结果标准的话，很难想象应该制定什么样的标准去评估绩效。进一步讲，现在很多研究将绩效定义为一种行为，这实际上就抹杀了行为结果在绩效考核中的作用。因此，将前两种观点加以融合，得出的第三种绩效概念则更加完善。

根据上述分析，我们认为绩效是员工在一定时间和条件下完成工作任务所表现出的工作行为和所取得的工作结果，绩效是执行的过程、行为与结果的融合。

（二）绩效考核的含义

绩效考核（Performance Appraisal）又称绩效评估、绩效评价，就是指员工在工作过程中所表现出来的与组织目标相关的并且能够被评价的工作业绩、工作能力和工作态度，其中工作业绩主要衡量工作的结果，工作能力和工作态度主要衡量工作的行为。

理解绩效需要把握以下几点。

工作之外的行为和结果不属于绩效的范围；

绩效与组织目标相关，直接表现为与职位的职责和目标相关；

绩效还应当是表现出来的工作行为和工作结果；

绩效既包括工作行为，也包括工作结果。

绩效考核的原理非常简单：设定清晰的工作目标和合理的考核方法，给予员工公正的报酬和激励，让员工知道他要做什么、怎么做以及怎样获得回报。绩效考核是注重工作的过程还是结果，

取决于酒店的文化，取决于酒店想通过绩效考核达到什么样的目的，针对不同的关注重点，考核的内容各有侧重。

关注过程的绩效考核、注重员工的工作态度和能力，考核内容主要集中在员工工作过程中的行为、努力程度和工作态度上。它营造的是一种集感性、和谐为一体的文化氛围。在这样的考核体系下，员工依照酒店的期望和要求付出努力。由于是对员工多方面的考核，考核难度相对比较大，无论是对考核体系本身还是对考核人员，要求都比较高。

关注结果的绩效考核注重工作的最终业绩，以工作结果为导向，考核内容主要集中在工作的实际产出上。它营造的是一种比较理性、任务导向的文化氛围。典型的以结果为导向的绩效考核通常出现在制造型企业里。

一般来讲，酒店作为服务型企业，采用工作结果和工作过程相结合的考核内容比较科学，即通过对工作态度、工作能力和工作业绩的综合考核来评定员工的绩效。

二、绩效考核的功能

酒店的绩效考核通常具有如下功能。

（一）管理功能

绩效考核的管理功能首先表现在考什么，即要明确组织、部门及个人的工作目标和工作标准；其次表现为怎么考，即具体操作时应当体现沟通、学习、改进、评价等功能；最后表现为考核结果的运用。考核结果是晋升、奖惩、培训等人力资源开发与管理的基础和依据。

（二）激励功能

绩效考核要奖优罚劣，改善调整工作人员的行为，激发其积极性，促使组织成员更加积极、主动、规范地去完成组织目标。

（三）学习功能

绩效考核也是一个学习过程。通过考核使组织成员更好地认识组织目标，改善自身行为，不断提高组织的整体效益和实力。

（四）导向功能

绩效考核标准是组织对其成员行为的期望，是员工努力的方向，有什么样的考核标准就有什么样的行为方式。

（五）监控功能

对组织而言，员工的工作绩效考核就是任务在数量、质量及效率等方面的完成情况；对员工个人来说，则是上级对下属工作状况的评价。酒店通过对员工工作绩效的考评，获得反馈信息，便可据此制定相应的人事决策与措施，调整和改进其效能。

三、绩效考核的原则

酒店在绩效考核中，应遵循以下五条原则。

（一）过程公开的原则

绩效考核的目的在于启动激励机制，激发员工的工作热情。因此，绩效考核的各项过程、各个环节必须向员工公开，其中包括：绩效考核的内容和等次、考核的方法与程序、考核的评价与标准、考核的结果与使用，以及考核的机构与职责等。若员工对上述情况心知肚明，势必焕发出力争上游的责任感、紧迫感和危机感，使绩效考核达到理想和目标的同一性。

（二）依据明确的原则

模棱两可或含糊抽象的字眼，是绩效考核的大忌。因此，在绩效考核中，能量化的数据必须量化，使员工对具体实例摸得着、看得见、算得准、记得牢，以此规范员工什么样的事应该努力去做，做出成效；什么样的事应该明令禁止，不越雷池。试想，如果没有严格的考核标准，如果没有明确的量化指标，如果没有高度的责任心，如何能使绩效考核达到应有的效果。

（三）反馈、修正的原则

绩效考核的目的在于促进人力资源管理，提高员工的整体素质，激励员工积极地完成阶段性目标并实现全年总体工作目标。因此，绩效考核并非算账。其最佳途径应该是平时考核有记载、月度考核有测评、年终考核有评价。对每月的考核，主管领导对下属的工作如果提出改进意见，主管领导或主管考核的工作部门应及时向当事人反馈情况，以便其及时调整和修正工作中的不足与缺憾，避免"当事者迷""小错不改，铸成大错"，从而使员工工作沿着健康的轨道良性循环。

（四）公正评价的原则

绩效考核是一项系统工程。对于员工的具体工作绩效，其主管必须有翔实的记录，并及时上交考核部门备案，作为月度与年度考核的依据。如果部门主管缺乏翔实记载，或者记载之后束之高阁，那么势必影响到月度考核与年度考核，也势必使考核结果缺乏应有的公正性。

（五）奖惩挂钩的原则

实践表明，绩效考核必须与奖惩挂钩，否则，必然挫伤员工的积极性。在与奖惩挂钩中，要注意把握好以下三个环节：①奖项的额度要适当。奖项的额度既要体现出表彰先进的激励作用，又不至于激起大的波动。②奖赏要及时兑现。抓住契机公布绩效考核结果，对于完成新一年的工作将起到促进作用，时过境迁的奖赏，将失去绩效考核应有的效力。个人的奖惩要与团队的奖惩相结合。

第二节 制订绩效考核计划及编制考核方案

一、制订绩效考核计划

（一）绩效考核计划的含义

"绩效考核计划"可以是动词，也可以是名词。以动词来理解，绩效考核计划是管理者与员工共同讨论以确定员工在绩效考核周期内应该完成哪些工作和达到怎样的绩效标准，并最终达成一致意见的、形成契约（绩效考核计划书）的过程。这是一个信息沟通的过程，简言之，就是与员工一起确定工作目标、关键绩效指标和行动计划的过程。从名词角度来理解，绩效考核计划就是一份正式的书面协议（绩效考核计划书），是双方在明晰责、权、利的基础上签订的一个内部协议。

绩效考核是人力资源管理的重要组成部分，因而传统观点认为绩效考核计划也应该是人力资源部的工作范畴。事实上，酒店因各部门间员工的能力素质不同，对员工要求的差异性也很大。例如，酒店要求前台接待员具备流利的英语会话能力，但没有必要要求工程部的员工也有同样的英语口语水平。真正了解员工的是酒店内的各个用人部门，因此对员工的绩效考核应该是各个部门工作的重要内容。在制订绩效考核计划时，人力资源部应该是组织者和监督者，而各部门的管理者和员工才是真正的实施者，是制订绩效考核计划的主体。

一般而言，在具体的绩效考核计划制订之前，先由人力资源部与各用人部门的管理者制定出符合部门实际情况的绩效目标和标准框架，用以指导绩效考核计划的制定过程。作为制订绩效考核计划的主体之一，各部门的管理者需要了解每个岗位的工作职责和每个员工的绩效表现，根据各个岗位的具体要求和员工的具体情况，与员工就其应该实现的工作绩效进行沟通，并订立正式的书面协议（绩效考核计划书）。作为另一主体，每个员工的积极参与是制订和实施绩效考核计划的重要保证。通过参与绩效考核计划的制订，员工能更加明确其工作的绩效目标，并且能更了解如何实现所设定的绩效目标，因此能对所制定的绩效考核计划产生更高的认同感，从而有效地激励员工的工作。

在这个过程中，人力资源部可以为各用人部门管理者和员工提供有关制订绩效考核计划的培训，指导绩效考核计划的制订工作。

（二）绩效考核计划的作用

绩效考核是一个复杂的体系，任何一个环节出现问题都可能会影响整个体系的运作。因此，绩效考核计划可以看作绩效考核工作的纲领和指南，帮助每一个员工明确自己要达到的绩效目标，落实行动方案，确保酒店总体战略的逐步实施和工作目标的实现，有利于在酒店内部创造一种突出绩效的企业文化。

（三）制订绩效考核计划的原则

1. 与酒店的发展战略和年度绩效考核计划相一致

制订绩效考核计划的最终目的是保证酒店总体发展战略和经营目标的实现，所以在考核内容的选择和指标值的确定上，一定要围绕酒店的发展目标，自上而下逐层进行分解、设计和选择。

2. 可行性原则

关键绩效指标与工作目标的设定，必须与员工的工作职责和权利相一致。所设定的目标要有挑战性和一定难度，这样才更具激励效果。但目标又需具有可实现性，如果目标设置过高而无法实现，就不具有激励性。

3. 突出重点原则

员工担负的工作职责越多，所对应的工作成果也越多。但是在设定关键绩效指标和工作目标时，要突出重点，选择那些与酒店价值关联度较大、与职位职责结合紧密的绩效指标和工作目标，而不是将整个工作过程具体化，否则就会分散员工的注意力，影响其将精力集中在最关键的绩效指标和工作目标的实现上。

4. 全员参与原则

在制订绩效考核计划的过程中，要积极争取并坚持员工、各级管理者的多方参与。作为制订绩效考核计划的组织者和监督者，人力资源部要充分调动各部门管理者和员工的积极性，必要时应举行相关的培训，使有关部门和人员对绩效考核计划的重要性和制定流程与方法有正确认识，以确保所制订的绩效考核计划的科学性。

5. 客观公正原则

绩效考核计划是针对每个职位甚至每个员工制订的，在这个过程中要保持透明性，实施公平、公正的绩效考核，充分考虑不同部门、不同职位各自的特色和共性。同时，对工作性质和难度基本一致的员工，应该保持绩效标准的大体相同，确保考核过程公正、考核结论准确无误、奖惩兑现公平合理。

6. 激励原则

要使绩效考核的结果与薪酬及其他非物质奖惩等激励机制紧密相连，充分体现绩效考核的结果，打破平均主义，使绩效考核真正起到对员工的激励作用，而不仅仅是一次考核，从而营造一种突出绩效的企业文化。

（四）绩效考核计划的内容

一份完整的绩效考核计划通常包括以下内容。

本岗位在本次绩效考核周期内的工作项目；

衡量工作项目的关键绩效指标；

关键绩效指标的权重；

工作结果的预期目标；

工作结果的测量方法；

关键绩效指标的计算公式；

关键绩效指标的计分方法；

关键绩效指标统计的计分来源；

关键绩效指标的考评周期；

在达成目标的过程中，可能遇到的困难和障碍；

各岗位在完成工作时拥有的权力和可调配的资源；

酒店能够为员工提供的支持、帮助以及沟通方式。

（五）制订绩效考核计划的程序

绩效考核计划的制订包括准备阶段、沟通阶段、审定和确认阶段。

1. 绩效考核计划的准备阶段

绩效考核计划通常是部门管理人员与员工双向沟通后形成的。因此，为了使绩效考核计划取得预期的效果，必须进行充分的准备工作，获取所需要的信息。

（1）酒店的信息

为了使员工的绩效考核计划能够与酒店的绩效目标结合在一起，管理者与员工需要就酒店的战略目标和年度经营计划进行沟通，并达成共识。

（2）部门的信息

酒店内各个部门的目标是根据酒店的整体目标逐渐分解而来的。不仅经营的指标可以分解到前厅、客房、餐饮和销售等业务部门，而且财务部、人力资源部等业务支撑部门的工作目标也与整个酒店的经营目标紧密相连。

例如，下一年度酒店的整体经营目标是：市场占有率提高30%；开发新的酒店产品；降低管理成本。那么，人力资源部在上述整体经营目标之下，就可以将自己部门的工作目标设定为：建立激励机制，鼓励开发新客户；鼓励创新、降低成本；在人员招聘方面，注重开拓性、创新精神和关注成本等核心胜任素质；提供开发客户、提高创新能力以及成本控制方面的培训。

（3）员工个人的信息

作为绩效考核对象的员工个人，其信息主要有两方面：①工作描述的信息。在员工的工作描述中，通常规定了员工的主要工作职责，以工作职责为出发点设定工作目标可以保证个人的工作目标与职位的要求联系起来。工作描述需要不断地修订，在制订绩效考核计划之前，对工作描述进行回顾，重新思考职位存在的目的，并根据不断变化的环境调整工作描述。②上一个绩效考核期的考核结果。根据这一结果，来设定新的绩效考核周期的目标。如果员工在上一个绩效管理周期内绩效考核合格的话，那么新的绩效考核计划就应该设定新的绩效目标；反之，则需要考虑如何完成那些尚未达成的绩效指标。

2. 绩效考核计划的沟通阶段

绩效考核计划的制订是一个双向沟通的过程，因此沟通阶段也是整个绩效考核计划的核心阶段。在这个阶段，管理人员与员工必须经过充分的交流，就员工在本次绩效考核期内的工作目标和计划达成共识。

（1）沟通方式

管理人员可以选择多样化的方式，达到不同的沟通目的。①员工大会，即在整个酒店范围内召开大会，旨在宣讲以引起全体员工的重视。在绩效考核计划制订前召开这样的大会是十分有必要的，能让全体员工意识到绩效考核与每个员工息息相关，并认识到绩效考核计划的重要性，从而调动绩效考核计划的主体——员工的积极性。②小组会议，一般在员工大会之后，由各个部门在内部开展，能对相关事项进行集中讨论，有利于不同成员之间的协调配合。③单独面谈，以便于就绩效考核计划的具体内容进行深入商讨，使绩效考核计划更加贴合员工实际情况，更符合可行性原则。

（2）沟通氛围

管理人员和员工都应该确定一个专门的时间用于绩效考核计划的沟通，并且努力营造良好的沟通氛围。尤其在单独面谈时，管理者切忌高高在上、将自己的意志强加于员工，而应努力使双方拥有轻松愉悦的情绪，使员工感受到这是一次友善的、与员工自己密切相关的沟通，而不是令人紧张的"领导谈话"。管理者应倾听员工的意见和看法，充分调动员工的积极性。在沟通场所的选择上，除了会议室和办公室外，还可选择员工活动室、休息室等非正式场合，但应注意避免其他员工的干扰。

（3）沟通过程

在进行绩效考核计划的沟通时，通常需要经历以下三个过程。

第一，要对之前所获得的（酒店、部门和员工）信息进行回顾，管理人员和员工都应该知道酒店的要求、发展方向以及与讨论的具体工作职责有关系和有意义的其他信息，包括酒店的战略目标和年度经营计划、部门的目标、员工的工作描述和上一个绩效考核期内的考核结果等，以明确沟通的目的。

第二，将绩效考核计划的目标具体化，对酒店期望员工达到的目标进行具体的描述，并将每个目标与工作或结果联系起来，明确规定完成工作的时限以及拥有的权力和可调配的资源，并了解员工在达成目标的过程中可能遇到的困难和障碍以及酒店可提供的帮助，尽可能在计划制订前就做好充分准备。

第三，制定衡量标准。绩效考核标准是衡量员工是否达成目标的标尺，应做到具体、客观和方便度量，它通常回答"什么时候""怎么样""谁满意"等问题。在制定绩效衡量标准时我们会发现，如果绩效考核计划的目标设定越具体，绩效衡量标准就会与目标越相似。

（4）沟通结果

这一阶段，沟通的结果是指达成的关于绩效的契约（或协议）。管理人员要对员工的参与表示感谢，激励员工按照绩效考核计划设定的目标努力，同时要制作相关的文档，并解决遗留问题。

3.绩效考核计划的审定和确认阶段

在制订绩效考核计划的过程中，对计划的审定和确认是最后一个步骤。

在绩效考核计划过程结束时，管理人员和员工应该能以同样的答案回答绩效考核计划书中提出的12个问题，以确认双方达成了共识。这些问题包括：①员工在本绩效期内的工作职责是什么？②员工在本绩效期内所要完成的工作目标是什么？③如何判断员工的工作目标完成得怎么样？④员工应该在什么时候完成这些工作目标？⑤各项工作职责以及工作目标的权重如何？哪些是最重要的，哪些是其次重要的，哪些是次要的？⑥员工的工作绩效好坏对整个企业或特定的部门有什么影响？⑦员工在完成工作时可以拥有哪些权力？可以得到哪些资源？⑧员工在达到目标的过程中会遇到哪些困难和障碍？⑨管理人员会为员工提供哪些支持和帮助？⑩员工在绩效期内会得到哪些培训？

最后，管理人员和员工双方都需要在计划书上签字确认。

二、编制绩效考核方案

（一）绩效考核方案的内容

绩效考核方案是关于酒店实施绩效考核的具体规定。一份科学合理的绩效考核方案应包含绩效考核的目的、内容、方法，绩效考核的组织与实施程序，以及考核结果的运用等内容，也可包含绩效考核的评价细则。

（二）编制绩效考核方案的原则

绩效考核方案是绩效考核的核心内容之一，在编制时应遵循以下原则。

方案的总体风格应与酒店的行业特点、企业文化相符；

考核方案透过指标和权重等内容充分体现酒店的经营战略；

考核方案实施前较好地征求了员工的意见和建议；

考核方案设计注重考核结果，注重与员工的沟通和员工的反馈意见；

考核方案尽可能简单、清晰和灵活；

对考核结果的处理方式科学、合理。

第三节 绩效考核指标设计及绩效考核方法

一、设计绩效考核指标

（一）绩效考核指标概述

绩效考核是一项系统工程。科学合理的绩效考核有助于员工改进工作，为员工的职业发展提供依据，为酒店的人力资源培训和开发提供方向，并有助于提高酒店招聘工作的精准定位。

绩效考核的具体过程包括建立绩效考核指标体系、确定考核对象、选择考核方法、培训考核人员、实施绩效考核、反馈和应用绩效考核结果。在此，我们着重讲述绩效考核指标的设计、考核方法的选择、绩效考核主观偏误的规避以及考核结果的反馈和应用。

绩效考核指标是绩效评价的维度，是指用于考核和管理被考核者绩效的定量化或行为化的标准。它具有以下特点。

1.增值性

绩效考核指标对组织目标具有增值作用，构成公司战略目标的组成部分和支持体系，此时的绩效考核指标是连接个体绩效与组织整体目标的桥梁，是酒店战略目标的进一步分解与细化。基于绩效考核指标的管理可以产生"1+1 > 2"的效果，保证真正对组织有贡献的行为受到鼓励。

2. 定量化

定量化是指绩效考核指标应能用数量的方式来表示，以便于衡量。美国学者洛克的目标设置理论认为，目标越明确，激励的效果就会越好。因此，在确定绩效目标时，应当尽量具体清楚，使用量化的标准。绩效标准的量化主要有三种类型：数值型、百分比型和时间型。例如，酒店的绩效目标之一是减少顾客投诉，为达到这一目标就需要将该目标用数值进行定量，如"顾客对酒店每个服务员的投诉每季度不应超过 4 次"。定量化指标还包括绩效周期内员工的服务人次、服务的老顾客人次占服务总人次的比例、客人的消费金额等。我们可以用这些整理后的数据来判断一个员工受顾客肯定的程度。

3. 行为化

行为化是指绩效考核指标的工作内容是否被付诸行动、是否被执行，其表现结果是工作有没有做、任务有没有完成。如果某些指标无法进行定量化，那么就尽量将其行为化，用行为进行描述，从而使绩效考核指标更具可操作性。

（二）设计绩效考核指标

1. 设计原则

不同的绩效考核方法，其考核指标的设计、选择和组合也不尽相同，但仍有一些需共同遵守的原则。

（1）战略相关性

员工的绩效与酒店的绩效目标是息息相关的，因此绩效考核指标的设置必须体现酒店的战略导向和价值取向，以发挥绩效考核指标对员工的引导和激励作用。例如，酒店的战略目标之一是降低经营成本，那么这个目标应被逐级分解并最终成为员工接受考核的绩效指标。当酒店的战略发生变化或者转移时，绩效考核指标也应及时调整，并体现出调整后的战略目标对员工的新要求。

（2）兼顾短期利益与长期利益

酒店进行绩效考核的目的是将酒店的发展目标分解为部门和员工个人的具体目标，设计出绩效考核指标，促进和引导员工在实现酒店组织目标的前提下满足个人需求。以酒店的销售部门为例，销售业绩是绩效考核指标中必不可少的。但如果只以销售额考核员工，而不考虑客户的满意度或投诉率等指标，就会给员工错误的信息，即只要卖出酒店产品就能获得较高的绩效考核结果。那样会导致员工短期销售行为的发生，如误导客户等，这显然与酒店绩效的长期成长背道而驰。因此，在绩效考核时，需要兼顾酒店的短期利益和长期利益，科学合理地设计考核指标。

（3）全面性

全面性是指绩效考核指标所包含的内容应尽可能反映所要求的绩效的所有方面，避免出现偏差。例如，绩效考核指标仅关注某一类指标的情况，又如管理者比较倾向于关注可直接产生收益的指标，再如只关注客房的营业收入，而忽视其他一些同样重要但不直接产生收益或收益的产生具有延迟性的指标，如投诉率等。

（4）公平性

在酒店员工的工作过程中，有一些不能为员工所控制的外部因素会影响其工作绩效。如果管理者没有及时发现这些因素，反而认为这是员工的过失或失误，绩效考核指标的设计就会有失公平。例如，在考核工程部经理时，一般会使用能耗和维修费用等指标，但事实上这两项指标还受到酒店其他部门的影响，往往是工程部经理无法控制的。如果这两项指标仅考核工程部经理一人，就无法体现绩效考核指标的公平性。因此，在设计绩效考核指标时，要尽可能排除那些被考核人无法控制的因素。

2.设计步骤

（1）职位分析

根据酒店绩效考核的目标，对被考核员工所在的岗位进行分析研究，主要包括工作内容和性质、职责权限、任职要求、工作条件与其他岗位的关系等。科学的职位分析是绩效考核的重要依据。

（2）指标初选

根据职位分析的结果，初步确定该岗位的绩效考核指标。

（3）确定指标体系

对初选的考核指标进行分析、论证，确定绩效考核指标体系。

（4）修订指标

为了使绩效考核指标更趋合理，还应对其进行修订。修订工作可在考核前进行，将所确定的指标提交酒店管理层或专家进行审议，并可征求员工的建议，修改、补充和完善绩效考核指标体系；也可在考核后根据考核结果的应用效果进行修订，使考核指标体系更趋完善。

3.绩效考核指标的内容

酒店的绩效考核指标主要可分为三大类：业绩考核指标、能力考核指标和态度考核指标。业绩、能力和态度三者是有机联系的，能力是内在的，业绩是外显的，能力可以转化为业绩，态度在很大程度上决定业绩的高低，是能力向业绩转化的中介。

业绩考核指标主要考核员工对酒店的贡献以及完成工作任务的数量与质量等方面的情况，一般适用于酒店的所有员工。能力考核指标主要考核员工在日常工作中表现出来的特长和能力，常用的能力考核指标有学习能力、分析判断能力、组织领导能力、计划能力、人际交往能力等。态度考核指标主要包括责任心、服务意识、积极性、纪律性、团队精神等。

二、选择绩效考核方法

（一）常规绩效考核方法

1.比较法

（1）排序比较法

排序比较法是一种相对比较的方法，将员工按照绩效表现的优劣进行排序。绩效表现可以是整体绩效，也可以是某项特定绩效考核指标。排序比较法的优点是简单实用，结果一目了然。但当员工人数较多时，尤其是当员工的考核结果非常相近时，要准确地进行依次排序就比较困难。这种方法仅适用于将相同职位员工的考核结果进行排序，而且这种方法容易给员工造成较大的心理压力。

（2）两两比较法

两两比较法是指在某一绩效标准的基础上把每一个员工都与其他员工相比较来判断谁"更好"或"更差"，记录每一个员工和任何其他员工比较时被认为"更好"或"更差"的次数，再根据次数的高低给员工排序。两两比较法的优点是通过对员工进行两两比较而得出的结果更为可靠，但当员工人数较多时，这种方法的操作就过于复杂。因此，两两比较法一般适用于10人左右的绩效考核。

2. 关键事件法

关键事件法（Critical Incidents Technique，CIT）是由美国学者诺格（Flanagan）和伯恩斯（Burns）在1954年共同创立的，它是一种由工作分析专家、管理者或员工在大量收集与工作相关的信息的基础上，详细记录其中关键事件以及具体分析其岗位特征和要求的方法。所谓关键事件，是指显著的对工作绩效有效或无效的事件。

在编写关键事件时，要集中描述工作所展现出来的可观察到的行为，简单描述行为发生的背景，并说明行为的结果。所描述的行为必须是全面和详细的，并且是单一的。以前台接待员为客人提供入住登记服务为例，可以描述为：接待员热情友好地问候宾客，识别客人有无预订，形成入住登记记录，排房、定价，确定付款方式，完成入住登记手续，制作相关表格资料并存档。

关键事件法的主要优点是考核的焦点集中在职务行为上。因为行为是可观察的、可测量的，这就为向员工解释绩效评价结果提供了确切的事实依据。同时，由于关键事件的记录需要一个较长周期的积累，一般设定为一个考核年度，绩效考核所依据的是员工在整个年度中的表现，而不是员工在最近一段时间的表现，从而使绩效考核的结果更加准确。此外，通过动态的观察和记录，还可以了解员工表现的轨迹。但使用这种方法需要花费大量的时间来搜集关键事件，并加以概括和分类，费时费力。而且，使用这种方法无法区分工作行为的重要程度，只能做定性分析，不能进行定量分析。

3. 360°反馈法

这是一种全方位的绩效考核方法，也称为全方位反馈评价或多源反馈评价法。传统的绩效考核方法，主要由被考核者的上级对其进行评价，但为了给员工最准确的考核结果，应尽可能结合来自各方面的信息，包括上司、同事、员工自己、下属、宾客等。360°反馈法就是由与被考核者有密切关系的人分别匿名对其进行评价。被考核者也同时对自己进行评价。然后，由专业人员根据有关人员对被考核者的评价，对比被考核者的自我评价，向被考核者提供反馈，以帮助其提高能力和业绩。

例如，使用360°反馈法对酒店销售部经理进行考核，就需要收集营销总监、销售部员工、酒店其他部门经理和酒店客户的评价，并且由销售部经理对自己做出评价。人力资源部工作人员对比各种评价，向销售部经理进行反馈，促使其改进绩效。

360°反馈法的信息来源于酒店内外的不同层面，可以弥补传统单纯由上级对下属进行考核的局限性，防止出现"一言堂"，使考核结果更加客观公正；它要求被考核者做出自评，有利于员工获得全面客观的评价，从而对自身形成更清晰的认知。同时，该方法体现了员工参与的原则，使绩效考核更具激励作用。但实施360°反馈法工作量大、涉及范围广、耗费时间多、动用资源多，某些信息（如宾客的评价）获得的难度较大，如果对酒店每一位员工都进行360°考核，需要投入大量的人力、物力和财力。这样导致成本上升，可能会超过考核所带来的价值。而且员工之间的互相评价容易造成"一团和气"的假象或"拉帮结派"的情形，影响绩效考核结果的准确性。

4. 目标管理法

企业的管理者和员工应共同参加工作目标的制定，在工作中实行"自我控制"，并定期检查完成目标的进展情况，努力完成工作目标。由此而产生的奖励或处罚则根据目标完成情况来确定。

目标管理法的实施一般分为四个步骤：①制定目标。首先制定出酒店的总目标，包括年度战略目标和长远发展目标，如利润目标、成本目标、投资目标和管理目标等。明确总体目标后，需要制订各分目标的实施方案。然后，将酒店的总目标分解为各部门的具体目标和实施方案，最后制定员工个人目标和实施方案。在制定目标过程中，必须注意进行沟通，以确保目标的一致性。②实施目标。③检查实施结果。各部门需对全年的目标实施情况进行检查，总结经验教训，并根据结果进行奖惩。④信息反馈。将目标实施情况反馈给各部门和员工个人，并开始新一轮的目标管理过程。

目标管理法的最大优点在于"目标"并非管理者用来"控制"员工的手段，而是通过与员工共同制定目标的过程，把员工的个体绩效目标与企业的组织目标连接在一起，达到激励员工的目的。但对于酒店的新员工而言，采用这种方法有一定的困难，他们往往会在目标制定过程中被忽略。采用目标管理法，员工需要参与目标制定的过程，这对管理者和员工双方都提出了较高的要求，并非所有酒店都能正确实施。

5. 关键绩效指标法

关键绩效指标（Key Performance Indicator，KPI）法是对传统绩效考核理念的创新，是用于考核和管理员工绩效的定量化或行为化的标准体系。KPI法将酒店的宏观战略目标经过层层分解产生可操作的战术目标（可量化的关键性指标），使员工个体绩效与酒店组织目标相联系。

KPI法符合"二八"管理原理，即80%的工作任务是由20%的关键行为完成的，因此必须抓住这20%的关键行为，对其进行衡量。

KPI法的最大优点是从众多的绩效指标中提炼出少数关键的指标，在减少对员工的束缚的同时，大大降低了绩效考核的成本，还有利于提高酒店的核心竞争力。但其弱点是无法提供完整的指标框架体系来指导绩效考核，部分需量化指标的相关参数采集成本较高。而且酒店某部门的 KPI 未必是其他部门的 KPI，而酒店各部门在经营过程中需要相互协调配合，如前厅部与客房部在对客服务中需要密切合作。如果将与其他部门的协调配合都列为本部门的 KPI 就会造成 KPI 数量的急剧增加，并且使 KPI 失去其本来的意义和作用。

6. 平衡计分卡

传统的酒店绩效考核基本是建立在财务会计指标基础上的，其一大弊端就是只能衡量已经发生的结果，而不具有前瞻性。平衡计分卡（Balanced Score Card，BSC）则将绩效考核提升到了战略层次，它是由美国学者罗伯特·卡普兰和戴维·诺顿在 20 世纪 90 年代初提出的绩效考核方法。BSC 围绕企业的长远发展规划，制定与企业目标紧密联系、体现企业成功关键因素的财务指标和非财务指标，它不再像传统的绩效考核方法那样仅注重财务指标，而是认为应该从四个角度审视自身的绩效——财务、顾客、内部运营和学习与创新。之所以称为"平衡"，是指它反映了财务指标和非财务指标、企业内部和外部、定量和定性、绩效结果和过程以及长期目标与短期目标之间的平衡。因而，它能够反映企业的综合运营状况。同时，它能让绩效考核的结果更加完善，从而有利于企业的长期发展。BSC 与 KPI 法一样，要求企业绩效考核的指标与企业的战略是相联系的，在实际使用中，BSC 与 KPI 法往往能够相互补充、相互促进。

平衡计分卡对酒店的核心作用在于提供一个整合的框架和战略执行工具，打造酒店战略性绩效管理系统，它一般适用于竞争压力较大、目标战略导向的酒店，在酒店中拥有民主的而不是集权的管理体制。此外，平衡计分卡要求衡量出每一位客户给企业所带来的利润是多少，这对于一般的酒店企业尤其是新成长的酒店而言较难实现。因此，它更适用于大型的酒店集团，在希尔顿酒店集团和如家酒店集团都已成功运用。通过使用平衡计分卡，希尔顿酒店集团使企业战略得到有效的实施和执行，把整个饭店的员工队伍打造成围绕战略实施而提高工作业绩的富有活力团队。

（二）选择绩效考核方法的原则

绩效考核方法是酒店实施绩效考核的具体手段。一套好的绩效考核方法，可以有效提供员工的工作信息，为员工的薪资、升迁、调动、培训等提供科学合理的依据。前文所介绍的几种绩效考核方法，各有优缺点，直接地照搬照用并非明智之举。每家酒店都应根据自身的情况以及所处的市场和竞争环境来选择适用的绩效考核方法。因此，我们在这里提供一些选择绩效考核方法的原则。

1. 成本原则

酒店的员工数量众多，绩效考核工作需要投入一定的成本，而酒店作为企业，经营的最终目标是获取经济效益与社会效益的最大化，因此在选择绩效考核方法时应充分考虑各种考核方法所需的成本。例如，如果对所有员工都实施 360° 反馈法，将会产生很高的考核成本，此时，关键绩效指标法就更加适用。

2. 定量与定性考核相结合

酒店讲求规范化服务与个性化服务的结合，员工的工作中既有定量化的内容，如客房部员工打扫客房的时间等；也有定性的描述，如微笑服务等。因此，在选择绩效考核方法时必须遵循定量考核与定性考核相结合的原则。定量考核可以提高考核的科学性和准确性，定性考核则可以避免定量考核过于死板的缺陷。定量与定性考核相结合，才能使绩效考核真正发挥作用。

3.公正、公平与透明原则

公正、公平、透明的绩效考核能使员工接受并认真执行，酒店的绩效考核方法、考核标准、考核程序、考核结果等都应对全体员工公开，便于员工监督与实行，使员工通过提高自身绩效带动整个酒店绩效水平的提高，从而达到促进酒店绩效改进的目的。

第四节 规避绩效考核的主观性及考核结果应用

一、规避绩效考核的主观偏误

（一）酒店绩效考核中的主要主观偏误

由主观因素造成的酒店绩效考核偏误主要有以下几种。

1.晕轮效应偏误

晕轮效应又称光环效应，它通常是指我们在观察或评价某个人时，对于他的某种特质形成了鲜明的认知，从而掩盖了对此人其他特质的认知，也就是通常所说的"以偏概全"。晕轮效应往往在判断人的道德品质或性格特征时表现最为明显。如果绩效考核的实施者在对员工进行绩效考核时，把绩效中的某一方面甚至与工作绩效无关的某一方面看得过重，就会产生晕轮效应偏误。

2.近因效应偏误

近因即最后的印象，近因效应是指最后的印象对人的认知具有重要的影响。在酒店绩效考核中，往往也会出现这样的情况，评估者对被评估者工作绩效进行考核时，往往只注重近期的表现和成绩，并以近期印象来代替被评估者在整个考核周期的绩效表现，因而造成近因效应偏误。如酒店员工小何在一年中的前半年工作马马虎虎，等到最后几个月才开始表现较好，结果年终绩效考核时他得到了好的评价。

3.情感效应偏误

情感是人心理活动的一个重要方面，它是人对客观事物与人的需要之间关系的反映。一般说来，积极的情感会产生增力作用，消极的情感会产生减力作用。但不管是积极情感还是消极情感，都会对人的思想行为产生影响，而且每个人不可避免地会把情感带入他所从事的每一种活动中，绩效考核也不例外。情感效应偏误正是由于受到评估者与被评估者之间感情因素的影响而产生的。在绩效考核中，评估者常常因为被评估者的价值观、性格、作风与自己相似或相反以及其他方面的情感因素，对被评估者做出偏高或偏低的评价。

4.暗示效应偏误

暗示是一种特殊的心理现象，是人们通过语言、行为或某种事物提示别人，使其接受或照办而引起的迅速的心理反应。评估者在领导的暗示下，很容易接受领导的看法而改变自己原来的看法，这样就可能造成绩效考核的暗示效应偏误。例如，在评选年度"先进工作者"时，领导先谈评选的重要意义，之后往往有意无意地提到"大家工作都很努力，尤其是某某，特别具有敬业精神，在本职岗位上勤勤恳恳，取得了不少的成绩……"之类的话，这样，似乎不再需要评选，某某就被评为"先进工作者"了。

5. 刻板印象偏误

人们的社会认知偏误不仅发生在对个人的认知中，也发生在对一类人或一群人的认知中。如果评估者以某人所在的群体知觉为基础来判断某人，这样造成的评估偏误即刻板印象偏误。刻板印象一般通过两种途径形成：①直接与某些人或某个群体接触，然后将其某些人格特点加以概括化和固定化；②通过他人的介绍、大众传播媒介的描述而获得。在现实生活中，大多数社会刻板印象是通过后一条途径形成的。社会刻板印象对人们的认知会产生积极和消极两方面的影响。就社会刻板印象的消极影响而言，主要易使人产生成见。例如，某位评估者由于受群体知觉的影响不自觉地认为文科出身的被评估者只会"要要嘴皮子"，那么他在绩效考核时对这些被评估者的评价就不会太高。相应地，由于惯性思维，他认为理科出身的被评估者笨嘴拙舌，不善言辞。这样，评估者就忽视了被评估者本身的能力，从而影响到绩效考核的客观公正性。

6. 趋中偏误

中庸之道是中国人的思维特性之一。中国人认为世界是普遍联系的、变化的及复杂的，任何事物当中都蕴含着矛盾。因此，折中是处理矛盾的最好方式。经过数千年的历史积淀，中庸之道甚至内化成了中国人的性格特征。在酒店绩效考核中，评估者为了调和矛盾，往往不论被评估者工作表现有无差异，都给予极为接近的评估，从而造成趋中偏误，这会影响绩效考核所具有的积极作用的充分发挥。

7. 过高或过低偏误

给予不应受到的高评价被称为过高偏误，这种行为的产生往往是为了避免引起争议。当使用主观性强的绩效标准，并要求评估者与被评估者讨论评估结果时，这种行为最为盛行。

给予不应受到的低评价被称为过低偏误。有些酒店的人力资源管理部门实际采用的绩效考核标准比制定的标准更为苛刻，由此容易导致对被评估者过低的评价。这种行为可能是对各种评价因素缺乏了解而造成的。

8. 对比效应偏误

评估者把被评估者相互联系起来进行对比评估而造成的偏误，称为对比效应偏误。如在绩效考核指标不明确，或采用相对比较评级法时，若前一位被评估者各方面表现都很出色，那么在对比之下，就可能给后一位被评估者带来不利影响。

（二）规避主观偏误的方法

1.常规方法

通常而言，酒店选择以下几种路径来规避绩效考核过程中的主观偏误。

（1）培训评估者

加强对评估者的培训对于提高其业务能力、减少评估者人为造成的偏误具有十分重要的意义。对评估者培训的内容一般包括以下两个方面：①培养评估者正确的态度，包括提高对酒店绩效及其意义、人力资源管理和评估关系的认识；②提高其专业知识和技术水平，包括评估中容易产生偏误的原因及其对策、评估方法的应用、评估信息的搜集与处理、专用工具与设备的使用技术等。通过培训，可以增进评估者对绩效考核目的和重要性的认识，提高评估者理解绩效考核内容、维度和搜集被评估者信息的能力，养成评估者时时注意搜集有关被评估者的信息并做好记录的习惯，达到提高绩效考核的客观公正性、规避绩效考核主观偏误的目的。

（2）实施360°考核

无论运用哪种绩效考核方法，都必须根据被评估者的绩效信息来源确定绩效评估者。一般来说，被评估者的绩效信息来源主要有：直接上司、直接同事、直接下属、被评估者本人、间接上司、客户等。从不同的信息来源获得被评估者的绩效信息，会使绩效考核结果更为准确和有效。在这种情况下，360°绩效考核技术应运而生。该方法扩大了绩效考核中的评估者人数和类型，易使各类评估者优势互补、结论公正而全面，是减少绩效考核中的主观偏误、提高绩效考核准确性的有效手段。需要指出的是，酒店在运用该方法时，应注意以下几个方面。

①恰当选择绩效评估者

所选择的绩效评估者应当满足以下条件。

了解被评估者岗位的性质、工作内容和要求、绩效考核标准以及酒店人力资源管理的政策；

熟悉被评估者本人的工作表现，尤其是在本考核周期内的状况；

提供的信息必须公正客观，不具偏见。

②确保匿名性

对此，可以通过对评价群体编码的方式来确保评价的匿名性，如间接上级为A，直接上级为B，同事为C，下级为D，客户为E。评估时评估表上只有评估人的类别编码，计分时用每类考评人的平均评分乘以各类评估人的权重。

③恰当的评估者权重

由于不同的评估者对被评估者的情况的了解程度不同，以及评价的重要性不同，因此应对不同的评估者赋予不同的权重。

（3）加强绩效考核沟通

不论组织性质如何，组织是属于全体成员的，组织中所有成员都有平等的发言权，每个人都有参与组织决策的权利与机会。而在整个参与决策的过程中，沟通扮演了重要的角色。事实上，绩效考核作为酒店绩效管理中的关键环节，如果没有及时、有效的反馈沟通，被评估者就无从知晓酒店、上司对自己的期望与帮助，那么绩效考核就会流于形式，实现酒店目标和员工个人发展就会成为一句空话。因此，在绩效考核结束后，为防止可能产生的偏误，评估者应不断与被评估者进行沟通，严格审查绩效考核结果，并允许被评估者核对评估结果。当被评估者对结果产生疑问时，评估者应认真进行核对，以最大限度减少可能产生的偏误。

2. 规避新路径

应该说，上述方法对于规避酒店绩效考核的主观偏误具有积极作用，但都存在一定的缺陷，信度不高。如对评估者进行培训，虽然对于消除或降低因评估者的主观原因造成的偏误，特别是消除评估者在认识上的种种误区，具有重要作用，但是对如何规避评分尺度过严、过宽或趋中的主观偏误，作用不明显。因此，需要提供新的方法，将原始分转换成标准分，以更加有效地规避由主观因素造成的偏误。

（1）标准分的含义

标准分是相对于原始分而言的。原始分是按照考核标准直接对被评估者评出的分数。标准分是通过原始分转化而得到的一种地位量数。也就是说，某一个原始分的标准分，代表了该原始分在评估者打出的所有原始分中的地位。标准分实质上体现了原始分数的排序，被评估者因为原始分不同，而排在不同的位置上，标准分就是某被评估者原始分所排队位置的分数体现。

（2）标准分的优势

第一，标准分能够反映出评估者的某一个评分在评估者的全体评分中的位置，而单个原始分则不能。例如，评估者给某一个被评估者的原始分数为4分，这无法说明被评估者的绩效如何，因为这与评估者的打分尺度有关，还与其他被评估者的分数有关。

第二，不同评估者的原始分不可互比，不同评估者的标准分则可互比。由于评分的过严、过宽或趋中的倾向不同，各评估者的分数值也就不同。例如，酒店餐饮部张经理给其部门小张的原始评分为4.5分，人力资源部刘经理给小张的原始评分为4分，从原始分来看，餐饮部张经理对小张的评价高于人力资源部刘经理的评价。但如果餐饮部张经理给所有被评估者的平均分是4.7分，而人力资源部刘经理给所有被评估者的平均分是3.5分，则餐饮部张经理对小张的评价处于全体被评估者的平均水平之下、人力资源部刘经理对小张的评价处于全体被评估者的平均水平之上。从标准分的角度来衡量，餐饮部张经理对小张的评分的标准分低于0，而人力资源部刘经理对小张的标准分大于0。由于标准分代表了原始分在整体原始分中的位置，因此是可比的。

第三，不同评估者的原始分不可加，而不同评估者的标准分之间则可加。既然不同评估者的原始分不可比，那么也就不可加。多个评估者的评分，只有在各个评估者的评估值相同、标准差也相同的条件下，才能相加，否则是不科学的。各个评估者原始分的平均值以及标准差一般都不相同，而各个评估者的标准分的平均值以及标准差都基本相同，因此是可加的。

二、反馈和应用绩效考核结果

（一）绩效考核结果的反馈

1. 绩效考核结果反馈的作用

尽管我们要求科学合理地进行绩效考核计划的制订、绩效考核指标的设计和绩效考核方法的选择，但绩效考核的过程还要受到诸如考核者、被考核者、酒店制度等诸多因素的影响，因此，绩效考核的结果不可避免地会产生某些偏差。同时，绩效考核的目的就是要让酒店员工改进绩效。因此，绩效考核结果的反馈就非常必要，通过反馈，能减少绩效考核过程中的盲点，提高绩效考核的有效性，并与员工一起建立关于未来的计划，即确定员工下一步要达到的绩效目标。

2. 绩效考核结果反馈的内容

告知员工绩效考核的结果；

听取员工对绩效考核结果的看法；

探讨该绩效考核结果的成因；

表明酒店对员工的要求和期望，并制订绩效改进和培训计划。

3. 绩效考核结果反馈的原则

由于酒店内存在岗位分工的不同和专业化程度的差异，所以在人力资源部与员工之间存在信息不对称的情形。为了不断提升员工关注的层级，努力实现组织内评估双方的信息均衡分布，在人力资源部与员工之间进行经常的、及时的绩效考核结果反馈、沟通是非常必要的，并应该遵循这样一个重要的原则，即 SMART 原则。

S——Specific（具体）。面谈交流要直接而具体，不能做泛泛的、抽象的、一般性的评价。无论是赞扬还是批评，都应有具体、客观的结果或事实来支持，使员工明白哪些地方做得好，差距与缺点在哪里，既有说服力又让员工明白人力资源部对自己的关注。

M——Motivate（激励）。面谈是一种双向的沟通，为了获得对方的真实想法，人力资源部应当鼓励员工多说话，充分表达自己的观点。由于思维习惯的定向性，人力资源部反馈者似乎常常扮演发话、下指令的角色，员工则被动地接受，因此当员工迫不及待地表达自己的意见时，人力资源部反馈者不应打断与压制，且对员工好的建议应给予充分肯定。

A——Action（行动）。反馈面谈中涉及的是工作绩效，是工作中的一些事实表现，如员工是怎么做的、采取了哪些行动与措施、效果如何等，而不应讨论员工个人的性格。员工的优点与不足都是在完成工作中体现出来的，且性格特点本身没有优劣好坏之分，不应作为评估绩效的依据。若人力资源部反馈者需要指出关键性的影响绩效的性格特征，也必须是出于真诚关注员工的考虑，且不应将它作为指责的焦点。

R——Reason（原因）。反馈面谈需要指出员工的不足之处，但不需要批评，而应立足于帮助员工改进不足之处，指出绩效未达成的原因。出于人的自卫心理，在反馈中面对批评，员工马上会做出抵抗反应，使得面谈无法深入下去。但人力资源部反馈者如果从了解员工工作中的实际情形和困难入手，分析绩效未达成的种种原因，并试图给予辅助、建议，员工是能接受主管的意见甚至批评的，反馈面谈也不会出现攻守相抗的困境。

T——Trust（信任）。没有信任，就没有交流，缺乏信任的面谈会使双方都感到紧张、烦躁，不敢放开说话，充满冷漠、敌意。而反馈面谈是人力资源部与反馈者和员工双方的沟通过程，沟通要想顺利地进行，要想达到理解和达成共识，就必须有一种彼此信任的氛围。人力资源部反馈者应多倾听员工的想法与观点，尊重对方；向员工沟通清楚原则和事实，多站在员工的角度，设身处地为员工着想，勇于当面向员工承认自己的错误与过失，努力赢取员工的理解与信任。

4.绩效考核结果反馈技巧

（1）时间、场所的选择

避开上下班、开会等让人分心的时间段，与员工事先商讨双方都能接受的时间，远离办公室，选择安静、轻松的小会客厅，双方成一定夹角而坐，给员工一种平等、轻松的感觉。采取什么样的开场白，往往取决于谈话的对象与情景，设计一个缓冲带，但时间不宜太长，可以先谈谈工作以外的其他事，如共同感兴趣的某一场球赛、上下班挤车的情形、孩子的学习等，拉近距离，消除紧张，再进入主题，"好的开始是成功的一半"。

（2）认真倾听员工解释

面谈中人力资源部反馈者常犯的错误是喋喋不休，连指责带命令，这样只会使面谈成为只有一个听众的演讲，而没有信息的交流。调查表明即使人力资源部反馈者听了员工的谈话也至多只记了对方30%的内容，所以人力资源部反馈者应尽量撇开自己的偏见，控制情绪，耐心听取员工讲述，并不时地概括或重复对方的谈话内容，鼓励员工继续讲下去。这样往往能更全面地了解员工绩效的实际情况，帮助分析原因，这也是面谈得以成功的重要基础。

（3）多提一些开放性的问题

通过提一些开放性问题，激起员工的兴趣，排除其戒备心理，慢慢调动员工的主动性。称赞员工时多用"你们"、批评时用"我们"，这样的沟通方式容易让人接受，如"你们九月份的客房销售额，酒店董事会非常感兴趣""我们客房销售还不够，只做到了60%"。

（4）善于给员工台阶下

面谈中，员工有时已清楚自己做得不好，在人力资源部反馈者给出了具体的事例与记录后，却不好意思直接承认错误，此时人力资源部反馈者就不要进一步追问，而应设法为对方挽回面子，可以这么说："我记得以前这一项你们做得相当棒，这次可能是大意了"，员工会随口说"是啊，是啊"。这样，一方面给员工搭了个"台阶"，使其对主管心存感谢，同时又引导员工承认自己的不足，可谓一举两得。

（5）以积极的方式结束面谈

如果面谈中的信任关系出现裂痕，或面谈由于其他意外事情而被打断，应立即结束面谈，不谈分歧，而肯定员工的工作付出，真诚希望对方的工作绩效有所提高，并在随后的工作中抽空去鼓励员工，给予应有的关注。如果面谈顺利实现了信息沟通，主管要尽量采取积极的、令人振奋的方式结束面谈，或紧握员工的手，或拍拍对方的肩，语气亲切而诚恳地说："所有的问题都能解决，真令人高兴"，或"辛苦了，好好干吧"，这可以使面谈更加完美。

5.员工对绩效考核结果的态度与相应对策

在绩效考核结果的反馈过程中，管理者应注意观察员工对考核结果的反应。一般而言，员工对绩效考核结果会持以下几种态度：赞成考核结果；虽有异议，但愿意接受改进意见；拒绝承认考核结果，并认为自己的不良表现是酒店一方政策所致；不同意考核结果，并提出反驳的"充分依据"；表面上接受考核结果，但在以后工作中"破罐子破摔"，甚至辞职走人。无论员工是持有积极的态度还是消极的态度，管理者都应认真对待，采取相应的对策。

（二）绩效考核结果的应用

传统的绩效考核思想认为绩效考核的最终目的是薪酬管理，但实际情况是，薪酬管理只是绩效考核结果较为普遍的一种用途。除此之外，绩效考核的结果应在人力资源管理的很多方面得到应用，为人力资源管理的其他功能提供支持。

1.绩效考核结果与绩效改进

绩效考核结果虽然是对上一个绩效周期内员工绩效的"定论"，但绩效考核的最终目的并不是找出错误和过失。绩效考核之后，对被考核人进行考核结果的反馈是很重要的，因为进行绩效考核的一个主要目的就是：绩效改进。绩效改进计划是绩效反馈后管理者和员工双方对员工绩效达成一致意见后形成的计划，提出了提高和改善员工现有绩效的一系列具体行动和措施。

一份完整的绩效改进计划一般包括四方面的内容：第一部分是关于计划制订者以及计划本身的基本情况，如员工的基本信息、直接上级的基本信息，以及该计划的制订时间、拟实施时间和结束时间等；第二部分是根据绩效考核结果和绩效反馈的结果，确定员工在工作中存在的问题，并对所存在的问题进行具体描述，总结出需要改进的工作方法、工作能力和工作态度等；第三部分也是绩效改进计划中最重要的部分，即对存在的问题提出有针对性的意见，包括具体的改进措施、建议接受的培训安排等；第四部分是确定经过改进后要达到的绩效目标，并在可能的情况下将目标明确为员工在某个绩效考核指标上的具体得分。

绩效改进计划的制订需要管理者和员工之间进行充分的沟通和交流，以获取最佳的效果。

2.绩效考核结果与人力资源规划

人力资源规划是指为了达到企业的战略目标与战术目标，科学地预测、分析人力资源的供给和需求状况，制订必要的政策和措施，以确保组织在需要的时间和需要的岗位上获得必需的人力资源的规划。其内容主要包括两个方面：①人力资源总体规划，就是对计划期内人力资源规划结果的总体描述，主要是对人力资源供需的预测和企业平衡供需的总体政策；②人力资源业务规划，是总体规划的分解和具体内容，如人员配置计划、提升计划、培训开发计划、工资激励计划等。

绩效考核是进行人力资源规划的重要基础，通过对员工绩效的考核，能够清查酒店内部的人力资源状况，了解有关人员的经验、能力、知识、技能和培训情况，获得有关人力资源的需求预测和内部供给的信息，为人力资源规划提供依据。

3. 绩效考核结果与员工招聘和录用

酒店的人员招聘与录用工作是一项系统工程，是酒店为了发展需要，吸收合格人才的过程。通过对绩效考核结果的分析，发现那些优秀员工的共同特征，把这些特征作为酒店招聘的标准，使酒店能相对容易地挑选到理想的员工。绩效考核结果也是酒店内部员工选拔与提升的重要依据。同时，还能通过对新员工的绩效考核结果的检测，评估招聘和选拔工作的有效性。

4. 绩效考核结果与员工激励

激励就是激发人内在的行为动机并使之朝着既定目标前进的过程。在酒店管理中，要充分发挥员工的主观能动性和创造性，不断激发、引导员工朝着组织所希望的方向行动，以实现组织目标。酒店的绩效考核是通过一系列量化指标来进行的，在绩效考核的基础上，采取奖勤罚懒、奖优罚劣的手段（惩罚是一种负激励的手段）。科学合理的绩效考核不仅能够帮助酒店确定员工的工资级别，还能够为各种奖励和处罚制度提供依据，也是合理的激励制度的基础。

事实上，酒店建立绩效管理体系，除了要区分出员工绩效的优劣之外，还有一个很重要的功能就是通过分析绩效考核的结果来提升员工的技能和能力。培训的一个主要出发点就是员工绩效不良或者绩效低于标准要求，也就是说，当员工的现有绩效考核结果和企业对他们的期望绩效之间存在差距时，管理者就要考虑是否可以通过培训来改善员工的绩效水平。这时就需要对绩效较差的员工进行分析，如果员工仅仅是缺乏完成工作所必需的技能和知识，那么就需要对他们进行培训。因此，除了可以通过绩效考核衡量员工的绩效业绩外，也可以利用绩效考核的信息来对员工能力进行开发。

第六章 酒店信息系统及安全管理

第一节 酒店信息系统概述与资源管理

一、酒店信息系统管理

（一）酒店经营的相关信息

现代酒店的各层管理人员每天所处理的业务，任何时刻都和信息有关，其大部分的工作内容都反映在收集、保存、传送以及加工和处理信息等活动中。我们从管理的角度可以把信息定义为：信息是经过加工处理后的数据，对接收者有用，对决策者和管理者有现实或潜在的价值。

酒店信息可分酒店内部信息和酒店外部信息两大类。

1. 酒店内部信息

（1）客户和客源信息

通过酒店的信息系统，实现与客户的信息互动，实现对客户的服务承诺，从而培养酒店的忠诚客户群体。作为酒店管理人员，必须利用信息系统，去了解客户的个人信息、客户的需求、客户对酒店服务的意见，并通过信息系统处理客户的信息使酒店经营者对客户的动态了如指掌，有利于酒店经营策略的制定。

（2）销售信息

销售信息包括酒店客房信息和销售报表信息，这些信息和客源信息密切相关，通过销售信息可以分析酒店的经营状况。管理人员通过信息系统，可以及时了解酒店经营的销售信息，掌握酒店经营的销售情况。

（3）财务信息

财务是酒店经营的核心，财务信息反映了酒店经营的盈亏状况、经营水平，是酒店信息系统中的主要信息。财务信息包括凭证信息、账务信息、总账和明细账等信息，由信息系统中的专门软件进行处理。

（4）人力资源信息

人力资源是酒店经营管理中的主要内容之一。信息系统可以记录每一个人的基本信息、培训信息、工资奖励信息、业绩和晋升信息等人力资源信息，并供管理部门查询。

（5）工程设备信息

工程设备信息包括设备的基本信息、设备的维护信息、设备的资产信息、设备的报修信息、设备的备件信息等。通过信息系统处理设备信息以后，可以产生每周的设备维修清单、设备资产清单、设备折旧清单，并可以实现设备的计算机报修，记录设备的使用和维护情况，保证设备处于良好的运行环境中。

（6）物资用品信息

物资用品信息包括耗材物品信息、办公用品信息、客房用品信息、饮料食用品信息、餐饮原料信息以及商场商品信息等。信息系统记录了这些物资用品信息的采购、入库、出库、库存等情况，形成各类采购报表、统计报表、汇总分析报表，使酒店管理中的各类物资商品得到合理的使用。

2. 酒店外部信息

（1）行业政策信息

行业政策信息包括行业规范、星级标准、安全要求等政策性文件，行业的优惠政策，涉外的管理规范以及一些地方性行业管理政策等。

（2）经济和金融信息

经济和金融信息包括外汇牌价信息、宏观经济指标信息、股票行情信息以及市场变动指数等信息。经济信息对酒店经营同样十分重要，经济和金融信息反映了经济发展的走势和金融发展的动态。

（3）相关协作单位信息

酒店的经营离不开相关的协作单位，如旅行社、旅游公司、旅游用品提供商、旅游耗材提供商、餐饮原料提供商等。

（4）酒店同行的信息

酒店同行信息包括同行的设施、价格、经营特色、服务承诺以及经营活动等情况。酒店经营的市场类似于战场，只有"知己知彼"才能"百战百胜"。

（5）社会公共信息

社会公共信息主要包括交通信息、气象信息、旅游景点信息、其他酒店信息、本地环境和公共服务设施信息等。酒店在经营过程中要关注社会公共信息，对住店宾客提供社会公共信息有利于提高服务质量。

（二）酒店经营管理信息系统

酒店经营需利用计算机技术，以酒店管理人员为主导，进行信息的收集、传输、加工、储存、更新和维护。酒店的信息系统可以包括前台经营系统、后台管理系统、办公自动化系统、酒店决策支持系统等。本书中我们只对经营管理的信息系统做简单介绍。

酒店的前台经营系统和后台管理系统合称为酒店经营管理系统，主要管理和处理酒店经营的一切业务往来，记录酒店经营所有的活动数据。下面按照酒店经营管理系统的软件结构介绍其主要功能模块。

1. 前台经营系统

（1）预订接待系统

预订接待系统是前台系统的主要功能模块，主要完成对散客、团体的预订和接待登记任务，以及对散客、团体的客房分配、加床、退房、续住等日常管理工作。利用计算机处理上述业务，总台可以一目了然地了解酒店客房的使用情况、预计离店的宾客情况等。酒店的工作效率和对客服务质量都大大提高，这是手工管理所无法比拟的。

（2）账务审核系统

该功能模块主要功能是记录每个客户在酒店的消费情况，处理散客、团体账务，负责总台的收银工作以及夜间的审计工作，所有住店宾客的账务从交预订金开始就和该系统发生关系。该系统具体管理总台的收银日记账和应收账款，处理和打印每日报表以及有关的分析报表。所有前台宾客从登记入住到结账离店所发生的一切账务均由该系统负责处理。

（3）程控电话管理系统

程控电话管理是通过程控交换机和计算机连接的一个电话计费控制系统，实现对酒店内各分机电话的准确计费，并可进行各种统计、查询报表等管理。计算机通过接收程控交换机输出的每条话单，并对每条话单内容进行分解、计算、存储，完成每个分机的国际、国内直拨电话计费。该系统一部分完成客房分机的电话计费，把电话费用记入住店宾客的账户中，实现宾客离店的一次性结账；另一部分记录内部管理部门的每一条电话费用的详细情况，利于酒店对费用的控制。

（4）客房中心管理系统

客房中心管理的主要工作是控制客房状态、客房设备以及客房用品。通过该系统，总台或总经理随时可了解客房状态及有关数据，如可用房数、维修房数、自用房数、不可用房数等。通过计算机的管理，使客房设备和客房用品得到合理使用，减少浪费。

（5）餐饮娱乐管理系统

餐饮娱乐管理系统主要完成散客点菜和收银等日常管理以及餐饮预订等管理，如餐厅及各娱乐营业点的收银管理、餐饮成本的动态控制以及吧台商品的销存管理等，对住店宾客或特殊宾客收费自动过账，实现一次性结账，并可打印各类营业报表及餐饮稽核报表。

（6）总经理查询系统

总经理查询系统的主要功能是提供快速查询，让总经理等决策者快速、全面、准确地了解经营管理有关信息数据，以便做出正确的决策。总经理查询系统提供的信息数据包括前、后台各种营业数据，如前厅接待、预订数据、房务数据、餐饮数据、收入成本数据、人事数据、工资数据以及库存数据等。

2. 后台管理系统

（1）财务管理系统

财务管理属后台系统，财务管理是酒店管理的核心内容。财务管理系统的功能是管理总账、明细账、分类账等，包括账务处理、原始凭证处理、科目设置处理、账户管理、凭证汇总处理、账目查询和打印处理、银行对账处理、月终年终报表处理、各类报表打印处理等。该系统存储的财务数据是饭店最重要的数据，必须有一套安全数据管理机制，并且一定要有灾难恢复功能，以保证整个账务系统的数据安全。

（2）人事工资管理系统

人事工资管理系统的主要功能是管理酒店的人事关系及工资，包括档案管理、劳动组织管理、招工用人管理、员工培训管理、人事变动管理、考勤输入管理、工资发放管理、工资汇总管理。在该系统中，通过有效管理，可充分利用酒店的人力资源，提高人事工资管理的准准度，降低人事部门的劳动强度，提高人事部门工作效率。

（3）工程设备管理系统

工程设备管理系统主要管理酒店的固定资产设备。工程设备管理系统对固定资产的分类、用途、维护、统计等进行有效管理，完成设备的购入登记管理、调拨管理、折旧管理、设备报废管理以及设备查询打印等管理工作。

（4）仓库管理系统

酒店库存原料品种繁多，难以管理，仓库管理系统能详细记录每一笔原料物资出入库情况。仓库管理系统功能包括入库管理、领料管理、调拨管理、仓库明细账管理、预计进料管理、账务查询管理以及物品统计报表打印管理等。通过计算机管理，可以提高酒店资金的利用率，使仓库"账实相符"，减少库存积压。

（5）综合收银系统

综合收银系统是餐饮收银、娱乐收银及预订系统的综合体，主要用于餐饮部门、娱乐部门以及酒店其他经营部门的收银。综合收银的管理功能有预订管理、信息查询、计时管理、交班报表管理、应收账务管理、系统设置管理等。要使用综合收银系统，首先必须由系统管理员在系统维护中对该计算机进行定义，表明该计算机可操作哪些收银点的信息。

二、酒店信息系统的宾客资源管理

许多酒店企业为了更好地了解宾客的需求、与顾客进行互动，使用了宾客资源管理应用系统来建立良好的、忠诚的宾客关系。CRM 可以更好地帮助酒店实现了内部对客服务流程，如财务、餐饮、客房管理和内部人力资源的自动化和优化，从而真正使酒店经营转变成以宾客为中心的新经济模式。CRM 解决方案集中于实现自动化和改进流程，尤其是在销售、营销、客户服务和支持等前台办公领域，成为酒店信息系统中的主要功能模块。

（一）宾客资源管理概述

宾客资源管理所要解决的主要内容是留住老宾客、争取新宾客，获取市场和宾客的消费信息并挖掘和分析这些数据，从中得出有用的、正确的结论，来为市场和宾客提供更好的产品和服务。CRM就是一套人机交互系统或一种解决方案的应用软件，它能帮助酒店企业更好地吸引潜在的宾客和留住最有价值的宾客。通过它，酒店企业可以迅速地发现其潜在宾客，对宾客进行全面的观察和管理，更好地了解宾客的需求，对宾客及其发展前景进行有效的预测，对其当前和潜在的利益进行科学的分析，进而维系二者之间的关系，并使从宾客身上获得的盈利实现最大化。

（二）宾客资源管理的功能与作用

CRM最重要的作用是建立一套完整的宾客信息系统，并与宾客建立互动的交换模式。酒店必须像管理其他资源一样对客户进行管理，建立以宾客为中心的市场营销模式。CRM与传统管理不一样，它是一个软件，注重的是管理过程，关心的是宾客状态和宾客需求，其中宾客满意度和培养忠诚宾客则是管理的重要部分。

1. 过程管理

宾客管理过程就是与宾客交流信息的过程，实现有效的信息交流是建立和保持酒店与宾客良好关系的途径。在CRM系统设计中，过程管理是非常重要的部分，销售过程决定销售结果，而在销售过程中与宾客的信息交流起着决定的作用。一般来讲，CRM把过程分成四个阶段：兴趣需求搜集阶段、方案设计阶段、交售阶段和跟踪阶段。同时可将跟踪计划与业务计划结合起来进行，把计划分为日程表、周计划和月计划。日程表主要报告当天的事情进展如何；周计划报告客户的状态有没有改变；月计划报告有没有完成计划。日、周、月三个阶段的工作都是可以量化的，根据这些量化的数据可预测下个阶段的工作。强调管"过程"，并不是说不管"结果"。在CRM的理念中，每一个结果都被视为阶段性的，这一阶段的结果是下一阶段的开始，周而复始，不断循环。

2. 宾客状态的管理

除了管理过程以外，宾客状态的分析与管理对CRM也很重要。通过对宾客状态的管理，可以了解宾客的需求动态，发掘潜在的商机。酒店每天会将所收集的宾客数据放到数据仓库中，并且设定了一些智能化的分析机制，对宾客的状态进行管理，如宾客的级别、宾客的消费次数、宾客的消费额、宾客的爱好、宾客消费的频率等。这样对宾客的接待和消费可以进行专门的处理。一旦宾客状态发生变化或有异常的情况发生，数据仓库会自动做出相关统计，并将统计的结果提交给总台或营销部门的人员，由营销人员及时与宾客进行互动联系，对于大客户还必须上门进行联系，保持与宾客的沟通，使宾客不至于流失。

借助CRM，酒店通过与宾客不断互动、提供信息和与宾客交流，可影响宾客的消费行为，进而留住宾客，不断增加饭店的利润。通过实施宾客资源管理，能够分析和了解处于动态过程中的宾客状况，从而搞清楚不同宾客的利润贡献度，这样才便于选择应该供应何种服务产品给何种宾客，以便在合适的时间，通过合适的渠道去和宾客做交易。

3. 宾客满意度的管理

宾客满意度已经成为一些酒店所关注的问题。大多数饭店企业不同程度地在实施宾客满意度工程。但是由于"满意度"难以度量，在具体的实施过程中，无法量化管理。

从行为角度来讲，满意度是宾客经过长期沉淀而形成的情感诉求，它是宾客在历次交易活动中状态的积累。CRM最重要的是建立一套完整的宾客信息系统，通过对过程的管理，随时了解客户的状态，避开传统管理带来的经营误区。

由于CRM提供了数据分析，可以使酒店能够找到自己的宾客，避免到处撒网，导致资源浪费。在有限资源的条件下，要更多地关注那些让企业盈利的宾客，必要时应剔除一些服务成本太高的顾客。同时，CRM可以帮助酒店整理出最忠诚宾客的行为标准。销售人员就可以以此去寻找新的宾客。

在高度竞争的饭店业中，完全满意的宾客远比满意的宾客忠诚。只要宾客满意程度稍稍下降一点，宾客忠诚的可能性就会急剧下降。要培育宾客忠诚度，酒店必须尽力使宾客完全满意。

4. 宾客成本的管理

维持与宾客的关系需要成本。CRM所创造的全新的商业模式，将彻底改变宾客服务机制的作用。酒店第一次可以真正准确地预测宾客服务的成本，估算出每一元钱的回报。酒店也可以清楚地知道每一宾客能产生多少业务，可能购买什么服务产品以及答复他们的电话成本是多少。这使得酒店可以根据每一宾客创造盈利的潜能提供相应水平的服务。

与传统的"宾客忠诚度计划"不同，CRM能够将宾客的划分更加人性化，区分越来越细，如特大宾客、大宾客、一般宾客、小宾客、零散宾客、潜在宾客等。特大宾客享受最高等级的服务，当然它会给酒店带来最大的收益，可以不考虑服务成本；零散宾客享受最低等级的服务，由于其带来的效益也低，必须考虑服务的成本。而对于潜在宾客要根据该宾客对饭店经营的影响程度，实施具体的服务措施。CRM的这种管理由于程序的自动化，可以设计得相当完善，而对于大宾客再配以人工服务，使系统的对客服务既快捷又温馨，可以消除其中的成本因素影响。

（三）客户资源的价值及管理

现代酒店管理人员认为，在今天形成酒店业竞争优势和核心竞争力的，再也不是那些容易获取的有形的机器设备、建筑环境、资本、硬件设备等物质资源，而是管理、人才、技术、市场、品牌形象等无形资源，它们是酒店全球化经营的必备条件。这些资源不易流动、不易被复制、交易频率低，其他酒店不容易从市场中得到，具有相对的垄断作用，可以产生一定的垄断优势。宾客资源就是这样一种重要的市场资源，它对酒店经营具有重要的价值。

1. 宾客资源的价值

（1）规模优势

规模优势是客户资源管理追求的目标，酒店在经营过程中，如果酒店的忠诚客户在酒店的市场中占据相对较大的份额，那么就会为酒店带来相应的壁垒，形成规模优势，也会降低酒店经营的成本。

（2）品牌优势

品牌优势在连锁酒店和集团化经营中发挥着越来越重要的作用。较大的市场份额本身就代表着一种品牌形象，另外，宾客的舆论宣传对酒店的品牌形象也有重大的影响，特别是宾客中的舆论领袖起的作用更大。不过，宾客的舆论宣传有两种价值取向，一种是宾客对酒店的产品服务很满意，就会正面宣传酒店的品牌，酒店必须充分利用信息系统工具，引用这些正面宣传；另一种就是不满意酒店的产品服务，对酒店进行负面宣传，酒店也必须利用信息系统工具引导这些负面影响。

（3）信息价值

宾客资源管理最基本的功能就是对宾客信息的管理，在信息时代的酒店管理，宾客信息对酒店来讲是最为重要的价值，它会直接影响酒店的经营行为以及对宾客消费行为的把握。通过对宾客信息的分析和分类，设计迎合宾客喜好的服务产品，使酒店的产品更能满足宾客的需要。宾客资源管理系统可以根据对宾客的购买行为、消费习惯、消费层次、个人爱好等信息的分析，来制定面向该宾客的产品服务组合和提供更人性化的个性化服务产品，以表达酒店对宾客的企业关怀，并据此来制定服务不同宾客的不同服务策略。

（4）网络化价值

宾客资源管理不但针对本地宾客，还必须针对网络宾客，因此宾客资源管理是一个基于Web 的信息系统。网络客户，借助于 Web 服务器获取酒店的服务，因此有个网络服务的注册号，宾客资源管理系统是根据注册号对网络宾客进行管理。宾客的网络化价值是指当有一个商业宾客使用酒店的产品、服务时，该商业宾客的客户为了便于与该商业宾客进行商业往来，也会采用这家酒店的产品、服务或利用这家酒店的注册号去获取服务。酒店宾客的客户也可能采用这家酒店的产品、服务，由此形成了一种网络化的消费行为，即形成酒店服务的网络化价值。

2. 宾客资源的管理

宾客作为酒店一项重要的资源是可以管理的，而且可以实现互动管理。具体管理可从以下几个方面入手。

（1）基本宾客信息管理

基本信息的管理通过信息的采集集成到 CRM 系统中去。信息采集可通过市场调研分析人员、市场销售人员、售后维护人员、广告宣传人员、大客户管理人员、预订中心管理人员等汇集到系统，也可以通过投诉记录的信息、销售渠道中传来的信息、互联网传来的信息汇集到系统。信息采集首先要正确，因此酒店要规范信息采集点的采集行为、信息采集人员的责权，规范采集内容与输入信息的格式等，使 CRM 能在大范围内吸纳客户信息。

（2）宾客分类管理

不同的宾客群体对酒店的重要程度、对酒店贡献的价值是不同的。因此，必须对宾客资源进行一定的分类，以获得更多的利润和预算宾客管理成本。在酒店 CRM 系统中，宾客分类管理主要涉及细分宾客群的标准和管理方式的设计，如细分宾客的标准可以是宾客的个性化资料、宾客消费的量与频率、客户的消费方式、宾客的地理位置、宾客的职业、宾客的关系网等。这样可以对不同宾客群信息进一步分析，分析他们的消费特点、购买行为、消费走势、对产品服务的期望价值、所需的产品服务价格组合等，并对这些信息进行深加工。最后实现对不同宾客群的管理，确定不同宾客群对酒店的价值、重要程度，并针对不同宾客群的消费行为、期望值等制定不同的销售服务策略。

（3）宾客信息交流管理

宾客管理过程就是与宾客交流信息的过程，实现有效的信息交流是建立和保持酒店与宾客良好关系的途径。酒店 CRM 的信息交流成为 CRM 设计的主要内容，也成为发掘商机的主要手段。在信息交流管理中，必须重点对客户反馈进行管理。在酒店经营中有许多营销活动需要了解客户的反馈，宾客反馈对于衡量饭店承诺目标实现的程度、及时发现在为宾客服务过程中的问题等方面具有重要作用。投诉也是宾客反馈的主要途径，在 CRM 设计中如何正确处理宾客的意见和投诉，对于消除顾客不满，维护客户利益，赢得顾客信任都是十分重要的。

（4）宾客承诺管理

要赢得宾客的高度满意，必须对宾客提供可以操作的承诺服务，信息时代的酒店经营就是要提供完美服务承诺。承诺的目的在于明确酒店能提供什么样的产品和服务。在购买任何产品和服务时，宾客总会面临各种各样的风险，包括经济利益、服务功能和质量以及社会和心理方面的风险等。因此，要求酒店做出某种承诺，以尽可能降低宾客的购买风险，获得最好的购买效果，即享受最好的服务。

（5）宾客的商务管理

宾客的商务管理就是对客户的消费情况进行保存、分析、统计，以形成奖励销售的措施，同时统计出对客服务的成本和客户对酒店的贡献，并进行累计，以确定该客户级别以及享受的服务标准。酒店应在提高服务水平的同时降低成本，在提高市场反应速度的同时给客户以更多的选择。

第二节 酒店设备管理与物资管理

一、酒店设备管理

（一）酒店设备的含义

酒店设备是酒店物质技术装备的总称，具有长期性、多次使用的特性，列为企业的固定资产。酒店设备具有一定的寿命周期，包括：

自然寿命：设备从投入使用到自然报废所经历的整个时期。

技术寿命：设备从投入使用到因无形磨损而被淘汰所经历的时间。

经济寿命：设备投入使用后，由于设备老化、维修费用增加，继续使用在经济上不合算而需要更新改造所经历的时间。

（二）酒店设备管理的特点

1.综合管理能力强

酒店设备的现代化，使得设备投资额增大，维持费用增加，设备管理的好坏，与酒店经济效益的关系越来越密切，这就要求设备管理者的管理能力要逐步增强。而目前设备的现代化管理已不仅局限于维修保养的纯技术方面。还要涉及经济分析和大量的组织工作和协调能力。譬如，购置设备前所进行的可行性论证，计划的编制，劳动力的组织与安排，与各部门的协调，设备管理的考核、检查、评比，以及有关对外联络等。因此，酒店设备的现代化管理，可以说是整个企业管理的缩影，要求设备管理者必须有较强的综合管理能力，这样才能适应酒店不断发展的需要。

2.技术水平要求高

由于酒店设备最能体现现代最新科技成果，所以酒店的一些设备越来越先进，结构也越来越复杂，对设备的运行操作人员和维修人员的要求也越来越高。这就要求酒店设备管理者要不断地更新观念，加强对员工的培训，使其适应不断发展变化的市场需求，保证酒店设备的正常运转。

3.管理效率要求高

大量的酒店设备设施供客人直接使用，这就要求这些设备设施不允许出现故障和缺陷，一旦发现，必须立即修复，各酒店对设备设施的维修工作都有具体的时间限制。所以设备管理工作，特别是维修工作必须高效率、高质量，以达到客人的满意。

4.人员素质要求好

酒店对人力资源的控制极其严格，而设备管理以及维修工作量又很大，劳动形式大部分是分散的，很多是以个人为单位的单项劳动，这就要求工程技术人员责任心强，素质要好，维修能力要强，要一专多能。

（三）酒店设备的使用与维护

1.酒店设备使用维护的管理制度

设备使用和维护的关键在于每一个员工都正确使用和精心维护所使用的设备，减少设备的故障，减少设备的应急维修，工程部则应做好重要设备计划维修，使酒店的设备管理实现规范化，以保证其正常运转。

（1）酒店设备的管理制度

对各部门的一般设备，其管理制度主要有：设备的岗位职责、设备使用初期的管理、设备的操作维护规程、管理责任人制度。

（2）动力设备管理制度

动力设备的管辖权在工程部，必须严格按照相关的管理制度进行管理，以减少故障，防止事故的发生。机房管理制度包括：凭证操作制度、交接班制度、巡回检查制度、清洁卫生制度、安全保卫制度、机房值班制度、操作规程、维护规程和安全技术规程等。

（3）设备润滑管理制度

按计划对各种设备进行润滑工作，以减低机器设备零部件的损坏率，使设备经常处于良好的技术状态。

2.酒店设备的维修

设备的技术状态劣化或发生故障后，为了恢复其功能和精度而采取的更换或修复磨损、失效的零部件，并对整机局部进行拆装、调整的技术活动称为设备维修。设备维修是使设备在一定时间内保持其规定的功能和精度的重要手段。

（1）酒店设备的维修方式

①事后维修

设备发生故障后或性能、精度降低到合格水平以下时所进行的修理称为事后维修。此时，设备已坏，损失已经发生。适用于利用率低、维修技术简单、能及时提供用机、实行预防性维修不合算的设备。

②预防维修

预防为主是酒店设备维修管理工作的重要方针。预防维修有以下两种方法。

定期维修：定期维修是按事先规定的计划和相应的技术要求所进行的维修活动，是一种以时间为基础的预防性维修方法。适用于已经掌握了磨损规律的设备。特点是事先确定修理的类别、修理的周期结构、制定修理的工艺、确定工作量，提出维修所需要的备件、材料计划。

预知性维修：预知性维修是一种以设备技术状态为基础的预防性维修方法，它系统地分析设备的劣化程度，并在故障发生前有计划地进行针对性的维修，既能保证设备经常处于完好状态，又能充分利用零件的寿命，所以比定期维修更为合理。

③改善维修

为改善和提高设备的功能，在条件许可的情况下，对设备进行改善性维修，可以提高设备的可靠性。

（2）酒店设备的修理类别

①小修

设备小修是工作量最小的一种修理，对于实行定期维修的设备，小修主要是更换或修复在期间内失效或即将失效的零部件，并进行调整，以保证设备的正常工作能力。对于实行预知性维修的设备，小修的工作内容主要是针对日常点检和定期检查中发现的问题，拆卸、检查、更换或修复失效的零部件，以恢复设备的正常功能。

②项修

项修是根据酒店设备的实际情况，对状态劣化已经达不到生产要求的项目，按实际需要进行针对性的修理。项修时，一般要进行部分的拆卸、检查、更换或修复失效的零部件，从而恢复所修部分的性能和精度。

③大修

大修是对酒店设备进行维修工作量最大的一种计划维修。大修时要对设备全部解体，修整所有基准件，修复或更换磨损、腐蚀、老化及丧失精度的零部件，使之达到规定的技术要求。大修的费用较高，且性能难以达到出厂时的技术标准，所以，大修要事先进行可行性分析。

3.酒店设备的维修的形式

（1）委托修理

酒店所有的重要设备是酒店设备管理的重点，委托修理是指酒店把酒店设备的修理工作委托给生产厂家或专业维修公司。这样，可以减少饭店的开支，且使设备得到专业的维修，所以，委托修理是酒店设备维修的重要方式。

（2）自行修理

较多酒店采用此种方式，它又有四种形式：计划维修、巡查维修、报修制、万能工维修制。其中，酒店设置万能工，任务就是对酒店所有设备进行有计划的循环检查维修，对万能工的要求较高，万能工还要承担酒店的应急维修工作。

（四）酒店能源管理

现代化的酒店，是一个能耗较高的企业，搞好酒店能源管理，既有利于提高酒店的管理水平，又有利于降低酒店的成本，还能为我国经济建设作贡献。

1.酒店能源的使用概况

（1）酒店的能耗

酒店能耗占总营业成本的 4.5% ~ 6.5%，主要有以下几方面：①电力；②热能；③水。

（2）能源管理中的问题

许多酒店由于管理不善，造成设备损坏、老化；员工缺乏节能意识，能源浪费严重，造成设备能耗的大幅度增加，酒店必须转变观念，加强节能意识，建立能源管理机构，健全能源管理制度。

2.能源管理的内容与方法

（1）能源管理的内容

建立健全能源管理体系，明确管理职责；

制定并实施有关节能技术措施，完成节能工作任务；

制定能耗定额，认真考核；

认真分析研究，解决急迫不潜在问题。

（2）能源管理的方法

建立管理机构；

建立健全能源管理制度；

做好能源的基础工作。

3. 节能措施

（1）空调节能

空调的能耗在酒店能耗中占有较大比重，搞好空调的节能能大大降低酒店的能耗。可用如下措施予以降低：慎重设定室内的温度；控制人均新鲜空气量；余热回收；采用变风量空调系统。

（2）照明节能

按照酒店等级选定适合的照度；

选择适当的照明用具和照明方法；

采用自控照明装置；

广泛采用节能灯。

（3）采用节能新技术

多用变频节电技术；

选择高效的节能设备。

二、酒店物资管理

（一）酒店物资管理概述

1. 酒店物资管理的定义

酒店的物资管理是对酒店物资资料进行计划、采购、保管、使用和回收，以使它们有效地发挥应有的使用价值和经济效用的一系列组织和管理活动的总称。

2. 酒店物资分类

（1）按物资用品的价值构成分类

低值易耗品；

物料用品。

（2）按物资用品的自然属性分类

棉织品；

装饰用品；

清洁用品；

服务用品；

玻璃用品；

食品原材料；

餐茶具；

燃料；

印刷品；

维修材料；

办公用品;

消防用品。

（3）按客人消耗和价值补偿方式分类

客用多次性消耗物品;

客用一次消耗物品。

（4）按物资用品使用方向分类

客用物资用品;

生产产品用料;

办公用品;

清洁和服务用品;

基建、维修用料;

安全保卫用品;

后勤用品。

（二）酒店物资管理的任务与特点

1.酒店物资管理的任务

根据酒店的等级规格和接待能力,搞好物资用品配备,保证酒店等级规格和市场环境相适应;

合理制定消耗定额,为物资用品日常管理提供数量依据;

以消耗定额为基础,确定部门物资用品的资金需要量,加强计划管理;

合理制定储备定额,加强库房管理,严格手续制度,控制物资用品消耗;

定期盘点和分析物资用品使用效果,提高经济效益。

2.酒店物资管理的特点

客人需求的多变性影响着酒店物资管理的规定性;

酒店营销业绩的不稳定影响着酒店物资管理的计划性;

酒店物资的丰富性影响着物资管理技巧的多样性;

酒店部分物资的相对不可储存性影响着物资管理的时效性。

（三）酒店物资定额管理

1.酒店物资定额管理原则

酒店物资定额管理原则主要包括:从实际出发、统筹兼顾、参照历史、全面管理、制定制度。

2.酒店物资消耗定额

酒店物资消耗定额指饭店在一定时期、一定的生产技术水平下,为完成某项任务或制造单位产品所必需品消耗的物资数量标准。其方法主要有经验估算法、统计分析法、实物实验法。

3.酒店物资仓储定额

即在一定经营项目下,酒店为保证接待服务质量,保证服务活动不间断地顺利进行所必需的、合理的物资用品储备数量。

（四）酒店物资的采购与仓储管理

1.酒店采购管理的主要内容

认真分析酒店所有业务活动的物资需要，依据市场近况，科学合理地确定采购物资的种类与数量；

各业务部门对物资的质量需求与价格需求，选择最为合适的供货商；

控制采购活动全过程；

制定采购各种物资的严密程序、手续和制度，使控制工作环环有效；

制作并妥善保管与供货商之间的交易合同，保证合同合法有效并对酒店有利。

2.酒店仓储管理

（1）仓储管理的内容

仓储管理是物资管理中的一个重要环节。仓库管理的内容包括：物资验收工作、物资发放工作、物资维修保养、废料回收和利用工作、处理呆滞积压的物资、掌握库存物资的动态。

（2）酒店仓储管理的基本要求

保证物资数量和质量的完整无损；

物资的存放堆码要井井有条、整齐清洁，便于收发、检验、盘点、清仓，物资保管要由专人负责；

掌握各类物资日常使用和消耗的动态，合理控制物资库存量；

各种物资都应设有明细台账，收入、发出、结存要登卡记账，笔笔清楚，并进行抽查和盘点。

第三节　酒店安全概述与危机管理

一、酒店安全管理

（一）酒店安全管理的含义

酒店安全是指在酒店所控制的范围内，前来酒店消费的宾客、酒店财产及酒店员工没有危险、没有威胁、没有事故。酒店安全管理是指为了保障客人、员工以及酒店安全而进行的一系列计划、组织、领导和控制活动，主要包括保卫安全管理、治安安全管理、消防安全管理、卫生安全管理和部门安全管理等内容。

（二）酒店安全管理的意义

1.酒店安全管理直接关系到酒店经营管理活动的正常开展

安全是人类生存的一个最基本的需求，也是一个酒店一切活动开展的基础，没有一个安全的酒店环境，宾客的人身安全和财产安全得不到应有的保障，他们根本不会光顾酒店。另外，没有安全作为保障，酒店正常的经营管理活动也根本无法进行，因此，安全是酒店一切活动开展的基础，也是对宾客所应提供的最基本的保障。

2. 酒店安全管理直接关系到客人和员工的满意程度

宾客入住酒店，必定有免遭人身伤害和财产损失、自身权利和正当需求受到保护和尊重的安全需求，由于出门在外，他们的这种需求的期望值会比平时更高，因此，酒店安全管理工作是宾客满意的重要保证。另外，酒店安全的工作环境必然也会极大地激发酒店员工工作的积极性，促进酒店员工更加积极地工作，这也是争取员工满意的基础。

3. 酒店安全管理直接关系到酒店形象与口碑

高水平的酒店安全管理必定会给入住酒店的宾客留下难以忘怀的记忆，同时会被客人广为传播。一旦宾客的人身或安全遭到侵犯，宾客就会投诉，甚至诉诸法律，这会给酒店带来极大的负面影响，影响酒店的声誉，使酒店失去客源。因此，安全管理对酒店树立良好的形象和建立良好的口碑有很大的推动作用。

（三）酒店安全管理的策略

1. 酒店高层领导高度重视和大力支持安全工作

俗语说得好"火车跑得快，全靠车头带"，酒店安全工作也不例外，安全工作做得好不好，关键在领导。生产经营单位的主要负责人对本单位的安全生产工作负全责。只有酒店的主要负责人重视安全工作，建立健全安全管理机构，配备并重视安全管理职员，将安全管理工作抓紧、抓实，酒店的安全工作才能做好，经营秩序才能有保障，才能获得好的经济效益。否则，酒店的安全工作没法正常展开，也不能做到安全经营，安全事故也就可能会接连不断地发生，宾客、员工的安全得不到保障，酒店必定会在经济上遭受重大损失，也会在社会上造成严重的不良影响。

2. 认真落实安全生产责任制

酒店的安全管理工作，仅凭领导重视还是不够的，还应将安全责任层层分解并落实下来，明确分工，各司其职，各负其责，在酒店构成安全责任统一体。构成"纵向到底、横向到边"的安全经营管理网络。安全生产责任制是酒店最基本的安全制度，是酒店岗位责任制的一部分，是安全经营规章的核心。它的实质是"安全生产、人人有责"，只有全体员工的共同努力，安全工作才能顺利展开，才能获得实效。

3. 制定切实可行的安全生产规章制度和操作规程，建立完善的突发事件处置程序及预案

酒店应制定和完善各项规章制度和操作规程，这是展开工作的准绳。安全生产规章制度是以安全生产责任制为核心，它包括安全生产责任制和安全生产管理制度。安全生产管理制度包括员工安全守则、安全赏罚制度、安全检查制度、安全会议制度、安全宣传教育与培训制度、消防管理制度等。对各种装备的操纵，应制定具体的操作规程。对外来施工单位应与其签订《治安、防火安全协议书》，对用火的均需办理《动火证》。同时，要根据酒店的实际情况，制定突发事件处置程序及预案，使工作有章可循，真正碰到突发事件时才能忙而不乱。制度的制定要具体、有可操作性，然后就在于落实，要把这项工作当作重要任务来抓，从细微处进行。在制度面前坚持

人人平等，对违章者该批评的批评，该处罚的处罚，坚持用制度管人、管事。构成"按章办事、遵章守纪"的良好风气，"建立安全管理永无止境"的理念。

4.开展好安全教育培训工作，提升员工素质和管理水平

安全教育与培训的目的是增强员工的责任感，增强员工的安全意识，提高预防事故、处理事故的能力，确保酒店安全经营。通过教育与培训使各级管理职员"精"、普通员工"会"，安全教育与培训要根据不同的时期或不同的教育对象采用不同的教育方式，它的方法很多，如请领导或专业职员讲课，组织安全方面的活动，举行安全知识比赛、模拟火场的消防演习等，旨在增强安全意识和操作的直观感。

5.加强安全检查，消除事故隐患

安全检查不但是国家有关法规的规定，也是酒店做好安全工作的客观要求，是一种行之有效的管理方法。首先是要制定好安全检查制度，其次是认真落实好检查制度，通常可以通过季节性安全检查、平常安全检查、各岗位安全检查、专业安全检查、定期安全检查和重大节日安全检查等制度的落实，到达一个发现并消除事故隐患，避免事故发生的根本目的。

二、酒店危机管理

（一）酒店危机与危机管理的含义

酒店容易预见的、可能导致酒店经济遭受损失、声誉受到损害的各类易发性、突发性事件，如自然灾害、食物中毒、火灾等都称为饭店危机。

危机管理是指应对危机的有关机制。饭店危机管理具体是指酒店为避免或者减轻危机所带来的严重损害和威胁，从而有组织、有计划地学习、制定和实施一系列管理措施和应对策略，包括危机的规避、危机的控制、危机的解决与危机解决后的复兴等不断学习和适应的动态过程。

（二）酒店危机的特征与分类

1.酒店危机的特征

（1）突发性

危机往往都是不期而至，令人措手不及，危机一般是在酒店毫无准备的情况下瞬间发生，给酒店带来的是混乱和惊恐。

（2）破坏性

危机发作后可能会带来比较严重的物质损失和负面影响，有些危机用"毁于一旦"来形容一点不为过。

（3）不确定性

危机爆发前的征兆一般不是很明显，酒店难以做出预测。危机出现与否与出现的时机是无法完全确定的。

（4）急迫性

危机的突发性特征决定了酒店对危机的反应和处理时间十分紧迫，任何延迟都会带来更大的

损失。危机的迅速发生引起了各大传媒以及社会大众对这些意外事件的关注，使得企业必须立即进行事件调查与对外说明。

（5）信息资源紧缺性

危机往往突然降临，决策者必须做出快速决策，在时间有限的条件下，混乱和惊恐的心理使得获取相关信息的渠道出现瓶颈现象，决策者很难在众多的信息中发现准确的信息。

（6）舆论关注性

危机事件的爆发能够刺激人们的好奇心理，常常成为人们谈论的热门话题和媒体跟踪报道的内容。酒店越是束手无策，危机事件越会增添神秘色彩引起各方的关注。

2. 酒店危机的类型

酒店面临的危机主要有8种：信誉危机、决策危机、经营管理危机、灾难危机、财务危机、法律危机、人才危机、媒介危机。

（1）信誉危机

信誉危机是酒店在长期的生产经营过程中，公众对其产品和服务的整体印象和评价。酒店由于没有履行合同及其对消费者的承诺，而产生的一系列纠纷，甚至给合作伙伴及消费者造成重大损失或伤害，酒店信誉下降，失去公众的信任和支持而造成的危机。

（2）决策危机

决策危机是酒店经营决策失误造成的危机。酒店不能根据环境条件变化趋势正确制定经营战略，而使酒店遇到困难无法经营，甚至走向绝路。

（3）经营管理危机

经营管理危机是酒店管理不善而导致的危机，包括产品质量危机、环境污染危机、关系纠纷危机。

①产品质量危机

酒店在生产经营中忽略了产品质量问题，使不合格产品流入市场，损害了消费者利益，一些产品质量问题甚至造成了人身伤亡事故，由此引发消费者恐慌，消费者必然要求追究企业的责任而产生的危机。

②环境污染危机

酒店的"三废"处理不彻底，有害物质泄漏、爆炸等恶性事故造成环境危害，使周边居民不满和环保部门的介入引起的危机。

③关系纠纷危机

由于错误的经营思想、不正当的经营方式忽视经营道德，员工服务态度恶劣而造成关系纠纷产生的危机。如顾客食物中毒、顾客财物丢失等。

（4）灾难危机

灾难危机是指酒店无法预测和人力不可抗拒的强制力量，如地震、台风、洪水等自然灾害、战争、重大工伤事故、经济危机、交通事故等造成巨大损失的危机。危机给酒店带来巨额的财产损失，使企业经营难以开展。

（5）财务危机

财务危机是指酒店投资决策的失误、资金周转不灵、股票市场的波动、贷款利率和汇率的调整等因素使酒店暂时资金出现断流，难以使企业正常运转，严重的最终造成企业瘫痪。

（6）法律危机

法律危机是指酒店高层领导法律意识淡薄，在酒店的生产经营中涉嫌偷税漏税、以权谋私等，事件暴露后，企业陷入危机之中。

（7）人才危机

人才危机是指人才频繁流失所造成的危机。尤其是酒店核心员工离职，其岗位没有合适的人选，给企业带来的危机也是比较严重的现象。

（8）媒介危机

真实性是新闻报道的基本原则，但是由于客观事物和环境的复杂性和多变性，以及报道人员观察问题的立场角度有所不同，媒体的报道出现失误是常有的现象。一种是媒介对酒店的报道不全面或失实。媒体不了解事实真相，报道不能客观地反映事实，引起的企业危机。二是曲解事实。由于新科技的引入，媒体还是按照原有的观念、态度分析和看待事件而引起企业的危机。三是报道失误。人为地诬陷，使媒体蒙蔽，引起企业的危机。

（三）酒店危机发生的原因

第一，我国属于自然灾害多发的国家。沿海地区的风暴灾害；地震带区的地震多发；南方各大江、河沿岸的洪涝灾害；恶劣天气造成的冰雹灾害；甚至城市改、扩建后排水管网跟不上发展所形成的内涝等，这些不可抗拒的自然灾害都可能给酒店和宾客造成财产和生命的损害，甚至导致"危机"的发生。

第二，酒店装修装饰所使用的大量可燃物和其封闭性的结构，特别容易导致火灾等灾难性事故的发生。这里既有内部管理和设备管理、使用的原因，也有一些客人使用不当、不注意甚至故意而为的因素。此类事件一旦发生，将造成严重后果。

第三，酒店餐饮所提供的食品与服务，牵系着千家万户和众多宾客的健康与安全。任何管理工作和服务工作中的管理不严、操作不当、措施不力甚至短期行为均可能造成食物中毒事件的出现，进而引发"危机"的发生。

第四，酒店建筑、装饰、设备等施工的质量、保养、维护问题，广告牌、玻璃窗、建筑物外墙瓷砖从天而降；电梯关人、坠落；饰物、饰画突然掉落伤人；工程未完处不加警示等都容易导致危机事件的发生。

第五，服务人员因培训不够或应变能力差，管理人员素质不高，处理店、客纠纷不力。

第六，各种事故发生后处理不慎，从而导致的媒体危机。

（四）酒店危机处理的原则：危机公关四原则

1. 承担责任原则

危机发生后，公众会关心两方面的问题：一方面是利益的问题，利益是公众关注的焦点，因此无论谁是谁非，酒店应该承担责任。即使受害者在事故发生中有一定责任，酒店也不应首先追究其责任，否则会各执己见，加深矛盾，引起公众的反感，不利于问题的解决。另一方面是感情问题，公众很在意酒店是否在意自己的感受，因此酒店应该站在受害者的立场上表示同情和安慰，并通过新闻媒介向公众致歉，解决深层次的心理、情感关系问题，从而赢得公众的理解和信任。

实际上，公众和媒体往往在心目中已经有了一杆秤，对酒店有了心理上的预期，即酒店应该怎样处理，我才会感到满意。因此酒店绝对不能选择对抗，态度至关重要。

2. 真诚沟通原则

酒店处于危机漩涡中时，是公众和媒介的焦点。你的一举一动都将接受质疑，因此千万不要有侥幸心理，企图蒙混过关。而应该主动与新闻媒介联系，尽快与公众沟通，说明事实真相，促使双方互相理解，消除疑虑与不安。

真诚沟通是处理危机的基本原则之一。这里的真诚指"三诚"，即诚意、诚恳、诚实。如果做到了这"三诚"，则一切问题都可迎刃而解。

（1）诚意

在事件发生后的第一时间，公司的高层应向公众说明情况，并致以歉意，从而体现酒店勇于承担责任、对消费者负责的酒店文化，赢得消费者的同情和理解。

（2）诚恳

一切以消费者的利益为重，不回避问题和错误，及时与媒体和公众沟通，向消费者说明事件的进展情况，重拾消费者的信任和尊重。

（3）诚实

诚实是危机处理最关键也最有效的解决办法。我们会原谅一个人的错误，但不会原谅一个人说谎。

3. 速度第一原则

好事不出门，坏事行千里。在危机出现的最初 12 ~ 24 小时内，消息以裂变方式高速传播。而这时候，可靠的消息往往不多，社会上充斥着谣言和猜测。公司的一举一动将是外界评判公司如何处理这次危机的主要根据。媒体、公众及政府都密切注视公司发出的第一份声明。对于公司在处理危机方面的做法和立场，舆论赞成与否往往都会立刻见于传媒报道。

因此公司必须当机立断，快速反应，果决行动，与媒体和公众进行沟通。从而迅速控制事态，否则会扩大突发危机的范围，甚至可能失去对全局的控制。危机发生后，能否首先控制住事态，使其不扩大、不升级、不蔓延，是处理危机的关键。

4. 系统运行原则

在逃避一种危险时，不要忽视另一种危险。在进行危机管理时必须系统运作，绝不可顾此失彼。只有这样才能透过表面现象看本质，创造性地解决问题，化害为利。危机的系统运作主要是做好以下几点。

（1）以冷对热、以静制动

危机会使人处于焦躁或恐惧之中。所以酒店高层应以"冷"对"热"、以"静"制"动"，镇定自若，以减轻酒店员工的心理压力。

（2）统一观点，稳住阵脚

在酒店内部迅速统一观点，对危机有清醒认识，从而稳住阵脚，万众一心，同仇敌忾。

（3）组建班子，专项负责

一般情况下，危机公关小组的组成由饭店的公关部成员和酒店涉及危机的高层领导直接组成。这样，一方面是高效率的保证，另一方面是对外口径一致的保证，使公众对酒店处理危机的诚意感到可以信赖。

（4）果断决策，迅速实施

由于危机瞬息万变，在危机决策时效性要求和信息匮乏条件下，任何模糊的决策都会产生严重的后果。所以必须最大限度地集中决策使用资源，迅速做出决策，系统部署，付诸实施。

（5）合纵连横，借助外力

当危机来临，应充分和政府部门、行业协会、同行酒店及新闻媒体充分配合，联手应对危机，在众人拾柴火焰高的同时，增强公信力、影响力。

（6）循序渐进，标本兼治

要真正彻底地消除危机，需要在控制事态后，及时准确地找到危机的症结，对症下药，谋求治"本"。如果仅仅停留在治标阶段，就会前功尽弃，甚至引发新的危机。

（五）酒店危机管理的对策

酒店在生产经营中面临着多种危机，并且无论哪种危机发生，都有可能给酒店带来致命的打击。酒店通过危机管理对策把一些潜在的危机消灭在萌芽状态，把必然发生的危机损失降到最小的程度。虽然危机具有偶然性，但是危机管理对策并不是无章可循。危机管理对策主要包括如下几个方面。

1. 做好危机预防工作

危机产生的原因是多种多样的，不排除偶然的原因，多数危机的产生有一个变化的过程。如果酒店管理人员有敏锐的洞察力，根据日常收集到的各方面信息，能够及时采取有效的防范措施，完全可以避免危机的发生或使危机造成的损害和影响尽可能降到最小程度。因此，预防危机是危机管理的首要环节。

（1）树立强烈的危机意识

酒店进行危机管理应该树立一种危机理念，营造一个危机氛围，使酒店的员工面对激烈的市场竞争，充满危机感，将危机的预防作为日常工作的组成部分。首先，对员工进行危机管理教育。教育员工认清危机的预防有赖于全体员工的共同努力。全员的危机意识能提高酒店抵御危机的能力，有效地防止危机发生。在酒店生产经营中，员工时刻把与公众沟通放在首位，与社会各界保持良好的关系，消除危机隐患。其次，开展危机管理培训。危机管理培训的目的与危机管理教育不同，它不仅在于进一步强化员工的危机意识，更重要的是，让员工掌握危机管理知识，提高危机处理技能和面对危机的心理素质，从而提高整个酒店的危机管理水平能力。

（2）建立预防危机的预警系统

预防危机必须建立高度灵敏、准确的预警系统。信息监测是预警的核心，随时搜集各方面的信息，及时加以分析和处理，把隐患消灭在萌芽状态。预防危机需要重点做好以下信息的收集与监测：一是随时收集公众对产品的反馈信息，对可能引起危机的各种因素和表象进行严密的监测。二是掌握行业信息，研究和调整酒店的发展战略和经营方针。三是研究竞争对手的现状，进行实力对比，做到知己知彼。四是对监测到的信息进行鉴别、分类和分析，对未来可能发生的危机类型及其危害程度做出预测，并在必要时发出危机警报。

（3）建立危机管理机构

危机管理机构是酒店危机管理有效进行的组织保证，不仅是处理危机时必不可少的组织环节，而且在日常危机管理中也是非常重要的。危机发生之前，酒店要做好危机发生时的准备工作，建立起危机管理机构，制定出危机处理工作程序，明确主管领导和成员职责。成立危机管理机构是发达国家的成功经验，是顺利处理危机、协调各方面关系的组织保障。危机管理机构的具体组织形式，可以是独立的专职机构，也可以是一个跨部门的管理小组，还可以在酒店战略管理部门设置专职人员来代替。酒店可以根据自身的规模以及可能发生的危机的性质和概率灵活决定。

（4）制订危机管理计划

酒店应该根据可能发生的不同类型的危机制订一整套危机管理计划，明确怎样防止危机爆发，一旦危机爆发立即作出针对性反应等。事先拟订的危机管理计划应该囊括酒店多方面的应对预案。在计划中要重点体现危机的传播途径和解决办法。

2.进行准确的危机确认

危机管理人员要做好日常的信息收集、分类管理，建立起危机防范预警机制。危机管理人员要善于捕捉危机发生前的信息，在出现危机征兆时，尽快确认危机的类型，为有效的危机控制做好前期工作。

3.危机的善后工作

危机的善后工作主要是消除危机处理后遗留问题和影响。危机发生后，酒店形象受到了影响，公众对酒店会非常敏感，要靠一系列危机善后管理工作来挽回影响。

（1）进行危机总结、评估

对危机管理工作进行全面的评价，包括对预警系统的组织和工作程序、危机处理计划、危机决策等各方面的评价，要详尽地列出危机管理工作中存在的各种问题。

（2）对问题进行整顿

多数危机的爆发与酒店管理不善有关，通过总结评估提出改正措施，责成有关部门逐项落实，完善危机管理内容。

（3）寻找商机

危机给酒店制造了另外一种环境，饭店管理者要善于利用危机探索经营的新路子，进行重大改革。这样，危机可能会给酒店带来商机。

总之，危机并不等同于酒店失败，危机之中往往孕育着转机。危机管理是一门艺术，是酒店发展战略中的一项长期规划。酒店在不断谋求技术、市场、管理和组织制度等一系列创新的同时，应将危机管理创新放到重要的位置上。一个酒店在危机管理上的成败能够显示出它的整体素质和综合实力。成功的酒店不仅能够妥善处理危机，而且能够化危机为商机。

第七章 酒店文化管理与塑造

第一节 酒店文化管理的结构体系

企业文化是一种组织共有的行为规范体系，它独有的行为协调作用使其对具有协调密集特征的酒店企业有着强大的管理效能。在渊源上，企业文化往往与民族文化有着深厚的关联，这种特性使得文化管理往往具有浓厚的本土特性，而这一烙印又无疑应成为我国酒店学者研究酒店企业文化的理论根源。我国学者对酒店文化的研究主要关注 4 个结构层面，即酒店文化的内涵、酒店文化的管理功能、酒店文化的管理方式和酒店文化的冲突与渗透。本节主要在文献成果的基础上对其内容进行了综述和深入分析。

一、酒店文化的管理功能

酒店文化是一种特定的管理方式，它对内能规范员工行为，对外有利于酒店品牌的宣传，有利于推动酒店竞争力尤其是酒店核心竞争力的形成与超越。

（一）酒店文化的基础功能

酒店文化具有良好的运作规范功能。酒店品位高低取决于酒店文化的优劣。酒店文化是酒店各项工作的灵魂，它有无穷的凝聚力量，酒店通过建设合乎伦理的组织文化能够促成合乎伦理的工作行为。除了凝聚功能，酒店文化还具有教育功能、导向功能、调适功能和辐射功能。同时，酒店文化是一项有助于减少酒店内部交易费用的制度安排。因此，酒店可以通过酒店文化的建设来构建温情关怀机制，构建共同的价值观念，增强员工对酒店的忠诚感及归属感。

酒店文化独有的渗透扩散作用使其具有良好的品牌宣传功能。品牌不仅代表产品的特点和质量上的一贯承诺，它还蕴含着不可模仿的文化个性。酒店品牌文化的树立和成功运作必须以酒店良好的内部运作为前提基础。要创建著名酒店品牌，首先要求酒店在文化内涵的建设上寻求突破，并充分认识到酒店品牌标记的重要性。品牌的一半是文化，而大多数酒店常犯的错误是仅仅关注品牌的具体属性与利益等实体因素，而不注意培育和张扬品牌的文化与个性。同时，品牌文化的培育应注意结合酒店的 CIS 建设。

（二）酒店文化的结构功能

酒店文化的结构功能是其能够推动酒店竞争力尤其是核心竞争力的形成。缺乏有凝聚力的酒店文化是制约酒店发展、削弱竞争力的症结之一。酒店产品缺乏专利保护，要构建自己的个性优势，最佳途径是构建自己的酒店文化。酒店文化也是构建酒店知本竞争能力的基础。从市场进程来看，我国酒店业正经历由价格竞争向质量竞争的过渡，并逐步迈向更高层次的文化竞争。文化竞争的本质就是在产品和服务中融入文化特性，让顾客获得独有的文化体验和自我价值认知的体验。

酒店文化是一种不可复制的酒店资源，它是真正能久经考验的竞争力来源，它有助于酒店核心竞争力的形成，要提高酒店竞争力，其核心是提高文化竞争力，构建文化的差异性则是酒店创造核心竞争力的重要方式。

二、酒店文化的管理方式

（一）酒店文化的塑造与建设

酒店文化是一种根植于酒店的无形存在，酒店必须从自身的设计、建设伊始就注重文化内涵的注入。酒店初始阶段的文化缺位将给酒店的经营管理和服务运作造成一系列问题。酒店的管理者尤其是总经理是酒店组织内酒店文化的"创造者"和"领路人"，他们的价值观是影响酒店文化建设成败的关键因素。

顾客对酒店文化的认知一般来自一线员工的文化表现，因此普通员工对酒店文化的认知和身体力行是强化和提升酒店文化的重要保障。这不仅要求酒店成员提高文化品位和素质，也需要员工善于利用各种条件与机会，创造具有吸引力的文化氛围，以满足顾客的文化和精神需求。

酒店文化建设强调尊重人、理解人、关心人、培养人，并强调从软硬两个方面着手，通过文化内涵的丰富使酒店的服务境界从工匠式操作升华到艺术的温暖。文化建设应注重由内而外的统一，既要通过精神文化建设来凝聚酒店灵魂，又要注重员工行为的文化规范和管理制度的文化基础，还要强调酒店的环境文化建设。

（二）酒店文化的管理方法

不同层次的酒店文化适用于不同的管理方法。酒店文化氛围的营造可以通过建筑形式、设计装修、员工服饰、服务程序和店内节庆等形式及活动来实现。对员工的文化管理应通过"柔性调节手段"来激励员工的使命感、自豪感和责任感，以使员工在工作中散发更具魅力的酒店精神。人本式的酒店文化管理是将人本理念和文化管理双向结合的产物，酒店文化的实质就是制定"以人为本"的价值体系、经营目标、管理制度和服务流程，以实现顾客、员工和酒店的三重满意。酒店管理者应综合运用情感管理、民主管理、自主管理、人才管理和团队管理等多样的管理手段来建立人本式的酒店文化环境。只有在良好的人本氛围中，酒店员工才能真正领悟到"以人为本"的文化价值观，并在实际的服务工作中人性化地关注酒店客人的所需所求。

第二节 心理契约范式与酒店文化网的运作体系

一、酒店文化网的心理契约层次

酒店文化是指酒店在提供服务产品的过程中所形成的价值观念和行为准则的总和，而价值观念和行为准则的形成是酒店主体在长期的心理互动过程中对利益主体的行为以心理契约的方式进行模式化的结果。酒店文化是一种服务产品的运作与感知的消费文化，由服务意识所催化的酒店员工行为是酒店文化较为综合的表现形式。而服务的心理直接感触性，更强化了酒店文化的心理契约式的交互特色。与此同时，酒店展现出的服务品位的高低也体现了酒店产品消费的文化倾向，这些特点正是酒店文化的特殊内涵。

酒店文化网是针对酒店文化的一种调控管理体系，它的层次区分和酒店文化的层次区分既有联系又有区别。酒店文化网主要包括三个基本层次，即作为表层的物质文化（体现为外显饰物要素）、作为中层的行为文化（体现为员工行为要素）和作为深层的精神文化（体现为酒店的经营价值观等要素）。每个层面的文化要素是逐层深入的，但它们都建立在相应的心理契约基础上，都具有心理契约的特征。

（一）物质文化层的心理契约

物质文化是指酒店在建筑、装修、服饰等方面所表现出来的外在感官文化，它的形成与定调必须符合特定时代的审美心理，尤其是客源群体对酒店的文化期望。酒店与社会文化之间的这种物质审美期望，就是双方在相互交流中所形成的审美心理契约。作为酒店文化网的表层，外显饰物等物质要素是最直观的要素体系，它往往能带给人们最深刻的第一印象。宾客对酒店文化和形象评价的好坏，也都是从这里开始产生的。

（二）行为文化层的心理契约

行为文化是指酒店员工个体在服务过程中对工作行为的共有认同。酒店中存在大量的潜规则和非制度行为，它们的形成是员工个体行为长期演化、凝聚的结果，它们会对所有的员工形成一种行为上的期望，进而在员工心理上订立一种行为契约。按照一般规律，酒店运行过程中所存在的好的运作方法、方式、行为习惯等，最初会成为要求员工都遵守的心理契约，待这些方式方法完全成型后，它们就会被制度化，成为所有员工都必须遵守的制度。因此，制度在本质上也是来自心理契约，员工对制度行为和非制度行为的遵守都体现了对心理契约的遵循。而这种心理契约的形成是酒店价值期望、社会服务需求期望和员工期望相互均衡的结果。合理的员工行为文化应该在酒店经营价值观文化和社会主流文化的指导下形成，它也是酒店员工以酒店服务主体的角色参与酒店营运过程，并帮助酒店兑现对宾客的服务承诺所展现出的行为体系。

（三）精神文化层的心理契约

精神文化主要包括酒店的价值目标和经营哲学等内容体系，它是酒店和其客源群体之间进行互动和选择的结果。酒店的价值观必须符合社会的一般经济伦理，同时还要迎合客源群体对酒店的价值期望，如厦门京闽中心酒店的价值目标是"追求至真的品质、为宾客创造难忘的体验"，喜来登酒店联号以"物有所值"赢得人心，曼谷东方酒店追求"给客人无限的尊重与尊贵"。只有来自社会和客源所期望的合理要求为酒店所遵循，并在酒店管理过程中以制度或非制度的形式契约化，酒店才有存在和可持续发展的可能，而后者所形成的契约即为心理契约。由此可见，经营价值观是一种深层的先导文化，由此所形成的心理契约在酒店心理契约群落中具有先导性。

从酒店的存在和发展角度来看，酒店是建立在一种与社会发展相容的基本假定基础上，而这种基本假定就是一种基础性的心理契约，它同时也是酒店文化存在的基础和酒店文化进一步发展的根源。在酒店文化网的三个基本层次当中，心理契约是一个基础的结构元素，心理契约和酒店文化网的关系就好像原子和物质的关系，它贯穿于酒店文化的三个层面，也最能体现酒店文化的本质，它属于约定俗成的基本假定，是潜意识的，被视为理所当然的运作准则，也是酒店员工实现各种价值的来源和保障。

二、酒店文化网心理契约群的逻辑结构

酒店文化的心理契约型特性决定了酒店文化网必然以心理契约作为建构的基础。心理契约是一种主观心理的无形约定，其主要指向是组织内外的权益关系人对彼此间制度关系以外的权益和责任，它常常表现为组织内外利益关系者之间的行为期望。心理契约具有动态性和发展性，这要求组织必须时刻关注利益主体的心理，适时修改契约，确保酒店现行的心理契约得到自我执行并朝着提升的方向前进，否则将出现心理契约的违背或遗弃的现象，不利于酒店的正面发展。

一般而言，心理契约受到三个因素的影响，即个体水平、组织水平和社会水平。个体水平、组织水平和社会水平是息息相关、相互渗透、相互促进的。组织可以通过提高员工个体水平来带动组织的整体水平，同时不断从外界汲取养分，并紧跟社会水平的发展动态。与此同时，社会水平则会得到整体性的提高，从而进一步推动组织和个体水平的发展，最终促使心理契约朝规范性、符合道德法律准则的综合性方向前进。

就酒店而言，影响其心理契约的个体水平主要指酒店员工的个体素质，影响其心理契约的组织水平主要指酒店的组织特性。而影响其心理契约的社会水平则包括三个因素，即酒店市场细分客源的群体水平、酒店行业的职业规范水平和社会的道德水平。显然，酒店员工个体、酒店组织、酒店细分客源、酒店行业和社会大众之间存在心理契约上的互动和影响，这种互动和影响会逐层传递、渗透循环。

三、酒店文化网的运作体系及其管理

（一）酒店文化网运作体系的构成

酒店文化网是反映酒店物质文化、行为文化和精神文化的要素体系，在本质上它是酒店主体间的心理契约所构成的心理契约群的展示和折射。具体而言，酒店文化网主要包括六大基本要素，即组织标识、服饰礼仪、仪式惯例、服务流程、酒店故事和文化组织控制。这些要素都是酒店心理契约在不同角度、不同层面上的体现，它们共同构成一个紧密相连的文化网络，这个网络在"文化组织控制"这一中心的协调下进行运作。通过建构酒店文化网的架构体系，我们可以对抽象的酒店文化进行结构剖析，从而能更为准确地理解并管理酒店文化。

1. 组织标识

它是酒店为了强调和彰显其组织身份或状况而设置的标志性形象，它主要体现在酒店的建筑外观、酒店标识和酒店格言上。这些标志性形象在一定程度上折射出社会与酒店之间的文化期望和文化认同程度，以及彼此心理契约的动态调整状况。

2. 服饰礼仪

它是酒店服饰文化和员工个人素质的外在体现，在酒店服务中能够起到服务识别的作用，并有助于主客间的沟通与协调。它主要包括酒店员工的服饰、名牌、言谈举止、礼仪范式等。酒店员工的统一着装、名牌的佩戴、礼仪的规范，一方面遵循了行业中的职业规范、行业潜规则，另一方面则体现了本酒店的特色审美心理。

3. 仪式惯例

它是酒店组织的特定组织程序，以及酒店员工应该共同遵守的习惯性行为、潜规则，它不仅指出了酒店的工作重点，也能够强化员工的行事方式。它涵括了酒店日常的工作会议和工作制度，以及培训程序、职业晋升程序等各类评估项目。它是酒店兑现心理契约必不可少的环节，也是传递和扩展酒店心理契约的良好平台。同时，它更直接体现了酒店心理契约的实际调整方向和调整内容。

4. 服务流程

它是酒店产品的核心组成部分，它能够较为直观地体现酒店的整体文化层次。它主要包括酒店服务程序、服务规范原则以及服务技巧等。宾客对服务流程的感知过程，是员工兑现酒店心理契约的良好平台，而宾客对服务流程的感知结果，则是酒店兑现员工心理契约的良好衡量依据。

5. 酒店故事

它是指发生在酒店的，处理酒店主体间利益关系和行为关系的典型范例，它常常是针对个人或特定事情而言的。酒店应该通过举办各项活动，从上而下推行故事，在组织内外部宣传酒店的敬业精神和服务诚信。酒店故事的内容上至企业家精神，中到中层管理人员的管理艺术，下至基层员工的兢兢业业工作等。酒店故事在酒店内外的广泛传播不仅可以促进员工在心理契约上进行自我调整，而且可以向宾客提供服务预期，因此它实质上既是一种心理契约上的承诺，也是一种有效的激励方式。

6. 文化组织控制

它是酒店文化网的中枢神经，它起到综合协调控制并落实酒店文化各要素的作用。它涉及酒店各权力部门的分工合作，要求各部门具有文化管理的意识。就酒店文化的本质而言，文化组织控制不仅要加强对酒店文化外在展现物的管理，更要深入酒店文化各层次的内在，对其心理契约进行管理。

由上可见，心理契约是酒店文化网建构的基础，它主要界定在酒店主体间的互动关系情境中，并贯穿于酒店主体间的责任与义务的信念系统以及双方的体验和见解。

（二）酒店文化网的运作管理

酒店是一种特殊的服务行业，酒店文化的主要执行层面是员工行为文化，它能够带给宾客最为重要的关于酒店文化的表现形态。物质文化、行为文化和精神文化分别对应三个不同层次的心理契约群，在价值观的指导下，它们逐层深入，并在决定其相对应的文化要素的基础上，共同构成酒店文化网的动态运作体系。酒店文化网的管理首先要奠定作为其基础的心理契约群，同时可以从横向和纵向两个层次分别对其进行控制和管理。

1.酒店心理契约群的管理

在酒店和宾客的互动过程中，酒店员工个体是酒店文化的最终实施者和传递者。因此，酒店的个体心理契约在酒店心理契约群中处于执行地位，由此也使对个体心理契约的管理成为酒店文化管理的重心。从管理角度而言，对员工个体心理契约的管理主要透过个体素质管理和物质保障管理两个层面来实施和影响。个体素质管理主要包括员工职责的约定、职业生涯管理和关系管理等。物质保障管理是指酒店通过工作环境的职级提供、薪酬体制及其兑现来树立和引导员工的工作预期，从而在心理上激励员工的工作行为。

酒店必须提供基本的生存和安全保障，适时关注、帮助解决员工的困难，才能消除员工的后顾之忧，以便促进员工默认其职责，让其能兢兢业业、踏踏实实地工作。此外，酒店还应通过全套的职业生涯管理，切实为员工着想，帮助员工提高、完善自我，推动员工与酒店建立情感型的心理契约，也就是形成不可割舍的情感维系纽带，同时加强沟通性的关系管理，带动员工在实际工作中积极尝试，使其勇于发挥创业精神，取得优异的工作绩效，真正把酒店当成自己的家，心甘情愿地为之付出。

就特征而言，酒店员工来自不同的文化背景，日常工作的接触面大，再加上新旧员工的替换，管理人员的变动等因素，使得酒店员工处在一个庞大而复杂的关系网中，因此员工的心理波动较大，随之带来心理契约个体水平的变动便具有从众性、不稳定性等特点。

心理契约有其自身所具有的动态发展规律，它是酒店文化的根基，并贯穿于酒店文化的始终。因此，酒店应该不断超越心理契约群的现状，通过不断的动态调整来提升其隐性的规范力，从而最大限度地发挥酒店文化对酒店经营管理的贡献力。

2.酒店文化网的管理

（1）物质文化的管理

物质文化主要通过酒店建筑外观、酒店标识、酒店格言和服饰礼仪等物质文化来体现。因此，酒店必须注重提升建筑装修和员工服饰设计在文化品位上的协同性，文化品位的定调应该充分挖掘客源的心理预期。同时，要加强员工的礼仪培训，展现酒店特有的文化气质。它也要求酒店进行相应的组织控制，充分发挥广大员工的积极性，群策群力，并不断向宾客征求意见和建议。

（2）行为文化的管理

员工和酒店其他主体之间的关系，体现在员工与酒店之间、员工与员工之间（特别是新老员工之间）、员工与宾客之间的行为关系上。酒店的组织控制应确保员工的服务与酒店的经营价值观协调统一。比如，酒店应对客源群体的服务预期进行调查，并据此调整主客间的心理契约方向和内容，进而确立让宾客满意的服务流程。

同时，酒店应建立良好的传帮带和文化示范机制，通过优秀员工去影响其他员工的工作行为，并在主流稳定的基础上促进心理契约的动态发展和提升。这一环节尤其要注重老员工对新员工的带动作用，使新员工对酒店文化实现快速的认同和融合。科学的酒店文化可以培养大批的优秀员工，而优秀员工应该是能够适应和推动酒店文化发展的员工群体，他们是酒店文化发生倡导效应和学习效应的主体力量。

酒店实体和酒店员工之间在心理契约上的违背将会直接导致员工行为文化的变异和恶性发展，最终破坏酒店文化网的良性循环。因此，酒店必须建立信用机制，确保双方都能感知到信用，一旦感知出现差异，酒店必须通过调研，结合自身实际和心理契约的各层次水平来修改契约，直到酒店心理契约都能够基本自我执行，最终通过规范酒店员工的行为来达到员工行为文化和酒店整体文化的协调发展。而酒店心理契约自我执行的关键，是让员工认为遵守心理契约或信守承诺的未来收益大于违反心理契约的当前收益。因此，研究酒店员工的心理契约在内容、结构、影响因素和动态变化中的特点，是十分重要的管理课题。

（3）精神文化的管理

精神文化主要体现在酒店的价值标准、伦理信仰等精神层次的文化，酒店可以据此选定一些正面的酒店故事，故事发生对象可以上至企业家，下至优秀员工。好的故事可以感染员工行为，感动酒店顾客，也能在酒店的利益主体间建立起极具推动力的心理契约，进而能推动酒店经营价值观朝着正确的方向发展并落到实处。

当然，酒店的流程设计、仪式规则也应该增加人性化管理的比重，切实站在员工的角度考虑问题，以便让员工逐渐认同、融入并参与酒店的经营价值观建设。

总之，心理契约是酒店文化网建构和管理的基础，良性循环的酒店文化网应该提倡情感型成分的心理契约，减少交易型成分的心理契约，同时必须认识到心理契约是一个动态发展的过程，它需要适时调整和完善，以推动酒店文化的强化和提升。当然，酒店文化网的良性运作和管理并不是一朝一夕的事情，它也是一个不断循环的动态体系，它需要酒店全体成员的共同努力。

第三节　酒店文化的创意表达与塑造

一、酒店文化的创意表达

酒店文化可以从物质文化、行为文化和精神文化三个层次来解读。也有学者认为，酒店对物质文化、行为文化和精神文化的管理与控制也具有文化属性，也就是酒店透过管理活动也能体现和表达特定的文化现象。从设计的具体性来看，将酒店文化区分为物质文化、行为文化、管理文化和精神文化有利于具体地表达和展示酒店的文化要素。

（一）物质文化的创意表达

酒店的物质文化主要通过建筑文化、设施文化、环境文化和用品文化4个层次承载和表达。

第一，建筑是酒店最大的实体存在，也是最可能带给顾客印象认知的要素。酒店可以从民族、历史、生态和休闲艺术等来寻找酒店建筑设计的灵感，创意的建筑风格将赋予顾客永远的谈资。如迪拜的帆船酒店，其帆船般的形状让无数顾客充满浪漫的印象，从而一跃成为迪拜的城市地标和象征。再如，北京的鸟巢、水立方、央视大裤衩等建筑物因为形状奇特而成为北京的新地标。总之，酒店建筑需要有个性特色。

第二，酒店的设施要素是最具塑造色彩的元素，酒店可以选择中规中矩的常规设施元素，也可以选择具有浓郁地方特色、民族特色的设施元素，如澳门圣地亚哥饭店的溶洞入口、充满葡萄牙风格的家具摆设、葡式风格的色彩条纹等，很快就给顾客深刻的葡式文化印象，让顾客感觉回到了几个世纪以前，浓浓的文化感和穿越感沁入顾客心中。酒店既可以通过先进、完美、整洁的设施来表达风格，也可以通过历史性元素、复古画作、标志性文化事物等来表达特殊的审美风格。

第三，酒店的环境要素既可以如绿叶般衬托酒店的主题文化，也可以独立表达或强化酒店的文化风格。一个酒店的风格是小桥流水、古色古香，还是现代艺术等，通常是通过各类环境要素的集成表达来体现的。如三亚某滨海酒店，其酒店客房内的浴缸放满水后，客人看到的浴缸水平线与海平面在同一个平面，设计师巧妙地将海滨环境与酒店的设施进行一体化设计和搭配，营造出浪漫的酒店环境。就地取材是营造特色酒店环境的主要方式，要巧妙地利用滨海环境、山地环境、树木环境、民族文化中特有的环境元素等来进行设计表达。

第四，酒店的布草、摆设用品等虽然不太起眼，但是精巧的用品设计能够让顾客感受到酒店的精致与华丽、用心与诚意。如有些酒店愿意为老顾客量身定做睡衣，并绣上客人的名字，让客人感觉无比尊贵。甚至客房里的肥皂、毛巾、浴巾等都成套定制，打上客人名字的标记，让客人留下最深刻的印象。酒店里的这些细小物品可以在造型、颜色、质地、标记等各方面进行一些创意设计，让客人感受到意外的惊喜。在这方面，我国台湾地区的很多乡村小民宿就会结合自身的特点做些文创小品，既可以摆放在客房里增加创意感受，也可以放在商店里出售，让客人可以带着满满的记忆和文创纪念品回到家乡。

（二）行为文化的创意表达

酒店员工的服务操作是员工行为的体现，也是文化形象的表达。例如，我们去中国台湾地区、日本等地方旅游时，会发现这些地方的服务人员在与人交流时轻声细语，让人感觉很舒服。台湾民宿的服务人员通常都是老板，他们也很愿意跟顾客沟通交流，没事的时候都愿意陪着顾客消磨时间，而且很愿意跟顾客分享他的知识和心情，这种现象在我们看来是人文形象的一种体现。这不需要经过特殊的训练，是从业人员发自内心的一种行为文化的表达。

除了创意的行为动作之外，酒店等服务企业可以通过有创意的服务原则、服务理念来整体地表达服务行为的创意风格。如很多知名酒店要求员工遵守两条服务原则：第一，认为顾客永远是对的；第二，如果顾客错了，请参照第一条。再如，流通企业沃尔玛设定的日落原则、比满意更满意的服务原则、无条件尊重顾客价值的经营原则、十步服务原则等，都让顾客留下了深刻的服务印象。

（三）酒店管理文化的创意表达

酒店的管理文化主要通过酒店的管理思想、管理制度、管理组织和管理方法4个方面来反映。文化是一个民族整体价值观、道德规范、行为准则的总和，因此，管理文化中也必然带有强烈的民族色彩。所以我们看到，不同国家有不同的管理风格，这种差异本质上是由国家、地方、民族的文化差异引起的。

（四）酒店精神文化的创意表达

酒店企业的精神文化是一家酒店的灵魂所在，它一般由价值观、企业精神、服务理念和行为准则四部分构成。在精神文化的四大要素中，价值观是指导其他三项的思想纲领，因此其结构地位是最重要的。价值观所要回答的是酒店为什么要存在，你的根本理由何在，你的存在是为了生存、赚钱还是有更高远的目标。如果审视百年企业就会发现，伟大的企业一定有伟大的目标。如雅高的价值观是"在增长的同时保护未来"，这种高远的、持久的、本质的原则可以给酒店带来无上的道德价值。

企业精神是内部员工共同的基本信念。只有自己相信，才可能把他所认可的理念传递给别人，从而影响别人。台湾地区有一家薰衣草公园，公园里有薰衣草和森林，餐饮一直是他们的主要营业收入，但效益曾一度难以维持，后来他们转变观念，从向顾客售卖景观和餐饮产品转变为向顾客传递幸福，他们认为自己是"播种幸福"的使者，他们在经营与幸福有关的产业，这样的理念再结合薰衣草给人的疗育效果，起到很好的心灵影响作用，公园的生意也开始蒸蒸日上。"播种幸福"这种精神比传统的"团结、奋进、开拓、进取"等精神描述语言显然更能打动人心。

行为准则是酒店员工在具体服务和操作过程中的行为规则、规范和标准，它既可以通过规则制度来约束，也可以通过内化的目标认同来自觉执行。例如，珠海御温泉酒店的员工在欢迎顾客时的用语是"您到家了，先歇歇吧"，他们用具体的语言把宾至如归这个理念融合在具体的服务行为当中，让顾客很受用，也觉得很有新意。酒店的行为准则在设定执行时，要考虑创意和新意，要考虑员工的内化与接受度，单纯的口令式的规则是越来越没有市场了。

二、酒店文化的塑造途径

（一）选择创意型的酒店文化主题

文化是一种能够被传承的意识形态，它可以表现为国家或民族的历史、地理、风土人情、生活方式、传统习俗、行为规范、文学艺术、价值观念或思维方式等要素，它能被特定的群体所认可、交流和传递。酒店在选择文化创意主题时，可以结合细分市场的需要，在目标市场的文化契合度上进行匹配分析，选择既符合市场认可度，又具有文化表现力的创意主题。

（二）提炼创意型的酒店文化口号

酒店的对外宣传口号是酒店的文化标的，它既能对外传递酒店的文化形象，也能对内统一酒店员工的行为操作。能长久流传、便于宣传的形象口号通常要简洁生动、有文化渊源、有个性特色、符合酒店的根本价值，酒店的形象口号应该避免过多的商业气息。

（三）打造创意范儿的酒店模范人物

通过典型人物、模范人物来宣传和表达的酒店的价值观念，是现代管理中重要的手段，是酒店表达文化形象的重要途径。模范人物在文化建设中可以起到榜样作用、凝聚作用、舆论导向作用和调和作用，他们具有重要的精神功能，通过模范人物的宣导可以更有效地传递酒店的价值理念和文化习惯。当然，不是谁都可以做英雄模范人物，也不是只有老总才可以做酒店的精神象征，只要在某个领域、某个岗位、某项工作中具有突出的表现，给酒店带来积极正面的作用，酒店就可以将其树立为工作典范。

（四）打造创意范儿的酒店文化仪式

酒店文化仪式是彰显酒店价值观，表达庆祝、表彰等特殊意义的礼仪活动。酒店在日常工作中有表彰会、职代会、例会等工作仪式，有店庆、重要荣誉获得日等纪念性仪式，还可能会举办文体活动、联谊会、欢迎会等生活中的惯常仪式。当前普遍的情况，很多仪式活动的仪式感不强，让人觉得不隆重；或者仪式活动过于庄严，不太活泼动人，无法吸引年轻员工，也就无法起到仪式活动的基本作用。因此，完全套用传统的方式来举办各种仪式活动显然会落后于时代，酒店需要有创意范的文化仪式。

（五）注重员工关怀文化的形成

每个员工都有生理需求、安全需求、社交需求、尊重需求和自我实现的需求，要让员工踏踏实实地为酒店工作，认真努力不离职，需要酒店有很好的工作文化和氛围，真真实实地关心员工的各种需求。比如，生活便利服务、工作便利关怀、车补房补属于生理需求层次；员工家属保险、入学入托、绩效辅导、安全教育属于安全需求层次；员工家庭关系、婚恋关怀、探亲假、生日关怀等属于社交需求层次；获得领导表扬、接待、沟通、意见反馈属于尊重需求层次，得到职业生涯规划、晋升通道、培训轮岗属于自我实现层次。除此之外，员工还分为新员工、长期出差驻外员工、外地员工、新生代员工等，类别不同需求不同，都需要有针对性的关怀和对待。关怀员工很多需要通过非正式渠道来沟通，要给员工提供情感交流的通道，以促进各类情绪的正常流通和宣泄。

（六）酒店形象识别系统建设融入文化元素

酒店形象识别系统是包括视觉识别（VI）、行为识别（BI）、理念识别（MI）等在内的形象标识系统，它是酒店对内和对外传递形象要素、传达酒店理念、形成市场认知的印象管理系统，良好的形象识别系统有利于市场形象的形成，有利于被人们深刻认知。酒店形象识别系统建设如果融入文化元素，则有利于更深刻地表达酒店形象理念，区别竞争对手，也有利于酒店文化氛围的形成。

酒店文化氛围是顾客在酒店服务场景中所感受到的各种文化元素的总和，是环境、情调和格局所表达出来的文化意境。物质文化、行为文化、管理文化和精神文化4个层面是酒店营造文化氛围的4个渠道，酒店在打造和外显4个层次文化要素应该结合形象识别系统的建设进行整体设计。在氛围要素的元素选择、颜色选择、语言选择、徽标选择等方面都要与形象识别系统进行整合。

酒店形象识别系统的个性化、创意化表达是很重要的，它是形成个性形象、传递个性理念、影响市场认知的重要方式。如迪拜帆船酒店的帆船形象是该酒店最佳的形象徽标，有很强的可识别性和科技感。洲际、万豪等大酒店集团和麦当劳、肯德基等餐饮连锁都有自己独特的形象识别系统，其设计风格都充分考虑了市场偏好，也兼顾了文化要素的考量。

第八章 酒店联盟管理与运作

第一节 酒店联盟的类型与特征

酒店业越来越趋向于微利经营，酒店为了在竞争中求得生存，除了常规的对抗性竞争之外，还有联盟的合作性竞争，即通过联盟的方式以达到在竞争中合作、在合作中竞争的多赢发展目的。酒店业联盟存在许多不同的类型，他们都有各自特定的功能诉求，也就适合处于不同发展状态的酒店企业。因此，了解酒店业联盟的类型和特点，可以为酒店加入联盟的管理行为提供决策依据。

联盟的功能指向主要是进行资源整合、通过联盟体的资源共享机制来获取自己没有拥有的相关资源。在资源索取过程中，联盟成员向区域酒店联盟体索取的资源类型具有显著分化。同时，联盟体的联结形式也存在不同。此外，联盟体共享的资源有不同的来源和获取方式。据此，我们可以从联盟的功能结构、联盟的契约性质和联盟的资源解决方向对酒店联盟进行归类分析。

一、基于功能结构的酒店联盟类型

酒店联盟的功能结构主要指成立酒店联盟的功能诉求，即为什么要成立酒店联盟。酒店联盟主要是成员酒店为了寻求低成本、低风险、稀缺性的酒店资源而自愿组成的资源共享、风险和成本共担、优势互补以及相互学习的松散性组织。其资源指向通常包括技术、物资、管理经验、人力资源、设施资源、服务产品等资源类型。因此，我们可以将基于功能结构的酒店联盟划分为酒店业务经营联盟、酒店知识管理联盟、酒店后勤服务联盟和酒店自律协调联盟。

（一）酒店业务经营联盟

1. 酒店网络联盟

酒店网络联盟的运作方式是，联盟体搭建一个共同的网络平台，为成员酒店提供网络预订、网络采购、网络推销等网上业务服务。在我国，携程网、去哪儿网、艺龙网、阿里旅游呈现了较快的发展速度，它们以其服务的便捷性和相对优惠的价格吸引了越来越多的旅游预订业务。同时，我国许多酒店集团或管理公司也推出了自己的网上预订系统，以增加客源量。今天，金陵饭店集团、锦江酒店集团、华住酒店集团等都有自己的网络预订系统。

酒店网络联盟主要以网络个性化服务为主题，如客源预订、送餐服务、综合信息提供等。成员酒店通过建立共同的联盟网络以实现即时信息互通，共同吸引更多的客源入住和消费，同时成员酒店的主页网络也相互友情链接，增加彼此的信任与合作，从而大大降低交易成本。

2. 市场开拓联盟

市场开拓联盟是指在两个或两个以上的酒店为了拓展区域的整体客源或开拓新的产品市场而结成的联合性营销组织。比如，有些酒店为了将区域的酒店业市场做大而成立地区联合销售联盟，到客源地推销宣传、组织客源。此外，也有酒店在开发出新的产品后，为了让客人认识了解新产品，引导社会对产品的消费潮流而结成市场推广联盟，以扩大客源面，做到产品消费市场。

3. 品牌推广联盟

品牌推广联盟是两个或两个以上的酒店为了推广自己的品牌影响力而主动加入或被动纳入品牌推广组织而结成的联盟。与市场开拓联盟不同的是，品牌推广联盟对酒店本身的品牌有门槛要求，酒店必须达到品牌推广机构所要求的档次和星级水平。其推广模式是"联盟品牌＋酒店自有品牌"的复合推广方式。可以发现，联盟品牌会增加单体酒店的品牌价值，单体酒店的品牌也会增加联盟体的品牌价值。

4. 产品开发联盟

产品开发联盟是两个或两个以上的酒店通过共同开发某种新的酒店产品或都向顾客提供同样的新的服务项目，以降低产品开发成本或服务提供成本，从而获取到成本优势的酒店联盟组织。在产品开发联盟中，成员酒店虽然共同开发某一产品或者都向顾客提供同样的服务项目，但它们并不介入其他成员酒店的具体产品生产和服务提供环节。同时，联盟体的成员酒店一般都希望控制联盟体的成员数量，以保持产品的特色和酒店的竞争优势。

5. 产品经营联盟

产品经营联盟是指两个或两个以上的酒店为了借用对方的产品优势，而达成的可以相互提供产品给成员酒店，以更好地满足客人需求的协议或联盟组织。不同的酒店有不同的特色服务项目或经营优势，而客人的需求往往是多样化的，成立产品经营联盟则可以最大化地利用不同酒店的特色与优势，满足客人的需求。产品经营联盟表现为有契约的显性联盟和没有契约的隐性联盟两种形式。

（二）酒店知识管理联盟

随着知识经济时代的到来，知识管理对于酒店的经营起着至关重要的作用。知识的非排他性、学习性和转移的可能性，使得知识管理联盟成为酒店联盟中较高级、较有效的一种类型。酒店知识管理联盟是以知识的学习、转移和创新为目标的组织。基于知识本身的内涵范围和具有的专用性、学习性和转移性等特点，酒店知识管理联盟可以细分为酒店技术研发联盟、酒店经验学习联盟、酒店人力培训联盟和酒店管理输出与输入联盟等。

1. 酒店技术研发联盟

酒店技术研发联盟是指两个或两个以上的酒店相互联合、共同致力于酒店新技术和新产品研发而形成的组织，成员酒店共同分担成本和风险，也共同分享资源和利益，以解决单体酒店现有的技术基础和人力等因素对技术创新的制约"瓶颈"。

2.酒店经验学习联盟

酒店经验学习联盟是指成员酒店通过联合举办活动或者互派员工以加强员工在日常工作方面的经验交流，从而达到优势互补、共同提高的目的。具体的经验学习方式一般包括互派员工到成员酒店工作学习，联合举办竞赛活动，联合开办专家讲座以及经验交流会等。

3.酒店人力培训联盟

酒店员工的岗前、岗中培训和绩效考核工作是酒店员工素质整体提高的基础方式，其工作量较大，任务较为烦琐，需要耗费的时间成本、人力成本都非常大。而酒店人力培训联盟正是基于上述方面的考虑，通过成立培训联盟中心，集中各成员酒店的培训资源对员工进行高标准、高要求的综合服务培训。培训联盟中心的规范运作，一方面，能够促进员工竞争意识、学习积极性和业务水平的提高；另一方面，也大大降低了单体酒店的培训成本。

4.酒店管理输出与输入联盟

当一家酒店新近开业或经营不善时，酒店通常会聘请同类型酒店或酒店管理公司来参与经营和管理，以建立起有效的酒店管理体系。在这一过程中，酒店之间存在着知识的流动和传递，这实际上是将一家酒店的管理模式传输到另一家酒店，这两家酒店之间由此也就建立起一种特别的知识联盟。

（三）酒店后勤服务联盟

酒店的后勤服务部门是前台服务良性运作不可或缺的基础保障，后勤部门的日常工作往往比较琐碎且出错率高，耗费的人力、物力和财力成本也比较高。酒店后勤服务联盟能够借助规模效应和信息系统来提高后勤服务的工作效率和专业水平。后勤服务联盟是两家或两家以上的酒店将经营中的某些资源交由共同成立的联盟组织来运作，以通过联盟体的规模运作来节省成本。具体的表现形式有以下几点。

1.物流采购联盟

物流采购联盟是指两家或两家以上的酒店为了通过规模化采购来降低物流采购成本而结成的联合组织。物流联盟采购联盟包括采购联盟和物流联盟两种基本形式。

（1）酒店采购联盟

酒店业所使用的大量物品具有雷同性，酒店间结成采购联盟可以大大提高采购总量，联盟因此具有强大的议价能力，能够跟上游供应商进行价格谈判，帮助入盟的酒店企业降低采购成本。联盟所具有的这种议价成本优势是采购联盟建立的根本原因。

（2）酒店物流联盟

酒店物流联盟有两种主要形式，通过联盟体自营物流、联盟体物流社会化来实现低成本物流。

①联盟体自营物流

联盟自营物流中心是指酒店联盟整合各成员酒店的物流体系，建立酒店联盟的自营物流中心，为成员提供各种物流服务。在有条件的情况下，联盟物流还可以服务于联盟以外的其他酒店并获取部分收益。联盟体自营物流中心拥有较大的规模成本优势、公共关系优势和信息系统优势等。联盟自营物流中心建立的前提是酒店联盟的综合实力足够强大，成员酒店数量较多，已经建立较好的信任机制，并且愿意进行资金的投入。此外，还必须签订相关的法律协定来约束成员酒店的自私行为。

②联盟物流社会化

联盟酒店物流社会化是一种常见的资源外包形式，它是指在供应链管理的背景与环境下，成员酒店将自身物资采购、运输、存储等物流环节中的部分或全部统一交由社会物流机构来运作的物流组织方式。这里的社会物流机构是指运用现代信息技术和物流技术，满足顾客的物流需要，以尽可能低的成本提供专业化、效率化的优质服务的企业。联盟酒店的联合物流社会化运作涉及成员酒店多样化的物资种类划分、等级差异化的物资品质，以及由此带来的第三方物流机构的选择标准、数量和酒店内外部物流的配合、诚信等问题。

2. 后勤资源直接共享联盟

后勤资源直接共享联盟是指某一酒店直接将自己的优势后勤资源直接共享给其他成员酒店而形成的联盟组织。比如，泉州某两个酒店之间并无产权关系，但由于其地理位置接近，两个酒店共用一个工程部，节省了大量运作成本。

（四）酒店自律协调联盟

酒店自律协调联盟是指成员酒店针对特定的经营行为达成一致意见，以约束或规范成员酒店的经营方式，维护成员酒店的整体利益，推动整个行业的有序、健康发展。酒店自律协调联盟的成立都有特定的主题，联盟或者是为了建立行业的统一规范，或者是为了避免酒店业市场的过度竞争，或者是为了倡导一种新的经营方式。

1. 酒店价格联盟

酒店价格联盟分为成员酒店自律最低价格和政府限价两种形式。成员酒店自律最低价格主要是区域酒店行业为了共同抵制破坏酒店行业整体利益的恶性削价竞争行为而制定的价格公约，一般是约定不能以低于成本价出售酒店产品。而政府限价一般是在节假日或者大型商贸活动等黄金时段，政府为了减少酒店高垄断价格对消费者造成的利益损失而明文规定的酒店客房的最高售价。政府最高限价采用了政府行政手段，具有强制的法律效应。

2. 行规操守联盟

行规操守联盟是指不同的酒店对行业运作的操作细节、道德操守等达成一致意见而结成的行业联盟。行规操守可以说是酒店业最古老的联盟，这种联盟可以是跨区域性的，也可以是区域性的。行规操守往往反映了酒店企业对行业操作规范、价值准则等内容的共同认定。

3.经营范式联盟

经营范式联盟主要是不同的酒店就经营的方式、理念达成一致的意见而建立的联盟。较常见的如节约型酒店联盟、绿色酒店联盟等。

二、基于契约性质的酒店联盟类型

酒店联盟是基于显性契约或隐性契约而自愿联结成的一种动态型组织，它与股权式的战略联盟有着本质的区别。契约联结式的酒店联盟强调合作酒店之间的默契与协调，在业务经营上享有更自由的空间，独立的决策权以及平等的地位。但这种动态型的组织结构在信息不对称的情况下容易产生道德风险、逆向选择以及利益的对抗，导致双方原定契约的意向发生根本的改变，从而造成联盟一方或多方遭受较大的经济或市场声誉损失。事实上，这就是联盟契约的一种不完全性表现。

依据外部环境的不确定性因素以及契约本身的显性和隐性的差异，基于契约性质的酒店联盟可以分为完全契约型酒店联盟和不完全契约型酒店联盟两种类型。

（一）完全契约型联盟

完全契约型酒店联盟是指成员酒店通过签订在一定期限内可预见的一系列显性契约，并且联盟各方愿意遵守相关的显性契约条款而达成的联盟。当酒店联盟各方对显性契约产生退出意向而可能导致其他成员酒店产生损失时，酒店联盟的显性契约将发挥其应有的法律强制执行力作用，并对退出方做出适当的惩罚。

完全契约型酒店联盟相对于不完全契约型酒店联盟而言，具有较好的联盟规范性和较强的法律约束性，因此，成员酒店在联盟的过程中比较容易保持行为的统一性，其合作的成功率也往往较高。

（二）不完全契约型联盟

不完全契约型联盟是指酒店联盟没有建立在签订契约的基础上（无契约或隐性契约），或者联盟运作所签订的契约存在瑕疵不能完全通过法律来执行。比如，价格联盟就无法通过法律来执行。而隐性契约的维持依赖于成员酒店之间彼此拥有的习惯、诚信、声誉等方式，在形成纠纷付诸法律解决时成本较高，而且未必能起到相应的效果。

不完全契约型酒店联盟一般是在成员酒店之间的联盟项目具有较大的风险和存在不可预见因素的情况下产生的。针对这种联盟的不完全契约性质，酒店联盟应首先加强对成员酒店的专用性资产治理（对成员酒店的专用资产建立严格的质量、技术评估和认定体系）以及成员联盟行为的适时监控和及时的信息传输。其次，酒店联盟可以设法提高成员酒店的退出成本，加强彼此之间的依赖性。最后，基于服务行业软文化作用的考虑，酒店联盟还可以通过软性约束的方式（如激励机制的设置），以加强酒店联盟的契约管理。

三、基于资源解决方向的酒店联盟类型

在联盟运作中，资源的解决方向即如何获取资源是一个重要的决策问题。酒店联盟的成立并不意味着成员酒店的所有联盟项目都应通过联盟内部来完成，对于联盟本身并不擅长或者成本较大的项目可以共同交由第三方来解决，以发挥联盟的规模效应，达到降低成本和提高专业化水平的目的。因此，根据联盟体资源的获取方向，可以将酒店联盟分成两个基本类型，即基于资源整合的内部解决型联盟和依托第三方的外部解决型联盟。

（一）基于资源整合的内部解决型联盟

基于资源整合的内部解决型联盟有两种联结方式：一种方式是联盟体直接从现有的成员酒店中获取资源，然后交由其他成员酒店共享；另一种方式是各成员酒店共同出资共创新的需求资源，然后由联盟体成员共享这一资源。当然，无论采用哪一种资源获取方式，都需要整合联盟体中成员酒店的现有资源，发挥成员酒店优势互补的效应，共同解决酒店联盟的内部问题。从联盟的功能服务方向来看，基于资源整合的内部解决型联盟包含的类型较广，如知识管理联盟中的技术开发联盟、经验学习联盟、人力培训联盟，业务经营联盟中的产品开发联盟、产品经营联盟、品牌推广联盟等都可以采取内部解决的方式。

（二）依托第三方的外部解决型联盟

依托第三方的酒店外部解决型联盟也就是资源外包联盟，它是指两家或两家以上的酒店将同种经营资源或所需的后勤服务资源共同外包给第三方外部提供商，联盟体通过规模优势提高议价能力，从而为单体酒店获取更多成本优势。

外包是一种资源的创新管理方式，其基础是酒店的发展定位战略，其方式是酒店的资源结构调整，其目标是酒店的核心竞争能力。而通过联盟体来共同实施外包行为则更有利于提高外包的议价决策力。酒店资源外包的形式可以分为项目资源外包和职能资源外包，项目资源外包目前是酒店外包的主流，它是将一个项目一次性外包出去。职能资源外包是将某一业务流程活动长期外包出去，如为酒店提供物流服务等。

酒店的后勤服务资源和专业辅助资源也是外包的重要方向。比如，数据处理、薪酬发放、交纳相关费用等，这些后台服务与酒店营业额的创造并没有直接关系，酒店将越来越倾向于将其外包出去。当然，像生产服务外包、研发外包、信息系统外包等外包活动也将越来越普及。与所有的企业一样，酒店在经营管理过程中还需要法律、财务、战略管理、公共关系等专业人才的帮助。如果通过联盟体来寻求专业机构为成员酒店提供后勤服务和专业辅助服务，有助于解决酒店的资源局限，同时又能最大限度地降低酒店的资源使用成本。比如，许多酒店雇用物业管理公司来承包客房的清洁工作、雇用保安公司来做保安服务工作，这都是弱化内部资源，借助外部后勤资源以提升运作效率。

第二节 酒店加入联盟组织的决策管理

酒店联盟是一种有效的市场竞争方式，它的动态性、独立自主性、利益风险分担性以及资源共享性能够较好地迎合不同类型酒店的需求。这种市场组织方式既有利于市场整体蛋糕的做大，又会强化酒店在市场中的分工方向，从而有助于改变酒店业的市场竞争状态。显然，酒店加入联盟是一个重大的管理决策，它要求酒店对选择入盟的动因、入盟的现实条件和具体的联盟类型进行审慎而科学的分析，以最大限度地规避联盟风险、获取联盟收益。

一、酒店加入联盟的决策动因

不同的酒店联盟有不同的功能目的和服务方向，酒店在选择联盟时都有自己内在的考虑，其根本目的是更好地进行资源整合，其主要动因包括：①实现规模经济效应，主要体现在原材料采购的规模经济、客源预订和市场营销的规模经济以及业务外包的规模经济等方面；②学习并获取知识，主要获取涉及酒店竞争力的有价知识，增加酒店的边界渗透力；③规避风险、分担成本，谋求更稳定的发展；④加速技术研发和产品开发，如酒店综合网络预订系统、网络采购中心等，需要一定数量酒店的联盟开发，因为这种业务系统的运作不仅仅是一个网页界面的问题，其背后存在大量的资源运作环节，都需要有实体的解决办法；⑤通过联盟提高品牌影响力，达到借船出海的目的；⑥提升价值增值能力，包括经济价值、社会价值和文化价值。

二、酒店加入联盟的决策条件

酒店联盟虽然有利可图，但其背后也充满风险。因此，酒店应首先明确加入酒店联盟能否帮助自己创造价值、提高核心竞争力。酒店联盟的有效性决策条件包括酒店进入区域联盟的内部条件和外部条件两个方面。

（一）酒店加入联盟的内部条件

1. 树立正确的联盟价值观

酒店之间虽然存在激烈的竞争、分歧甚至对立，但酒店各方在长期的竞争中已经形成了一定的依赖关系和合作关系。酒店不应该只看到彼此竞争所带来的威胁，而忽视了竞争中的局部合作所带来的共同利益和双赢的可能。酒店应立足于全局，树立在竞争中合作、合作中竞争的联盟意识。同时，在联盟的过程中，秉承资源共享、优势互补、风险共担的合作信条，并恪守诚信、公平、公正、平等协商的合作原则，共同创造更多的联盟价值。

2. 酒店内部信息化的建设

单体酒店内部信息化建设是加入酒店联盟的前提必要条件。现代企业联盟的最突出特点之一就是建立在互联网的平台基础上。通过将酒店的内部网、联盟外部网与互联网连接，加盟酒店就可以实现彼此信息和资源的共享。借助越来越发展的信息技术，酒店联盟可以实现更多元的功能目标。

3. 对酒店经营要素的确认

为了在互利的基础上顺利达成共同的联盟目标，酒店需要着重对酒店的经营目标、酒店现有的经营优势以及酒店未来经营的能力需要等要素进行确认。单体酒店都应该充分识别自己的经营目标，避免加入与酒店经营目标差异过大的联盟，尽量做到个体目标与联盟目标能够协调融合。同时，由于加盟酒店必须具有独特的优势，如市场区域、品牌、营销、技术、服务能力、规模实力等，否则很难被联盟的其他成员接纳或者在接纳后容易失去原有的优势（如避免共享的技术或产品冲击自己原有产品的优势市场地位）。因此，酒店应该在加盟前明确酒店现有的经营优势和酒店未来经营的需求，以便选择具有互补性、双赢性的酒店联盟来加盟。

4. 酒店资源的整合与优化

酒店为提高加入联盟的资格条件，更好地发挥与联盟之间的协同效应，他们往往对原有的酒店资源进行整合与优化，以便实现双方资源的配套对接。具体而言，他们需要对酒店的信息资源、组织结构设置和人事安排进行提升、调配，也需要对物流管理等后勤部门的员工进行专业的培训，以便他们建立适应联盟需要的物料调配能力。

5. 联盟应变能力的培养

酒店联盟是多方竞争合作的松散共同体，而资源的综合性、利益的复杂性、文化的多样性往往容易造成联盟成员的争议和冲突。因此，酒店在加盟之前，应该对酒店全员进行酒店联盟应变能力的培养。联盟应变能力主要包括利益协调应变能力、违约惩罚处理应变能力以及防范核心知识和技术泄露的风险应变能力等。其中，核心知识和技术泄露将直接影响到酒店核心竞争力流失，酒店应提前设置内部通道机制和外部通道机制以起到隔离核心竞争力和一般竞争力的作用。

6. 酒店企业文化类型的自我识别和相互识别

酒店在加盟之后，酒店员工的行为将受到原有酒店文化和联盟酒店文化的双重作用，这必然导致成员酒店员工之间的文化冲突。因此，酒店应在联盟之前，加强酒店文化的自我识别和相互识别，有效地促使酒店个体文化和联盟文化的相互理解、尊重与融合，以避免由于文化冲突带来的联盟共享成本的提高。入盟后，成员酒店应共同维护酒店联盟的形象，积极参与盟约的制定并自觉遵守，以诚为本，共同致力于健康的联盟文化体系建设。

（二）酒店加入联盟的外部条件

1. 酒店资源的对接性及其关联性要求

酒店在做出联盟决定时，必须首先确定所在区域或市场上是否存在本酒店适合对接的酒店资源，这些资源又是否和自身存在有效的关联性。所谓对接资源主要是指具有优势互补特性，并且具备联盟的现实性和可能性的酒店资源。而酒店资源的有效关联性是指酒店资源的共享性和成本分担性。它包括酒店价值链共享的有形关联和酒店知识的无形关联。

酒店价值链共享的有形关联包括酒店价值链上的客户资料、营销渠道、服务网络、供应商等资源的共享关联，它能分担酒店经营成本，产生协同效应。而酒店知识的无形关联则包括酒店管理知识、经营技巧、服务流程、公共关系等资源的共享关联，它能够促进成员酒店之间相互学习和各方关系的协调。成员酒店资源的有效关联性是酒店联盟资源所必须具备的特质，它能够直接影响联盟运作的成功与否。

2. 酒店业的市场环境

酒店所处的市场环境通常包括宏观政策环境、宏观经济环境、行业竞争环境以及行业诚信环境等要素。一般而言，酒店联盟需要宽松的政策环境，也需要良好的诚信环境和成熟的市场消费环境。比如，如果联盟体的成员有不良诚信记录，它就有可能给联盟体和其他酒店造成损失。再如，北京奥运会举办前北京部分饭店发起成立绿色酒店联盟，客房内不向顾客提供"六小件"，但此举却遭到同行和消费者的大量质疑与反对，这说明当时这种绿色联盟还缺乏成熟的市场消费环境。

3. 酒店业的联盟观念

酒店业的联盟观念是指区域酒店业对联盟的理解度和支持度，以及酒店行业组织对酒店联盟的带动性和主动性。酒店行业思想对酒店联盟的包容和倾斜将对酒店联盟的经营运作起到有效的宏观指导和舆论宣传作用，而所在区域的酒店行业协会对酒店联盟的认同和倡导，能够进一步促进酒店联盟朝更专业的方向发展。

三、酒店加入联盟的类型决策

选择何种类型的联盟作为自身的入盟对象，是酒店首先面对的决策问题。在实践中，酒店选择加入联盟主要由酒店自身的需求所推动，但是具体的选择判断过程则还需综合考虑联盟体对酒店的条件要求和资源的价值链环节等决策要素。

（一）酒店加入联盟的功能诉求

酒店加入联盟是在选择一种资源组织方式，即放弃由酒店自己来组织，而通过联盟体来获得自己的部分稀缺资源。这种外向型的资源组织方式有其固有的不确定性风险，如非必要，一般酒店是不会采取这种组织行为的。因此，酒店在入盟之前应该对自身的资源状况有全面的了解，明确需求，并做好风险分析，以此形成并明确酒店入盟的功能诉求点，为入盟选择提供正确而科学的方向。

如果酒店入盟的功能诉求点不明确，将导致选择错误的联盟对象。比如在管理联盟中，国内有些酒店聘请国外酒店集团进行管理，以期能借助国际酒店品牌获取更多的经济效益，但是这种管理联盟并非总是奏效，许多酒店集团因此被迫退出。

（二）联盟体对单体酒店的条件要求

不同的酒店联盟有不同的组织形态和进入门槛，这对酒店在地理位置、档次水平、品牌声誉、经济实力和优势特色等各方面形成入盟的制约条件。一个优质的酒店联盟应该恪守这些条件来选择成员酒店，否则联盟将没有可持续发展的基础。在联盟成员的数量要求上，部分联盟是希望成员数量越多越好，如采购联盟。但有些联盟却希望成员数量不要太多，如品牌联盟，成员数量一多就会显得泛滥而没有意义，起不到品牌推广的作用。

（三）资源的价值链环节

酒店的稀缺资源绝非一个种类，它既不可能完全由自己来生产这种资源，也不可能完全交由联盟体来组织这些资源，否则酒店的日常运作将无法支持。对于酒店而言，稀缺资源处在不同的价值链环节，而将核心价值链环节联盟化需要承担较大的风险。比如，有些酒店将餐饮产品的经营资源外包给外部供应商，这种方式虽然省事却往往使酒店失去了对餐饮这种主导产品的控制，由此引起的产品文化差异、员工素质差异、投诉协调差异等会破坏酒店正常运作的基础。因此，如果不是经营能力有限，这种主导产品资源的外包将是一个应绝对避免的问题。一般的原则是，在综合考虑资源组织成本的情况下，酒店自己组织有利于强化核心产品经营和核心竞争力提高的资源，而由联盟体来组织成本消耗较高的非核心业务资源。

四、酒店选择联盟的对象决策

酒店选择具体的联盟对象，应该建立在入盟的类型决策基础上。其中，联盟对象的条件优势、酒店与联盟体间的匹配程度是对象决策中最重要的两个决策要素。酒店在选定联盟对象的同时，还必须考虑自己是否有条件让联盟愿意接纳自己。

（一）酒店选择联盟对象的条件决策

许多酒店为了在激烈的竞争中占有一席之地，愿意以松散联盟的方式来寻求更广阔的发展空间。同时，他们出于自身发展的需要，在联盟对象的决策中，也都往往选择本区域内综合实力较强的联盟体。这就是单体酒店选择联盟对象的条件决策，即单体酒店依据联盟体的实力条件做出是否加入该联盟体的决策。一般而言，酒店会选择具有较好的价值创造力、品牌影响力以及商业诚信度的联盟体来加盟。

1.联盟体的价值创造力

酒店加入区域酒店联盟的最终目的就是获取更多的联盟价值，因此，联盟体的价值创造力就成为酒店联盟对象决策的核心条件。联盟体的价值创造力的高低在很大程度上直接反映出该联盟体实力的强弱，包括联盟体的工作效率、管理协调能力以及成员酒店的素质等。

2.联盟体的品牌影响力

对于酒店而言，加入品牌影响力较好的区域酒店联盟，有利于提升它的知名度和美誉度，尤其在客源吸引方面能够起到借船出海的效果。酒店往往会选择具备与自身市场定位相符合的，并拥有良好品牌形象的联盟体，如高档商务客源定位的酒店，往往会选择高档品牌的酒店联盟；而中低档客源定位的酒店，往往会选择经济型品牌的酒店联盟。

3.联盟体的商业诚信度

由于酒店联盟是建立在自主、自愿基础上的一种松散性联盟。当双方联盟的类型具有不完全契约性质时，就很可能存在不可预测的风险，其中包括主观上人为造成的不必要风险和客观上联盟难度造成的风险，而这两种风险又往往会同时并存。因此，酒店往往很注重联盟体的商业诚信度，在联盟对象决策前，都会对联盟体的商业诚信度做一个综合调查和评价，以便降低在联盟运作过程中产生的主客观风险导致的损失，特别是主观诚信导致的损失。

（二）酒店与联盟体的匹配决策

酒店与联盟体的匹配决策主要是酒店要考虑自身与该联盟体在合作中能否实现匹配对接运作，这包括实力是否匹配、需求是否匹配以及资源是否匹配等方向。

1. 实力匹配

酒店在以系列条件来选择联盟体时，也必须将自身的实力与联盟体的实力进行对照，看看是否达到联盟体的进入条件要求。如果酒店自身具备的条件实力与联盟体的进入条件相去甚远，那么即使酒店的合作愿望很强烈，也表现出很大的诚意，但是联盟体一般也不会接纳，即便一时接纳了，而酒店如果没有按照联盟要求进行相应的改善、提高，那么该酒店在未来的联盟合作中只能处于劣势地位，或许根本无法与其他成员酒店产生协同效应，最终也会无奈地退出联盟体。

2. 需求匹配

酒店应依据自身的需求来选择相应的联盟体，但是值得注意的是，酒店与联盟体是否存在共同需求是联盟关系建立和联盟运作成功的重要前提。双方的需求匹配集中体现在联盟类型的选择与确定上，如对于酒店技术研发联盟而言，酒店需要借助联盟体强大的技术基础、人才基础和资金基础等优势来共同开发某项酒店新产品或新技术。酒店就必须考虑，联盟体对该项新产品或新技术是否存在类似的需求，而酒店在开发这项新产品和新技术上是否存在优势特长，以便吸引联盟体与之投入合作。

3. 资源匹配

资源是酒店联盟合作的基础要素，资源的匹配是联盟体运作成功的关键。酒店在选择联盟体时，必须慎重考察自身的资源是否能够与联盟体资源起到互补协同作用，而联盟体同样会以这个条件来选择联盟伙伴。当然，这不仅仅关系到酒店是否能够进入联盟体的问题，更重要的是它直接影响到联盟价值的创造问题。因此，酒店出于长远利益的考虑，在入盟的对象决策中，应尤其注重双方资源的匹配性，考虑酒店与联盟体是否能够发挥应有的互补效应和协同效应。

（三）酒店选择联盟对象的决策流程

酒店选择联盟对象的决策是以联盟价值为中心，并从条件决策和匹配决策两个基点对联盟体进行较为全面的考察。而酒店是否达到联盟体的进入条件也是联盟对象决策中必须明确的问题，即酒店意象选择的联盟体是否愿意接纳该酒店。

酒店选择区域联盟对象的决策流程：①酒店联盟对象的条件决策，即联盟体是否具备一定的价值创造力、品牌影响力以及商业诚信度等；②酒店联盟对象的匹配决策，即酒店与联盟体是否能够匹配运作，包括实力匹配、需求匹配以及资源匹配等要素；③在联盟体具备上述条件且双方能够匹配运作的基础上，考虑酒店加入该联盟体是否能够为酒店创造更多的联盟价值；④酒店是否达到该联盟体的进入条件，如果联盟体愿意接纳该酒店，则酒店的联盟对象就可以确立了。

第三节 酒店联盟的运作体系

酒店联盟是现代酒店进行资源扩张的一种创新形式，其运作管理主要受制于市场机制的调整规范，同时接受区域政府、行业协会和社会团体的指导监督。在管理过程中，如何进行酒店联盟的组织形态设计，并建立相应的资源基础和运作机制，通过协商等软约束方式来解决联盟内部利益冲突，并防范可能的技术与经营风险，是实现酒店联盟有效运作的关键所在。

一、酒店联盟的运作实体

酒店联盟可以是一种契约关系，也可以发展上升到成立联盟运作实体，以协调联盟活动，同时也对成员酒店的联盟任务进行监控。组织形态设计的目的是建立联盟体的组织结构以实现对联盟的有效管理。

酒店联盟的管理主导基本上概括为三种方式：一是由某个发起酒店作为联盟的领导方进行管理；二是由酒店联盟的成员代表组成联合机构来进行管理；三是由旅游主管部门或酒店业协会直接发起和管理联盟。当然，联盟的管理仅仅局限于酒店联盟内的合作活动，不涉及成员酒店的其他独立经营问题。

（一）发起酒店作为联盟领导方的组织形态

在发起酒店作为联盟领导方的组织形态中，发起酒店通常占有核心领导地位，我们将其作为盟主并列入组织的第一层，命名为核心层。在这种形态中，发起酒店负责联盟体的组织设计、制度设计和日常运行，它承担了联盟建设和运作管理的主要任务，也因此可能在联盟中获得最多的收益。

酒店联盟组织形态的第二层即基本层，通常是与盟主相互信任、关系较为密切的合作伙伴，也称盟员。由于盟员和居于核心层盟主的合作度通常较高，因此，盟员的流动性较小，基本稳定。随着酒店联盟的不断发展、壮大，酒店联盟组织形态会出现第三层即松散外层，又称会员。通常松散外层的会员在酒店联盟中不会担当关键的技术工作，它与联盟的合作度比较低，也较不稳定。也有部分联盟只有"盟主＋会员"的结构形态。

（二）成员代表组成联合机构的组织形态

成员代表组成联合机构的组织形态通常适用于实力相当的酒店之间的联盟。联合机构由各成员酒店抽调管理层人员组成，通过选举推荐产生总负责人，并实行弹性工作制、人员变动制、项目负责制等管理方式。弹性工作制是指联合机构的工作人员不实行固定坐班制，而是在联盟项目启动时才集中商讨并处理联盟的各项事务。人员变动制是指随着联盟类型的转变而抽调相应的专业人才，实现工作人员的不定期更换以保证联盟工作的专业效率和目标成果。项目负责制是为了防止联盟内部互相推诿的工作行为的发生而采取的联盟项目组的形式来开展工作。应该说，联合机构是适应酒店联盟低成本运作和松散性运作要求的一种动态的组织形态。

（三）旅游主管部门或酒店业协会发起领导的组织形态

由旅游主管部门或酒店业协会发起的区域联盟通常是以主管部门或酒店业协会作为联盟的领导管理中心，成员间以主管部门发布的行政命令或酒店业协会的联盟倡议作为联系纽带，各自完成自己应该担负的相应的联盟任务，并由发起者和成员酒店进行联盟监督，维持联盟行为的持续运作。

二、酒店联盟的资源管理机制

（一）酒店联盟的资源计划

酒店选择加入酒店联盟，酒店之间的竞争自然就转变为酒店群体之间的竞争，它在一定意义上表现为联盟体之间的竞争。在联盟体内，成员酒店既是联盟体的成员伙伴，也是联盟体的资源，于是如何充分地应用自身的资源和联盟伙伴的资源，充分地实现资源的共享与协同合作是酒店联盟资源整合的最终目标，这有赖于酒店联盟各项资源的互动管理。在这一背景下，对应于酒店的ERP资源计划应该转变为对应于酒店联盟的"联盟体资源计划"，以更好地实现联盟体资源的优化配置。

"联盟体资源计划"是新一代面向经济资源联盟体的商务管理模式，它以联盟体资源优化作为目标，能实时传递联盟体成员之间的信息，是经济资源联盟体有效协同的工具。在酒店联盟中，贯彻联盟体资源计划的目的是使各成员酒店能够有选择地实现在协同设计、协同计划、协同生产、协同采购、协同商务、协同服务等关键业务流程的协同优化，并通过由此带来的流程扁平化和组织扁平化实现协同互动型的敏捷管理；其基础是建立一个业务编码统一的信息交换平台，各成员酒店能够以统一的编码语言进行快捷的资源信息交流；其内容是在联盟平台上进行品牌互动、信息流互动、工作流互动、物流互动、资金流互动、人力资源互动、服务互动以及知识互动等资源互动。

酒店联盟贯彻联盟体资源计划能够在有效整合联盟体资源的同时，也极大地加强成员酒店间的资源联络和紧密关系，推动联盟体的一体化发展。而这对于酒店联盟的发展而言，具有重要的资源意义。

（二）酒店联盟的资源基础

酒店联盟的资源基础主要包括人力资源基础、技术资源基础和制度资源基础。

1.酒店联盟的人力资源基础

酒店联盟的人力资源基础是酒店联盟工作开展的主体力量，它可以临时招聘，也可以由各成员酒店的专业人才整合汇聚形成一个强大的联盟阵容，这一团队参与联盟计划的制订、联盟运作的过程和联盟绩效的反馈等管理工作。一般而言，联盟体的工作人员必须是专业人才，只有专业人做专业事，联盟的工作效率、联盟的绩效才能得以保障。同时，为了确保联盟体人力资源的专业素质，联盟通常必须对抽调的工作人员进行联盟岗前的考核筛选，符合岗位专业条件要求的人员才可以参与负责联盟事务，同时在联盟岗前还要接受集中的联盟专业培训。此外，联盟将制定严格的奖惩制度，对于联盟工作中表现突出的人员给予积极的奖励和晋升，而对于联盟工作中的失职行为则进行相应的惩罚，甚至取消该工作人员此次联盟工作的权利与机会。此外，在"联盟体资源计划"下，联盟内部人力资源的互动随时可能发生，因此，酒店联盟的专业人才通常应该具备高度的联盟合作意识和联盟运作管理的专业知识，并同时具备较好的心态和协调能力，以便适应联盟内部不定期的岗位互动。

2. 酒店联盟的技术资源基础

"联盟体资源计划"对于酒店联盟的技术基础有着特定的要求，即 URP 的五层架构体系。这五层架构体系具体包括硬件网络基础设施、柔性化管理平台（包含应用服务、工作流引擎、消息机制等）、互动管理标准组件（PM、FI、EC、CRM、HR、WM、BI、EAM、PLM 等联盟体的特定功能模块）、联盟类型全面解决方案（联盟动态建模工具，形成不同的联盟类型模板）以及联盟个性化配置信息系统（对联盟类型模板进行微调）。URP 系统设计的总体原则和技术路线是"应用集成化、管理透视化、商务协同化、流程柔性化"，而其中的企业应用集成由 URP 的互动管理服务器来完成。当然，"联盟体资源计划"的实施和运用，必须建立在成员酒店内部信息化建设和区域网络信息平台建设的基础之上，并且需要以互联网为基础的相关网络技术和信息技术的支持。

3. 酒店联盟的制度资源基础

酒店联盟的综合性、复杂性和利益的多元化难免造成各方联盟行为偶尔会失之偏颇，而制度的建立能够对联盟行为起到一定的激励或者规范制约的作用，并保护联盟发起人及成员酒店的合法权益。通常酒店联盟需要制定的制度包括：联盟总则、联盟宗旨、酒店联盟的性质、联盟发展目标、加入和退出酒店联盟的条件和程序、成员酒店操作的规程、成员酒店的权利和义务、成员酒店纠纷处置办法以及酒店联盟的利益分配方式、风险和成本的承担方式等。在"联盟体资源计划"综合调控下，酒店联盟还应针对联盟内部的互动管理建立相关的制度规定，如人力资源的互动管理制度、信息流的互动管理制度、知识互动管理制度以及资金流、物流互动管理制度等，以利于"联盟体资源计划"的有序开展。

三、酒店联盟的利益与风险管理机制

酒店联盟在运作过程中需要处理利益分配、风险承担、信息沟通等方面的任务，需要处理联盟内部的任务冲突和核心能力丧失等影响联盟存续的关键问题。因此，酒店联盟必须建立相应的运作机制以保证联盟的良性运作。

（一）酒店联盟的利益分配机制

酒店联盟是以市场利益为主要驱动力的组织，对于参与联盟的成员酒店而言，其根本目的主要是获取一定的经济效益。因此，酒店联盟的建立就意味着一个新的利益分配格局的形成。酒店联盟的利益共享原则是保证各成员酒店形成合作与信任关系的基本前提。但是，由于现实中联盟

利益的分配受到文化、决策者、组织等各因素的影响，联盟利益的分配变得更加复杂。因此，建立酒店联盟的利益分配机制就显得尤为重要。

酒店联盟利益分配机制的最重要的前提是公平性，它强调联盟体必须按协议规则把联盟资源或所得收益正当地、无欺骗地分配给所有成员，以激发成员酒店的入盟热情。在联盟的利益分配上，公平则包含了两个层面的含义，一是联盟利益的分配应保证酒店获取的联盟价值与其为联盟活动而支付的价值相当，即个人贡献与收入报酬相当，这体现了公平分配的正当性。同时，对于所有成员酒店而言，联盟分配应保证各成员酒店在分配过程中能够享受对等的权利，即无论成员酒店的规模大小、实力强弱，联盟都应采用统一的利益分配标准，这体现了公平分配的无欺性。二是酒店联盟的利益分配机制应强调分配信息的公开化和透明化，坚决抵制不正当、欺骗性的分配方式，力求联盟利益分配的总体结果合理。

（二）酒店联盟的风险承担机制

从成本和收益的角度看，联盟风险损失的原因主要有联盟实际成本的上升、实际收益的下降或者联盟收益成本比的下降等。通常，酒店联盟应依据风险的类型建立具体的风险承担机制。从联盟风险发生的时间维度看，联盟风险损失可以分为可能性风险损失和现实性风险损失。可能性风险损失是指在联盟风险事故发生前，利益损失只是停留在可能性阶段；而现实性风险损失指联盟风险事故在发生后，已经造成的风险损失。对于联盟的可能性风险的承担，联盟成员已经在联盟成本分配（实际投入）的过程中有所体现，即成员对联盟的成本承担与风险承担呈正相关关系。

对于已经造成的联盟现实风险损失，联盟成员应该根据"有无明确的风险责任主体"的原则来进行分摊。联盟应首先将风险分为可归咎性风险和不可归咎性风险两类。对于可归咎性风险，一概依据民法中"风险自担"的原则，由引发风险事故的风险责任者对风险事故的后果负责，这是维护联盟整体利益的需要。对于不可归咎性风险，由于风险的责任者不存在或不具备风险承担能力，其风险后果只能由所有联盟成员共同负责，即各联盟成员根据其成本份额，对联盟损失承担相应责任。

此外，在必要的时候，酒店联盟还可以将风险的裁定交给第三方独立审计机构来处理，以便体现联盟公正、公开、公平的处事原则。

四、酒店联盟的过程管理机制

（一）酒店联盟的信息沟通机制

酒店联盟的信息沟通机制包括联盟内部的沟通机制和外部的沟通机制。而信息沟通机制的建立主要体现在成员酒店内部信息化建设和区域性信息平台的建立，以加快实现成员酒店之间的合作和协调。

1. 内部沟通机制

酒店联盟的内部沟通机制是成员酒店协调工作任务、进行信息互通的工作方式，它既包括成员酒店间的信息沟通方式，也包括成员酒店间开展信息沟通的信息技术平台。成员酒店的内部信息化建设能够降低酒店联盟内部的交易成本，并为成员酒店信息的上传下达起到良好的桥梁作用，同时它也是酒店联盟外部沟通机制建立的基础。成员酒店应该设立专门的信息管理职位负责联盟之间内部信息传递，同时加强对信息管理人员的专业培训和互动交流。

2. 外部沟通机制

酒店联盟的外部沟通机制是指联盟体与外部利益进行相关信息对接的机制、方式和技术基础。酒店联盟需要通过这种外部信息平台的建立来实现酒店联盟与外界信息的套接。外部信息平台是联盟体与供应商、顾客或其他利益相关者进行信息对接的技术平台，它是联盟体及时响应社会需求，实现联盟伙伴之间沟通、协调和技术信息共享的基础。联盟体外部信息平台的建立能减少成员酒店在信息资源开发中不必要的重复，更能随着信息的合理流动，增强联盟整体功能的发挥，以实现联盟的最终目标。例如，预订联盟需要建立专业化的预订网络平台，以对接客源的预订需求，为成员酒店提供预订客户。

（二）酒店联盟的冲突管理机制

酒店联盟的成员酒店通常以获取自身利益最大化为目标。在联盟过程中，联盟各方始终不会忽视彼此竞争的存在，这种天然的联盟合作障碍和成员自身收益最大化原则往往容易导致联盟冲突的产生。一般而言，酒店联盟的冲突主要来源于文化冲突、管理组织冲突以及资产专用性投资导致的联盟冲突等。酒店联盟如果能预先针对这些方面建立相应的冲突管理机制，就能够更好地避免潜在冲突的产生，从而创造一个友好的联盟环境。具体而言，酒店联盟冲突的控制与预防机制如下。

1. 建立联盟沟通渠道

酒店联盟应建立专门解决纠纷的联盟沟通渠道，这既可以是正式组织渠道，也可以是非正式组织渠道。作为正式渠道，酒店联盟应该建立例会沟通机制、纠纷协调机制、紧急事件协商机制等各种正式的沟通机制，以利于成员酒店间的冲突缓冲与解决。作为非正式渠道，联盟体应该加强成员酒店间的相互沟通和了解，促进工作人员之间的默契和熟悉，以减少因为沟通不畅而导致的工作冲突。

2. 加强文化管理、缓解文化冲突

酒店文化在酒店中既是一种客观存在的现象，又代表一种特定的管理方式，它对内能够规范员工的服务行为，对外有利于酒店品牌的宣传。但酒店联盟内部存在多种文化来源，这不仅容易导致上述功能难以实现，还容易产生文化冲突，也就无法从管理结构上推动酒店联盟的竞争力尤其是酒店联盟核心竞争力的形成与超越。因此，酒店联盟必须加强文化管理，即利用和控制文化差异，防止它演化为冲突。一般情况下，酒店联盟的文化管理主要由联盟文化的理解、联盟文化的融合以及联盟文化的培训三个步骤组成。

3. 加强组织协作、规范联盟管理

成员酒店在长期的经营中已经形成特定的管理模式，这种特定的管理模式必然加大联盟统一协作的难度，也容易引发管理组织上的冲突。因此，联盟体应事先制定相应的规范与制度，并要求所有成员酒店以此为依据进行组织协作。

4.确立长期发展战略、贯彻平等投资原则

当酒店联盟发展到一定程度，联盟中酒店的资本收益率指标会出现递减。在这种情况下，如果某成员酒店对联盟的专用性资产投资只能获得部分回报，最终会导致投资"瓶颈"的出现，即成员酒店对联盟的投资不符合本酒店收益最大化原则，该酒店将退出联盟，进行独立投资或寻找新的酒店联盟。

在酒店联盟中，联盟成员投资的专用性资产无法转移使用，但是在投资时各方的投资比例并不一定是均等的，而如果联盟存在解散或失败的风险，那么投资比例大的成员酒店将因此承受更大的损失，于是许多酒店便存在"搭便车"心理。这种投资冲突如果无法解决，就将导致原本可能赢利的酒店联盟无法形成或解体。

可见，为了减少资产专用性投资带来的联盟冲突，联盟体应该建立成员酒店间的战略纽带，使联盟的合作期延长，消除成员酒店对专用性资产投资的顾虑，并给投资主体以较好的收益承诺。同时，在联盟中贯彻主体成员平等投资的原则，即强调联盟酒店地位的平等，使得成员在联盟初期和联盟过程中的投资基本相同，并且各方的依赖性不高，从而有助于酒店联盟的稳定发展。

（三）酒店联盟的约束机制

酒店联盟的约束机制包括软约束机制和硬约束机制。软约束机制的特点是联盟各方在达成共识和协议之后，各方按照自己的意愿来履行自己的承诺以及实施有关决议。这种自愿的原则表明了软约束协调机制没有法律上的约束力，但是有道义上的约束力，因此它对于缓解联盟的经济摩擦、矛盾和推动联盟的有序运行是有积极作用的。硬约束机制具有较强的法律约束力，但它应根据联盟的性质来设定约束强度。对于酒店联盟而言，它的松散性和风险性决定了其实行软约束与硬约束的并行机制会更加有效。

大部分酒店联盟不具有产权联结，因此其结构较为松散，成员酒店各自具有独立的自治能力，成员间不存在权力的制衡，更不是等级关系，这些都决定了它不能一味沿用传统的硬约束机制对其实施集中控制。同时，成员酒店之间的联盟合作在很大程度上来源于彼此的关系与默契的配合，而某些联盟类型在契约上的不完全性也往往造成成员酒店之间的违约很难求助于法律途径，最终只能导致联盟的损失。因此，联盟应通过软约束机制来加强彼此的关系管理，一方面，能够减少联盟的交易成本和管理成本，维持联盟相互信任、稳定的合作关系；另一方面，还有利于联盟效益的提高。

但是，如果联盟过多地采用软约束机制，一旦联盟各方关系破裂或者联盟背后隐藏着不易识破的风险，那么酒店联盟内部的机会主义行为和道德风险就会随之而来。因此，酒店联盟的良好运行并不能仅仅依靠建立成员间良好的信任和理解关系，它还需要具有法律约束力的硬约束机制的协调管理。

由此可见，酒店联盟需要一种软性约束与硬性约束并行的协调机制，即通过系列的规范、标准、协议以及激励制度的制定，让联盟各方默契地遵循各种约定，变被动地听从命令为主动地参与联盟目标的共同实现，而当联盟内部的机会主义和道德风险威胁到各方利益和联盟的生存发展问题时，联盟有必要在软约束机制的基础上实施硬约束机制。一般而言，联盟在资源管理上，特别是联盟的利益分配上应该更多地采用强激励管理和硬约束机制的协调配合。

（四）联盟体内成员酒店的核心能力保护机制

核心能力的保护是酒店最担心的问题，它也是联盟体实现可持续发展的基础。在联盟体中，如果有成员酒店恶意窥视合作伙伴的核心能力，这既会恶化成员酒店间的合作关系，也会使以优势整合作为号召的联盟体失去存在的必要。因此，联盟体应该提倡并强化成员酒店保护自己的核心能力，并建立一定的惩罚机制来约束那些恶意窥视合作伙伴核心能力的成员酒店。

首先，在联盟谈判的过程中，不要冒险地披露过多的有效信息，并尽量保证对方有关键性的高层管理人员参与谈判，以便调查对方高层的联盟态度和联盟热情；其次，在联盟的过程中，应事先对联盟结构进行设计，将涉及本酒店核心竞争力的设计、研究和市场职能实现部分隔离，以防泄露过多的商业机密；最后，建立相应的机构来加强联盟的协调管理，密切监视联盟各方的实力变化，同时让本酒店的所有员工都了解联盟可能带来的风险。

当然，这种自我保护机制，主要是针对无法预期的联盟风险而言，特别是针对那些试图侥幸获取联盟资源而不做出任何实质性合作行动的酒店。对于那些已经明确表明联盟诚意的合作伙伴，并且双方也建立了完全契约的联盟关系，就可以依据联盟的进程逐步地进入实质性的合作阶段，共享联盟体的重要资源。

五、酒店联盟的规模扩张机制

当酒店联盟发展成熟、运作日趋规范时，联盟体往往就会产生规模扩张的需要，以获取更多的联盟价值和品牌效应。这要求联盟在发展到一定阶段后，要逐步建立并完善相应的规模扩张机制，具体包括确定酒店联盟的扩张方式、扩张决策指标以及扩张决策流程等。

（一）酒店联盟的扩张方式

酒店联盟的扩张方式有两种：联盟的成员扩张和联盟的类型扩张。

1. 联盟的成员扩张

联盟的成员扩张是指酒店联盟体吸纳新的酒店成员，使之参与联盟的各项活动和业务。联盟体性质不同，吸纳新成员的动力也不同。如果是顾客资源分享型联盟，联盟体肯定希望成员酒店越多越好。新成员酒店在酒店联盟中所能享有的地位和利益则与其规模有关，规模越大，越能同等享有创始成员的待遇。如果是产权联结型联盟，成员扩张主要考虑成员的股权结构和股权比例。如果是产品、技术研发类联盟的成员可扩展则需要考虑成员的类型、档次及其与联盟的匹配程度。

2. 联盟的类型扩张

联盟的类型扩张是指酒店联盟应根据自身不同阶段的发展要求和现有的条件能力进行联盟类

型的多样化选择。而多样化的选择既可以是各种联盟类型同时进行，也可以是在一种联盟类型合作即将结束的时候，重新选择另一种联盟类型。值得注意的是，联盟类型的扩张必须符合联盟的需要，对于一些风险较大的联盟类型必须进行严格的实践论证，不能好高骛远，影响了联盟的可持续发展。

（二）酒店联盟的扩张决策

酒店联盟的扩张决策是联盟发展过程中极其关键的步骤，而选择优秀的合作伙伴则是联盟内部优势互补、共同发展的前提条件。联盟体的扩张决策机制由扩张过程中的成员决策标准、类型决策要素以及决策流程共同构成。

1. 联盟体选择成员酒店的评价决策

酒店联盟进行规模扩张时要选择恰当的成员酒店，这是保证联盟质量的基础。在选择合作伙伴之前，联盟体应该先制订扩张计划，确定联盟扩展的数量目标、待选伙伴的区域位置和对新成员酒店的总体要求。在具体选择联盟的合作伙伴时，通常要从相似性、资源潜力、互补性以及联盟意愿4个主要方向进行评价和决策。

（1）相似性评价

相似性主要指待选的成员酒店与联盟体的运作目的和功能指向能否保持一致，其考察的主要指标包括结构相似性、能力相似性和战略相似性。

第一，结构相似性主要考察酒店的资源需求、品牌级差和文化风格。资源需求代表酒店的需求方向是否能够被联盟体功能所满足。品牌级差代表酒店的品牌影响力与联盟体是否一致或相似。酒店联盟企业文化的凝聚力和向心力贯穿着联盟过程的始终，也时刻影响着联盟员工和联盟团队的行为习惯、价值观和奋斗目标。优秀的联盟伙伴的企业文化应该具备文化的融合性，即包括共享的价值观、共同的目标以及全局的意识。

第二，能力相似性主要考察酒店的核心业务和管理模式与其他成员酒店是否具有相似性。这个评价指标具有两方面作用：当联盟需要互补资源的时候，核心业务最好是相似性低、互补性强；当联盟需要借助规模优势时，成员酒店间的核心业务最好是相似性较强。管理模式一致则能够避免成员酒店间的管理冲突。

第三，战略相似性主要考察待选酒店的经营定位和战略发展定位能否迎合联盟体的发展需要。一般而言，战略相似性越强，联盟体保持合作的时间跨度就越大，联盟体也就更为稳定。因此，联盟体通常需要选择战略相似性大的酒店。

（2）资源潜力评价

资源潜力代表待选酒店能够为联盟体和其他成员酒店所做的贡献，这也是酒店能否加入联盟的基础条件。通常可以从经济实力、市场优势和公共关系来初步判断待选酒店的资源潜力。

第一，经济实力评价主要从星级档次和资产规模等指标来进行。优秀的酒店联盟伙伴通常应具有较高的经济实力或者对等的经济实力，即为各方的联盟提供一定的资产规模基础。在星级的匹配上，应该依据酒店联盟的类型来做具体的决定。如酒店培训联盟类型，就比较适合采用同等星级匹配原则，这样有利于培训内容的统一；对于酒店业务经营联盟中的产品联营而言，就比较适合采用星级互补的匹配原则，这样才能使联合经营中的客源相互介绍、餐饮拆零组合以及娱乐联票出售方式具备较强的现实可操作性。

第二，市场优势评价主要从市场份额、营销渠道和促销手段等指标来进行。待选酒店的市场优势是联盟体拓展业务的有效工具，尤其对于市场开拓类型的联盟和品牌推广类型的联盟就显得更加重要。酒店市场份额的高低直接表明了酒店经营的状况，也更深层次地反映了该酒店在服务产品、管理模式、资源整合等各方面存在的优势与劣势。而新成员酒店已有的营销渠道和促销手段，将能够有效促进联盟体新产品和新技术的成功推广。

第三，公共关系评价主要从酒店与地方政府的关系、酒店与供应商的关系以及酒店与行业协会的关系等指标来进行。酒店联盟通常期望联盟伙伴能够带来更多的公共关系，以推动酒店联盟活动的顺利开展。酒店拥有较好的公共形象，对联盟形象的增强具有帮助作用。

（3）互补性评价

互补性评价主要从待选酒店能否给联盟体提供互补资源这个角度来进行评价，不同的联盟需要不同的互补资源，因此联盟应该设置针对性的评价指标。一般而言，可以从地理位置、硬件设备、酒店知识、信息资源、服务质量等维度来进行考察。

第一，地理位置考察。联盟伙伴的地理位置对于提高联盟酒店的总体竞争力起着至关重要的作用。影响地理位置的主要指标有交通便利条件和区位优势条件等。对于酒店联盟而言，它通常优先考虑与现有成员酒店地理位置较为接近的联盟伙伴，同时要求联盟伙伴具备交通便利、经济联动以及区域集聚等区位优势。

第二，硬件设备考察。硬件设备是酒店经营运作的基本物质保障。对于联盟伙伴而言，硬件设备类型要符合需求，其硬件设备不能太陈旧，否则将占用酒店过多的维修资金成本和维修时间成本，进而影响酒店的服务效率和服务质量。

第三，酒店知识考察。酒店知识是酒店经营中不可或缺的资源，它通常包括酒店积累的服务技巧、服务经验、项目专利以及产品配方等内容。酒店知识联盟在酒店联盟中往往起到较强的互补性作用，也是最受成员酒店青睐的酒店联盟类型。因此，优秀的联盟伙伴应该具有独特的酒店知识以吸引其他成员酒店来促进联盟有效性的提高。

第四，信息资源考察。酒店联盟的良好运作很大程度上依赖于信息网络平台的构建，它要求成员酒店必须具备一定的信息获取渠道和信息处理能力。优秀的联盟伙伴应该拥有丰富的信息资源，包括酒店内部信息化建设、专业的信息员以及畅通的信息渠道等。

第五，服务质量考察。酒店的核心产品是服务，而服务质量的优劣直接影响顾客的满意度和酒店的品牌形象。酒店服务质量包括酒店提供的服务项目、服务设备、服务环境以及服务人员的服务态度、服务程序、服务技能等内容。优秀的联盟伙伴应该拥有与酒店联盟品牌相一致的服务质量管理能力，这样才能有效发挥联盟的协同效应。

（4）联盟意愿评价

联盟意愿评价主要考察新成员是否具有强烈的合作愿望。即使新成员具有较高的相似性和互补性，但它如果没有投入真正的热情来保证联盟体资源和能力的整合获取，那么联盟也会功亏一篑。联盟动因反映了待选酒店入盟的需求强度，联盟记录可以综合考察待选酒店的诚信程度和联盟表现。

2. 类型扩张的决策要素

酒店联盟类型扩张应遵循的前提是：新的联盟类型应能够与其他联盟类型相互协调进行，并且联盟体内的资源能够满足新联盟类型所需的基础条件。而酒店联盟能否进行类型扩张主要取决于联盟体的综合实力，即取决于联盟体的资源基础能力、联盟体的内部合作能力、联盟体的管理协调能力、联盟体的资金运筹能力等能力要素。

（1）联盟体的资源基础能力

酒店联盟的类型扩张很大程度上依赖于联盟体对内部资源的整合利用。由于新联盟类型的扩张必须建立在特定资源的基础上，同时，这些特定资源的多样性和丰富性往往决定了该新联盟类型是否能够有效地开展。因此，联盟体在决定实施联盟类型扩张策略之前必须首先审核现实资源能否满足新联盟类型的资源要求，不要由于盲目决策而造成联盟的利益损失。

（2）联盟体的内部合作能力

新联盟类型的扩张往往会带来一系列新的组织任务，而已有任务和新任务的交织并进通常会增加联盟团队的工作量和工作难度。在这种情况下，成员酒店的互补效应是否依然奏效，是否还能够顺利地完成新联盟类型的扩张，都在很大程度上取决于成员酒店之间合作能力的高低。因此，联盟体在类型扩张决策之前，应该对成员酒店间的合作能力进行考核与调整。

（3）联盟体的管理协调能力

新联盟类型的顺利扩张不仅需要充足的资源为基础，还必须辅以有效的管理措施，以解决扩张过程中出现的种种问题。因此，新联盟类型的扩张是对联盟体管理能力的综合考验，它对联盟体的管理协调能力，包括对内部成员的管理和对外部供应商等第三方合作者的管理与协调提出了更严格的要求。

（4）联盟体的资金运筹能力

新联盟类型的扩张，尤其是产品、技术含量较高的联盟类型，它们对联盟体的资金能力，包括资金筹集能力、资金运作能力等都有了更高的要求。如酒店技术研发联盟、酒店物流采购联盟、酒店网络联盟等类型等都需要较大的资金和技术投入。

3. 酒店联盟扩张的决策流程

（1）成员扩张的决策流程

酒店联盟在成员扩张决策中，能否挑选到优秀的合作伙伴将直接关系到联盟发展与联盟绩效等关键问题。在成员扩张的决策中，联盟体对新成员的考察内容较多、指标较细，因此我们有必要通过设计联盟体成员扩张的决策流程来更全面地把握相关决策问题。

酒店联盟进行成员扩张决策的流程步骤如下：①联盟制订扩张计划，对联盟体扩张的数量目标、扩张区域的选择和对新成员酒店的总体要求进行规划；②联盟体对新成员进行具体的指标评价和审核，主要考察待选酒店的相似性、资源潜力、待选酒店加入联盟的互补性和待选酒店的联盟意愿；③如果该酒店通过了具体指标的审核，那么联盟体就可以与之确定联盟的伙伴关系；④联盟体依据联盟内部运作的实际需要和该酒店的综合实力，再确定该酒店与联盟的层级关系，即是基本层的盟员关系还是松散外层的会员关系；⑤联盟体将新成员酒店纳入联盟团队，并安排具体的组织任务。

（2）类型扩张的决策流程

酒店联盟的类型扩张是一项涉及各方利益、操作难度较大、潜在风险较大的联盟发展业务。在联盟类型扩张的决策过程中，联盟体必须始终以联盟的价值创造为主导思想，并严格考察联盟体是否已经具备了新类型扩张的相关条件。

第四节 酒店联盟的成长障碍与管理

一、酒店联盟的障碍因素

（一）酒店联盟的主要障碍因素

酒店联盟的障碍因素主要表现在四个方面，即交流与合作障碍、组织管理与组织文化障碍、知识获取与转移障碍以及互动与信任障碍。

1. 交流与合作障碍

不同的酒店拥有不同的经验认知和业务运作方式，以及不同的工作交流方式，或者说不同成员酒店的业务编码总会存在一定的差异，它使联盟体的成员在合作过程中总会存在一定程度的认知障碍和交流障碍，使成员酒店在进行具体的技术、资源和通力合作时产生误读，这种交流与合作障碍需要长时间的工作来磨合。

2. 组织管理与组织文化障碍

酒店联盟的组织管理障碍主要体现在管理权利和责任的不明确，出现控制权的僭越或者相互责任推诿的状况。而联盟的组织文化障碍是指成员酒店在文化兼容性和文化认同性上存在一定的障碍，往往导致各方在文化上的冲突。联盟过程中的文化冲突因酒店或工作人员的地域背景、工作背景、语言背景而存在不同程度的差异，文化差异越大，造成联盟冲突的概率越大。

3. 知识获取与转移障碍

酒店联盟的知识获取与转移是指参与联盟的各酒店之间通过联盟的方式，共同创建新的知识和进行知识转移。联盟知识可以分为显性知识和隐性知识两类。显性知识可以通过语言文字的准确表达来实现快速转移，而隐性知识是一种积累性知识，是酒店各种经验和技能在长期的沉淀和积累中形成的，难以公式化和明晰化。对于酒店而言，隐性知识的高度不可模仿性和独特性，使之成为酒店竞争力的来源。因此，酒店联盟中的知识获取与转移障碍主要是指隐性知识的获取与转移障碍，它既包括客观因素上获取和转移的难度，也包括成员酒店主观防备心理导致的获取和转移的难度。

4. 互动与信任障碍

酒店联盟的互动与信任障碍是指酒店成员从自身利益出发，有保留地进行合作，导致成员酒店间的信任与亲密程度降低，使联盟的效果受到极大的限制，甚至造成损失。联盟酒店在互动过程中依赖于有效的机制体系，如果缺乏有效的利益机制，成员酒店就会以存疑的心态来开展相关合作行为，其出力的信心和程度则因人而异。因此要消除联盟酒店间的互动与信任障碍，就要建立明确的利益机制和资源承诺机制。

（二）酒店联盟障碍因素的成因

1. 成员酒店竞争地位的失衡以及收益的不对称

成员酒店在联盟的过程中都期望和其他成员酒店保持较为平衡的合作竞争关系，但是由于联盟各方本身的实力就存在差距，而这种差距会随着联盟过程中各方技术、资源、能力的交换与相互学习而不断拉大，最终导致联盟各方合作竞争的平衡格局被打破，这将间接增加彼此沟通与合作的难度。同时，由于联盟内部的利益分配遵循特定的规则，除了共享的利益外，其他利益按照各方投入的资源、能力的不同而进行差异分配。此外，在短期利益的诱惑下，有些成员酒店不惜损害共同的利益而实现配额利润的最大化，从而破坏了联盟原有的融洽关系。由此可见，联盟各方本身投入比例的不平衡加上损人利己行为的时有发生，会共同增加收益分配的难度，也造成收益的进一步不对称。

2. 酒店联盟的松散性和文化的差异性

酒店联盟松散性的组织结构特点，造成联盟各方要在保持相对独立性的基础上维持联盟的正常运作，同时各自的管理责任和管理权利很难进行明确的规定，这就增加了联盟组织管理的难度。此外，由于成员酒店拥有各自独特的经营历史、经营价值观、管理风格和文化信仰，其组织的文化差异性较大。因此，在联盟的过程中往往容易产生文化上的冲突和障碍，造成各自为战的局面，导致联盟的停滞不前。

3. 成员酒店战略目标和能力水平的差异

成员酒店之间的战略目标和能力水平通常会存在差异，这造成联盟内部的知识转移和知识获取缺乏合适的通道。酒店联盟是成员基于价值创造而形成的合作组织，但是酒店联盟也是成员酒店进行博弈的竞技场，联盟各方不会停止彼此的竞争。在联盟的过程中，成员酒店都会时刻衡量自身的所得与付出是否平衡，一旦他们之间缺乏相互信任和沟通，彼此的防备心理也会妨碍联盟各方对联盟的付出，进而影响联盟知识的质量和数量，也就造成联盟知识获取和转移的障碍。

4. 担心商业机密的泄露与期待对方无保留合作的矛盾

成员酒店之间的合作关系实际上是基于一种对未来行为的承诺，这种承诺可以通过完全性的契约表达，也可以通过不完全性契约或者默契来表达。在联盟的过程中，成员酒店担心商业机密的过度泄露可能导致核心竞争优势的丧失，因此它们往往会采取一些防范和保护措施。但同时，它们又期望对方可以毫无保留地进行合作，以便自己在联盟中获取更大的利益。在担心商业机密的泄露与期待对方毫无保留合作的矛盾挣扎中，成员酒店很可能逐渐失去相互间的信任。

二、酒店联盟的管理要点与管理方式

联盟的运作困难和障碍不断提醒我们要加强酒店联盟的管理控制，力求通过多样化的管理方式来解决运作的困难与障碍，推动联盟的可持续发展。

（一）酒店联盟的管理要点

酒店联盟的管理要点主要包括联盟目标的明确性把握、加盟酒店的条件要求、联盟倡导者的号召力要求、联盟利益关系的妥善处理和联盟信息网络的畅通性要求等。

1. 联盟目标的明确性把握

联盟目标的确立对酒店联盟的运作起着很强的导向作用。酒店联盟的目标应该满足以下要求：联盟的存在具有较强的价值创造力，酒店联盟对酒店具有较强的吸引力，酒店要争取实现联盟的功能目标、联盟的功能目标是现实可行的。

2. 加盟酒店的条件要求

联盟伙伴的选择是酒店联盟成功的关键所在。因此，酒店联盟应该慎重选择加盟酒店，务必确保其拥有联盟所需的独特优势、具备较高的诚信度，同时必须能够与酒店联盟形成良好的互补优势。

3. 联盟倡导者的号召力要求

联盟倡导者号召力的强弱直接影响其对成员酒店的协调控制能力，也最终关系到酒店联盟的竞争能力能否有效提高。一般而言，联盟倡导者应该是联盟中实力较好的酒店，并且具有特定的技术专长、市场主导地位和品牌优势等。

4. 联盟利益关系的妥善处理

酒店联盟关系的核心是利益关系，只要联盟内部的利益关系能够较为妥当的处理，联盟的伙伴型关系才能长期地维持。酒店联盟内各成员间的利益处置不当，就会导致成员间合作关系的分崩离析。

5. 联盟信息网络的畅通性要求

酒店联盟的成功运作离不开信息网络这个基础沟通平台，联盟的内外部事务的妥善处理、联盟各方关系的维持以及联盟市场机遇的把握等在很大程度上依赖于联盟信息网络的畅通无阻。

（二）酒店联盟的管理方式

依据酒店联盟组织形态的差异，其管理方式可分为三大类，即发起酒店主导的管理方式，成员代表的联合管理方式和政府、协会主导的管理方式，它们在具体管理方法上的侧重点也不同。

1.发起酒店主导的管理方式

发起酒店作为联盟的领导者，在联盟中居于核心主导地位。这种组织形态下的管理往往比较集权。为了能调动成员酒店的积极性，发起酒店一般倾向于采用目标管理的方法，通过物质或精神上的各种激励方式来调动基本层盟员和松散外层会员的积极性。

（1）集权式管理

集权式管理是指一个组织系统内形成金字塔型权力结构的管理模式，它是一种以上级授权为核心的管理模式，组织动力来自最高层。联盟体的组织动力主要来自最高核心层。比如，泉州的泰和酒店与花园酒店曾一度共用一个工程部，作为拥有工程维修资源的发起者泰和酒店就握有主导权，设施购买、人员管理的决策权自然归于泰和酒店。由于集权模式中的中下级权力是上级授予的，在具体的执行过程中往往强调上级意图的贯彻，会损失下级工作的主动性和参与度，因此联盟体需要通过项目管理和激励管理来弥补集权式管理的不足。

（2）项目管理

在联盟体中，项目管理是以发起酒店为中心的管理，强调在集权的同时适度授权。由盟员或者会员组成的项目部与发起酒店之间既是上下级委派关系，又是经济合同关系。各项目部必须与发起酒店签订承包和成本责任状，保证为联盟创造效益，成员酒店既可以从项目工作中获取收益，也需要自动承担由于主观因素的过失带给联盟的损失。

（3）激励管理

激励管理重在调动各盟员和会员的工作积极性和主动性。激励的措施一般以物质奖励为主，而对有突出贡献的盟员或者会员则给予更多的资源激励。如阿里旅游的KA渠道代理商需要与阿里签订不同额度的销售合同，相应地，阿里在客户流量安排上会进行相应的照顾，从而实现渠道代理商的分层分级，这将极大地影响渠道代理商的积极性和业绩水平。

（4）信息化管理

信息化管理是指酒店联盟以现代信息技术为手段，以开发和利用信息资源为对象，实现联盟内部业务流程的信息化，以便快速地共享并传递相关信息。当前的酒店联盟大部分是依托现代信息技术条件下的客户共享与营销联盟，优质的信息技术平台是开展联盟业务的重要基础。

2.成员代表的联合管理

成员代表的联合管理倾向于分权式管理。联盟组织通常接受来自各个成员酒店的共同监督，决策权也往往由各成员酒店来共同协商把握。因此，联合机构一般适合采用目标管理、情感管理以及网络管理等方式来联合完成联盟事务。

（1）分权式管理

分权式管理是一个组织系统内形成相互独立、并列权力结构的管理模式。成员代表的联合机构的组织动力来源较多，通常强调由各成员酒店发挥专业所长来分工合作，比较能调动各成员酒店的积极性。但过度的分权容易造成成员意见的不统一或者出现利益性的反对意见，这些都在一定程度上降低了联盟效率。因此，分权式管理需要辅以适当的目标管理和情感管理。

（2）目标管理

目标管理是一种以改进经营方法，提高经营绩效为目的管理方法。它是应用行为科学原理，在组织内主要采用协商的方式，即共同研究并商定工作的具体方针与目标，并制定成果的评价标准，启发各级人员，以达到改进经营绩效的目的。成员代表的联合机构通过实施目标管理，让各成员明确联盟的共同目标并为之努力。

（3）情感管理

情感管理是通过情感的双向交流和沟通实现有效的管理。成员代表的联合管理容易造成权力的分散，如果联盟不加强情感管理，很可能造成联盟内部的关系松散化甚至关系割裂。因此，在联盟内部适当推行情感管理，如"走动式管理"就是鼓励联合机构工作人员多深入成员酒店的经营现场，与各层次各类型的人员接触、交谈，加强感情沟通，建立融洽关系，了解问题，征求意见，贯彻实施联盟的战略意图。同时，通过情感管理的实施，要让各个成员诚心诚意地相信，联盟的成功依赖于每个成员酒店的专长，联盟与各成员酒店同进退。

（4）信息化管理

良好的信息技术平台和有效的信息管理机制是提高沟通效率和工作成效的基础。对于分权性管理机构尤其要注重信息沟通机制的建设，要建立顺畅的信息沟通平台，实施充分的信息融合机制，扫除成员酒店间的沟通障碍，减少影响联盟效益的管理冲突。

3. 政府、协会主导的管理方式

由政府主管部门和行业协会主导的联盟体通常是权利较为集中的管理模式，其管理性质、管理方式与发起酒店主导的管理方式基本相同，因此需要建立相应的集权管理、项目管理、激励管理和信息管理机制。

三、酒店联盟的保障措施

在酒店联盟的发展过程中，尽管联盟各方的利益冲突不断，并且存在一定的障碍因素，但联盟的优越性和价值创造性仍然是不可否定的。因此，我们不能仅因为管理困难和障碍就轻易放弃酒店联盟的选择，关键的问题在于酒店联盟在开拓与发展的过程中要善于采取积极的保障措施，扬长避短，以实现联盟共同利益的最大化。

（一）建立酒店联盟的新型组织关系

科学合理的组织关系是酒店联盟高效运作的必要保证。面对酒店联盟的管理与组织文化障碍，我们可以采取以下措施。

1. 建立完善的联盟信息沟通网络

酒店联盟内部的成员酒店之间必须加强积极有效的沟通，尽可能保持本酒店发展目标与联盟合作目标的统一协调，以促使酒店联盟积极把握市场机遇并做出迅速的响应。成员酒店在实现与信息技术平台套接的同时，必须尤其重视联盟内部信息化的建设，建立各种有利于成员酒店之间有效沟通的渠道。

2. 推动联盟成员间的广泛互动

酒店联盟的松散性和联盟类型的多样性，使成员酒店的交流合作不仅仅停留在简单的买卖交易关系上，它还涉及更广泛的非交易关系，如技术与能力的交流学习关系、市场合作的路径依赖关系、非正式组织的亲密纽带关系等。为了推动成员酒店之间的有效的联盟互动，成员酒店可以联合举办经验交流会、社会考察活动、员工联盟之家活动等体现互助友爱的情感性活动。

3. 建立公平、公正、公开的联盟组织机构

联盟各方应本着平等互利的原则，加强联盟组织机构的透明化建设。酒店联盟的组织机构应该对联盟内部的人事变动、财务创收、利益分配等各项敏感性事务进行透明化管理。同时，联盟组织结构应呈现刚柔相济、以柔为主的特点，从而保持稳定性与灵活性之间的对立统一。使酒店联盟既发挥应有的规模经济优势，又兼具中小型酒店灵活应变的特色。此外，联盟组织机构要善于解决柔性管理中出现的过度"松散"问题，要推动联盟向着柔中带刚、松散中呈相对集中的格局发展。

（二）建立酒店联盟的诚信和谐文化

成员酒店间不可避免的文化差异往往对联盟的合作形成一道无形的障碍。成员酒店在自身企业文化建设的过程中，应积极汲取合作方的文化精华，并将其作为新鲜的血液注入酒店的管理实践中。同时，对于联盟中出现的文化冲突，成员酒店都应秉承诚信友好的态度来进行积极的沟通和协调。具体而言，成员酒店可以通过学习型组织的建立和各种文化活动的开展来促进彼此文化的交流和认同，进而提高酒店成员之间的文化兼容性。

（三）加强酒店联盟的伙伴关系管理

酒店联盟的成员酒店都是独立经营的利益主体，这种独立性往往造成各方在联盟目标、企业文化、管理程序、思维方式等方面出现分歧和意见，严重阻碍了联盟的可持续发展。因此，加强酒店联盟中的伙伴关系管理对于联盟间信任关系的维持具有举足轻重的作用。

伙伴关系的管理应该从联盟初期的伙伴选择开始，可以借助第三方信用评估机构来选择信用度较高的合作伙伴。在伙伴关系确立之后，酒店联盟可以建立多样化的、有效的沟通渠道来实现伙伴间的信息共享和传递，以增加彼此的信任。此外，在联盟运作过程中，还应建立科学规范的联盟制度来促进伙伴间的平等合作，并在相互理解的基础上，实现各自权、责、利的高度统一。

（四）实现酒店联盟的全过程管理和动态管理

酒店联盟的组织机构应设立专门的监控小组对联盟的全过程实行有效的控制和管理，对于联

盟过程中出现的各种问题给予积极的解决，将联盟的损失降到最低。同时，应该在联盟内部灌输"联盟事务，人人有责"的思想，让所有成员酒店都爱护并关注酒店联盟的发展。此外，在实施全过程管理中，还应注重及时的动态调整，为联盟发展扫清前进的障碍。

第九章 酒店服务创新

第一节 酒店服务创新概况

一、服务企业与酒店

（一）服务概念

随着技术的发展，基于产品价格和产品质量的竞争优势将难以长久维持。服务正逐渐成为制造企业竞争优势的新源泉和价值增长点。正如（RUSTC2006）所言，"为了有效保持竞争力，所有公司都必须成为服务型公司。"国际商业机器公司（IBM）倡导的"服务是价值源"，为"服务"赋予了新的内涵——服务不仅是一种运作形式，更是全新的管理理念，将引导现代企业管理的全方位变革。

（二）服务企业概念

同样由于服务内涵的不断延伸，在当今世界服务业已成为一个涉及范围最广的产业，它早已不再只局限于传统的餐饮业、修理业、零售业之类。"服务"概念的使用有3种主要含义：①如果某个人或企业提供某种帮助或使用价值，从而使接收者的福利得到改善，则这个人或企业就是在提供服务；②服务是具有交换价值的无形交易品，其使用价值可以是瞬间的（如娱乐）、重复使用的（如信息）或可变的（如专业化服务咨询）；③服务作为个人或企业有目的的活动结果，可以取得报酬，也可以不取得报酬。根据世界贸易组织（WTO）统计和信息系统局（SISD）制定的分类表，它包括11大类150多个分项。

按照服务业在经济发展阶段中的特点分类为：①传统服务企业，以商业和家庭服务为代表；②补充性服务企业，以金融服务、交通运输服务为典型代表；③新兴服务业，以文化、公务服务为典型代表。

按照服务功能划分为：①"经济网络型"服务企业，以流通部门和金融部门为代表；②"最终需求型"服务企业，以娱乐休闲企业和医疗保健企业为代表；③"交易成本型"服务，以咨询服务企业为代表。

按照服务企业的经济性质划分为：①生产性服务企业；②生活性服务企业；③文化性服务企

业；④知识性服务企业；⑤社会综合服务企业。

服务企业是以为顾客提供服务为主要产品的企业，在社会发展与进步中承担着重要角色。服务企业发展的最终目标是以尽可能理想的方式为服务对象的存在和发展提供支持，主要手段是依托高科技和专业的知识、信息和经验，主要的经济特征在于服务的高交互程度和顾客个性化定制，它并不强调与传统服务业在资本和劳动力使用程度上的差别。

（三）酒店服务特征

酒店作为一种服务型企业，既有直接服务项目（前厅接待、餐饮服务等），也有大量的间接服务项目（客房清扫、餐桌摆台等），为顾客提供更多、更好、更快的服务是酒店竞争的优势。

酒店服务就是通过提供住宿、饮食及其他设施，在客人现场参与的情况下满足客人精神和物质上的消费需要，并由此获得经营收入的行为。酒店服务的特征如下。

1. 无形性、非物质性

酒店服务的"最终产品"不是酒店客房、餐饮或其他服务项目，而是客人离开酒店或餐厅时所获得的"体验"与"感觉"。因此，可以说即使客人已经离开，酒店服务的生产也告一段落，但是通过酒店服务客人所得到的"体验"与"感觉"这种无形性非物质性的"最终产品"却可以长久地保留在客人的记忆中。

2. 多元素组合

酒店服务是通过物质与非物质、有形与无形等多元素组合传递给消费者的一种产品。这个产品不仅是酒店或前台和后台的工作，以及饮品、食品同人的劳动的结合，还包括与服务场所内各项设备设施、装饰效果等诸因素的组合。

3. 生产与消费统一

客人只有进入预订的客房或坐进餐厅点菜时，"酒店服务"的生产才能开始，而同时客人的消费也随之开始。当客人消费停止时，酒店服务的生产过程也随之停止。服务对服务的提供者（员工）是一个行为过程；服务对服务的接受者（顾客）则是亲身参与的行为过程。这也决定了顾客参与服务生产过程的不可分离性，这一点应该是酒店服务的显著特征。

4. 不可储存性

对于一家酒店而言，它的基本生产单位"房间""天数""餐位""开餐时间"都是容易消失的，在某个时间段未能得到的潜在收益，事后是永远不会再得到的，如同飞机的机票没有被销售出去一样。

5. 消费者在生产中的参与性

服务是一个双向的过程，客人进入了"酒店服务"的生产场所，参与了生产的全过程。

6. 质量极易受人为因素影响

酒店服务质量除了受到服务产品本身质量影响之外，还容易受到提供服务员工的水平与情绪和参与到服务过程中的客人的态度与修养的影响，其服务质量的好坏容易受到情绪化因素的影响，而带有较强的主观导向。

二、员工创新行为研究概况

员工个体是组织创新过程中最重要的因素，个体创新是组织创新的基础。在当今这个复杂而充满竞争的环境中，个体的创新增强了组织把握机遇、适应环境的能力，直接关系到企业的生存和发展，是组织当中最宝贵的资源。这些都使得学者对员工创新行为这一现象加以关注与重视，因而关于企业环境下个人层面的创新行为，近年来受到诸多文献的关注。

（一）员工创新行为的概念研究

一般而言，个人创新是通过个人的特征、特性、行为及产出被加以概念化。个人创新的概念已被多位学者以不同的方式加以定义及操作。Hurt将个人创新定义为一种广义上愿意改变的意愿。

对于员工创新行为的概念研究，以往学者更多的是从创新行为如何发生以及创新行为发生状态入手，进行相关概念性描述，一方面突出员工创新行为的新方法、新构想的"新"特征；另一方面突出员工创新行为从想法产生到行为实施的"过程"特征。

（二）员工创新行为的影响因素研究

教育学和心理学认为，创新潜质是一般人的本质特点。然而对影响个体创新行为的因素研究是多种多样的，从个体层面来看，包括动机、信念、认知、态度等；从组织层面来看，包括组织氛围、激励、领导力、制度等；从社会层面来看，包括环境、文化等。这些因素涉及了微观、中观、宏观层面，它们共同影响了个体人员的创新行为。

对员工创新行为影响因素研究，从个体层面、组织层面、社会层面3个层面，选取各种因素进行探讨。总之，员工创新行为的发生不仅是个人特征和环境因素的单独作用，也包含了各种因素交互作用的结果。因此，学者们一般考察两种作用机理：中介作用或调节作用。中介作用表明了环境因素是通过影响个体特征进而对行为产生作用，因此，需要采取能够激励有效行为产生的环境干预手段。调节作用则表明个体特征与环境因素相互作用进而影响行为，因此需要环境与个体特征的匹配才能够引起有效行为。

第二节 酒店服务创新内容与表现形式

一、酒店服务创新类型划分

（一）服务创新的分类

服务创新的概念由来已久，也得到深入而系统的研究。然而在服务企业中，一般没有正式的研究开发部门来负责创新，因此员工创新行为在很大程度上推动了服务企业服务创新的发展。服务业并不是不能进行研究开发和创新，而是传统主义技术的研究开发指标不能准确地表述服务业所发生的创新。

在服务业中发生更多的是过程的创新，或程序的创新，这些程序的创新是无形的。有些方法是基于技术体系的，如计算方法，有些则基于专业工具，如专家系统。因此，服务创新有点类似于"浪漫的改进"（M.Gallon 的术语）。

正是由于服务创新独有的特征，使得服务创新类型的研究也是多种多样的。服务创新或是新服务产品的创造，或是新技术的引入，或是新知识和信息的产生，或是对待某事或某人的新途径和方法，或是服务员工新的行为，或是新的组织形式，或是新的市场等。因此使得其划分依据涉及服务创新特性、现象、内容、特征属性以及定制化程度等。这些分类从不同角度对服务创新进行了划分，强调了以下几个要素：创新的无形性、创新的新颖度范围、创新形式的多样性、创新的顾客导向性、创新的适用范围。

（二）酒店服务创新分类

服务业与制造业的不同表现在以下几个方面：服务传递过程涉及顾客；员工以独特的方式对每一情境做出反应；服务背景下的情绪劳动是工作的重要组成部分；员工并不仅仅完成工作，而且还管理着服务传递过程。服务区别于产品的特征，除了消费生产统一性以外，更多的是服务融入员工的情感。

正是由于服务工作的这种特殊性，员工需要根据不同顾客的需求和特征，适时调节工作内容和工作流程等工作行为，这些有赖于员工在工作行为中表现出创造性乃至对于顾客的情感。那么服务企业员工在工作行为中有哪些创新行为的表现呢？他们的创新表现呈现怎样的特点呢？

通过服务企业员工工作行为可以了解到，服务工作由 4 个部分组成，分别为：内容、形式、流程、情感。其中服务内容涉及酒店员工必须为客人提供所承诺的服务项目；服务形式涉及员工提供服务产品与顾客发生互动的媒介；服务流程涉及酒店员工按照酒店规定的服务操作手册进行服务内容的组织与安排；服务情感涉及员工工作过程中与顾客间的情感沟通。酒店为了保障服务质量和服务效率，会制定标准化与规范化的工作内容、工作流程、工作方式，至于工作情感则要求员工要做到微笑服务。因此，根据以上 4 个内容将酒店服务创新划分为四类：服务内容创新、服务流程创新、服务形式创新和服务情感创新。

二、酒店服务创新内容

（一）服务内容创新内涵

服务内容创新指的是酒店员工在自身权限和能力范围内，根据客人的实际需求状况，进行服务内容的更改或完善，包括服务项目的增加或删减等。由于大多数酒店服务项目是在与顾客互动过程中开展的，服务内容可以根据顾客的需求进行及时调整。即便该服务内容在其他酒店已经被做到，一旦被员工引入或借鉴到自己酒店，也是一种服务内容创新。

（二）服务形式创新内涵

服务形式创新指的是酒店员工借助新工具、新技术或改造工具等进行服务方式方法上的改进或创新，主要目的在于提高服务效率，提升用户体验。

当今社会，科技飞速发展，很多工具能够改变为客户提供服务的形式。一是服务人员可以借助先进的工具进行方式方法的创新，如网络、通信设施等先进技术的应用，将传统的电话沟通改为网络沟通等；二是服务人员可能会对自己工作中所使用的工具进行改造创新，从而提高自己的工作效率，如有餐饮企业的员工踏轮滑传菜的场面，既提升了服务效率，也增加了观赏效果；三是服务人员根据顾客实际需求进行服务形式改进或改变，达到顾客满意的效果，如传统的后厨加工菜品改为现场加工菜品，增加了顾客与厨师之间的现场互动，提升了顾客的体验。

即使没有新技术、新工具，同样用心改造一样能够实现服务形式创新。比如，中豪酒店在酒店果盘服务环节上进行了创新，收到了很好的效果。服务人员可以在为宾客摆放果盘的同时摆放水果卡，让宾客选择自己喜欢的水果，一是更好地满足宾客需要，更重要的是不产生浪费。实际上酒店也没有付出多少成本，宾客满意度更高了，实现了双赢的结果。

这里值得注意的是，曾有学者提出了界面创新，即服务企业与顾客的交互方式的改变，其实就是所谓的服务形式创新。在一般的服务业中，形式创新主要是服务中互动、沟通方式的改变，但这种互动、沟通方式的改变往往和传递、交互方式的改变交融在一起，两者无法分离，其实就是一种服务形式创新。

（三）服务流程创新内涵

服务流程创新指的是根据当前顾客的实际需求进行服务流程的简化或调整，是对已有标准化服务流程的突破，在更大程度上提高了顾客满意度。服务流程创新是从服务流程上进行创新，简化没必要的复杂服务流程，一切以高效和快速作为目标，既减少了人力，又降低了成本。

企业按照服务项目制定相应的服务流程，要求服务人员按照企业所规定的服务内容与程序进行服务，然而在实际运作过程中，顾客可能会因为某些状况要求服务人员先满足当下最主要的需求，而忽视一些无关紧要的服务内容。比如，对于满头大汗进入餐厅用餐的客人，他更需要的是毛巾，而并非一杯水，服务人员在为顾客服务过程中，不能一成不变，需要根据顾客实际情况进行服务，这些体现为服务流程的创新。目前中餐宴会的上菜顺序，一般先上凉菜，再上大菜，然后上炒菜，最后才上鱼、面食和水果。但在实际宴会过程中，经常出现宾客刚刚入席就开始饮酒，对胃刺激很大，最后才上名贵的鱼，此时，宾客集中于敬酒，很少再有人品尝。这种上菜方式既不利于保护宾客的身体健康，也造成了浪费。现在，很多酒店把上菜顺序调整为：餐前水果，餐后茶，中间上饭，鱼中插。这样，既符合养生的需要，又能让宾客享受到美食，两全其美。

酒店行业引入制造业的流程再造管理模式，就是典型的服务流程创新。"流程再造"就是跳出传统的思维定式，重新审视企业原有的操作及管理流程，并以顾客需求为导向，对之进行彻底的、急剧的重塑，以达到服务和管理效率的飞跃。流程再造技术源起于制造业，后来逐渐为服务企业所效仿。比如，酒店客房服务中心模式对于传统台班模式的否定和取代就是"流程再造"的成功案例，通过对台班的工作职责、工作方式和工作强度的反复观察，管理者们发现以楼层为基本单位的大量台班人员的存在实在是巨大的人员浪费，不合理的流程致使几乎所有的台班服务员工作负荷严重不足，而服务质量并未因高成本的"人盯人"流程有更多保障，因此，以现代通信和监控技术为基础的"服务中心"模式一经诞生，便显示出了极大的优越性。

（四）服务情感创新内涵

服务情感创新指的是服务人员在实际服务过程中与顾客间进行有效的情感表达，给顾客带来意想不到的服务体验和服务效果，这种服务情感引发的创新定义为：服务情感创新。

从顾客角度来看，除了关注服务产品的功能性质量外，更看重的是能否从服务经历中获得愉悦与情感满足，而这与服务企业员工所具备的情感、形体和节律等知识有很大关系。一般社会大众都预期服务业的员工应该面带微笑，真心诚意地为顾客服务，因此顾客服务体验很大程度上也依赖于提供服务的员工情感表现。一线服务员工需要长时间地与顾客接触，由于自己的心情不好或不良顾客等人际冲突原因存在，都可能使员工内心所体验到的真实情感（情绪）与组织的要求往往有差距。如果一个服务人员面无表情地按照指定要求进行相关服务，那么给顾客的服务质量感觉便不尽如人意，所以服务情感很重要。同样，任何一家服务企业都要求员工微笑服务，要求员工见到顾客打招呼，如果当顾客看到员工只是机械化地说声"您好"，相信内心并没有感受到那份温暖。然而当员工在标准的"您好"之外，与顾客进行简单、适度的交流，可以让每一个与顾客接触的"真实瞬间"更加丰满而不单调，真实而不做作。同样在医院里，如果护士小姐能够跟即将进入手术室的病人讲几句安慰的话或者表达类似情感的动作，那么对于病人来说，这种情感的给予将是莫大的安慰。张文涛指出：服务是一种经济行为，是一种人文态度。服务在本质上只是一种有限的服务，但在有限的服务过程中，服务提供商对客户和价值创造的尊重却应该必须是无限的，这种无限更是体现在与顾客情感的沟通方面。

总之，由于酒店服务具有不可分离性的特点，服务人员向顾客提供服务的同时，也是顾客消费服务的时刻，两者在时间上不可分离。在服务过程中，要想提供给顾客满意的服务，一线员工不仅要有足够的知识、能力和技巧，准确可靠地执行所承诺的服务，还要在对顾客提供服务过程中表现出及时提供便捷服务的自发性，能将顾客当作个体对待，从而给予顾客必要的关心和个性化的服务。因此，上述4个方面的酒店服务创新内容划分恰恰能够满足顾客多方面的需要。其中，酒店服务流程、服务内容、服务情感三种创新都是在原有资源基础上进行的改进，其中服务情感引发的创新往往容易被忽视，而服务方式创新则是工具的改善或者新工具的引进，这些依赖于新技术带来的创新。

第三节 酒店个性化服务的设计目的

既然"期望"在酒店宾客的服务实施中具有相当的影响力，那么酒店管理者就不能不面对"期望"这一重要因素。在面对这一问题时，酒店管理者、经营者的脑海中会产生出各种想法，其中最为突出的问题就是如何将"宾客的期望值"加以利用，以此作为吸引回头客和树立酒店市场口碑的重要旗帜。

西方管理学认为可以用"最大满意度"标准来解释和回答这个问题。管理学者西蒙提出了"有限理性"的概念后指出：人们在决策时，不能坚持要求最理想的解答，常常只能满足于"足够好的"或"令人满意"的结果。从某种意义上讲，一切决策都是某种折中。最终选定的方案，也不会尽善尽美地实现目标，它只能是在当时条件下可以利用的最好办法。我们所处的环境，必然限制着可以为我们所利用的备选方案，从而划定了目标实现程度的上限。

"最大满意度"的标准是将客人的需求尽可能地实现，甚至还可以超过一点点。宾客会期望酒店为他们提供精美的床、舒适的床品、清洁的环境和可口的饭菜。而事实上，酒店不但满足了他们所预期的愿望，还在房间里放上了他们所喜爱的花束，安排了他们家乡风味的菜肴等，令宾客喜出望外。而这些体现宾客不同个体需求的就是个性化服务。

每个酒店都可以凭借其自身所拥有的一种差异性的服务优势去吸引更多、更好、更为适合酒店的客人，以满足这类客人中的不同需求。可以肯定的是，酒店只有提供个性化的供给才能满足客人个性化的需求，这才符合经济学上"供给与需求相一致的原理"。

一、个性化服务设计的目的

酒店个性化服务的设计就是对服务及该服务系统进行合理性布局和策划的过程，它需要根据不同宾客群体或单体的需求变化和酒店能力水平来设计。个性化服务设计的目的如下：

（一）满足宾客不同的需求

我们前面讲了酒店服务要坚持的准则就是"最大满意度"标准，所以酒店个性化服务设计的首要目标就是要对即将提供的服务及服务流程进行规划，对二者的具体特征、结构和功能进行规定，而从事这项活动的目的是使个性化服务及服务提供过程更加符合宾客的具体要求，并为今后的管理活动指明基本方向，以使今后的宾客服务提供能在最大程度上符合和满足宾客的期望。因此，个性化服务满足了宾客的个性需求，在某种意义上成为宾客在某方面的"私人助理"，这样能增加宾客成为常客的可能性，提高回头率，并能在此基础上发展与宾客长期良好的业务关系。

（二）突出服务特色，树立酒店品牌

服务产品的无专利使服务组织经常面临被竞争对手模仿的风险。增加服务产品的个性化程度，能提高其非常规化水平，使服务产品在某种意义上更具"技术含量"，因而大大提高了对手模仿的难度，即个性化服务设计的另一大目标就是酒店应树立自己的特色品牌，从而区别于其他酒店提供的服务。设计要对普通活动和个性化特色服务这两个方面都进行强调，而不是如许多服务设计管理一般，只强调前者。个性化服务突出服务流程的流畅性，在服务时针对不同的个体给予特色服务。

二、个性化服务设计中应注意的问题

个性化服务设计的重点是服务组织提供给酒店宾客能满足其某种或某几种需求的服务产品的功能、效用。个性化服务理念的确定是其服务设计的基础，服务理念的合理性，决定了个性化服务设计的科学性，最终影响到服务产品的提供和酒店宾客的满意。

因而，酒店个性化服务的设计尺度就是提供"最大满意度"服务时应注意的一些问题，也就是说，个性化服务设计是追求优秀的服务，而不是过量的服务；追求特定市场的忠诚，而不是一次性市场；制定具有竞争力的价格，而不是最高的价格，等等。

（一）追求合适的个性化服务，而不是过度的服务

个性化服务的实质就是首先要弄懂个性化宾客到底希望什么、需要什么，然后给予提供、满足——比实际需求的稍微多一点。然而这稍微多一点，却有大大的名堂。个性化管理者和设计者要利用一切可能的科学方法去了解个性化宾客的真正需求，明确个性化服务体验中最重要的内容，也就是说要创造完美无缺的服务体验，其中的关键就是酒店个性化服务设计者和管理者必须对服务问题或者所发生的失误进行及时分析和了解。个性化服务涉及的策略之一就是如何有效地评估业绩及服务质量，以便及时地发现和解决问题以达到令人满意的服务效果而不是提供令人厌烦的过度服务。例如，许多酒店都会为个性化宾客进行优先的客房服务清扫工作，然而个性化宾客由于工作、事务繁忙，往往会需要更多的休息时间，因此过早地或过多地进行客房服务反而会影响宾客的休息。因此，在为不同个性化宾客提供客房清扫工作时，应根据每一位个性化宾客的活动时间表进行科学的安排，以达到最大限度地方便宾客和满意宾客的目的和效果。

要追求优秀的服务，而不是过度的服务需要考虑五个"W"，即：

· Who，为什么样的宾客服务？

· Why，为什么采取这些服务？

· What，应该采取什么样的服务？

· When&Where，在何时何地进行这些服务？

这里必须注意所有要素的综合性，尤其是第一项和最后一项；否则即使有了服务，服务的效果也会出现偏差。

（二）追求忠诚宾客，而不是"一次性"消费

要提高和巩固回头客，在提供个性化服务时需要掌握以下信息：①准确的宾客个性信息。这些信息一部分来自业已建立起来的宾客档案或预订信息，更多则来自服务人员在服务过程中的仔细观察。②准确地理解宾客的个性需求。③善于将宾客信息传递到后续服务环节。④有完备的宾客信息记录机制。⑤有完备的个性服务提供系统。

（三）追求竞争力的提高，而不是价格的提高

"我们提供最好的服务！"这句话往往意味着高投入、高价格，甚至浪费。然而，宾客的期望则是：完美的服务，适当的价格。

有许多酒店只愿意提供与市场相同的服务价格，他们既不会根据市场来改变自己的服务档次，也不愿意满足小市场的特殊需求。个性化宾客市场是一个具有特殊消费结构的群体，价格对他们来说并非享受服务产品的重要因素，然而价格的因素对于他们的消费却存在着一定的影响。他们对消费产品的档次和价格都存在着一定的要求。受宾客文化背景、社会地位的约束，过低的

价格会导致一部分宾客失去对该服务产品的消费兴趣；然而过于奢华和醒目的服务价格往往也会造成一部分个性化宾客的排斥。因此，这就要求酒店对自己所定位的个性化宾客市场进行详细的分析，对他们的消费目的和消费心理进行科学的评估，制定恰当的价格。

第四节 酒店个性化服务方案的设计与确定

酒店根据不同宾客市场和单个宾客的不同需求可设计许多不同的个性化服务方案，在本节中我们分别对标准化服务的延伸产品——批量定制型个性化服务和针对个体单位、宾客的单一型个性化服务来进行具体分析，讨论和剖析个性化服务的设计方案的原理和内容。

一、个性化服务方案的设计

（一）批量定制型个性化服务的设计

批量定制型个性化服务也就是针对某一宾客市场、人群的标准化服务的延伸产品，也就是提供超过宾客购买服务目的的超值服务。这种服务是一种通过向宾客提供与酒店服务产品相关的附加服务而增加酒店服务产品个性价值的完全服务产品提供方式。

宾客对服务的需求可分为核心需求和边缘需求、核心需求即宾客购买产品的直接目的，如宾客去餐厅吃饭就是为了填饱肚子；去商务中心就是为了办理预订票务等业务。而边缘需求则常常以潜在的形式存在，如宾客去餐厅吃饭的同时还希望享受其良好的氛围及了解佳肴知识；去商务中心还希望了解其票务优惠内容等服务项目。因此，酒店的增值服务设计就是以核心需求为主要依据，对那些不太为人所认识的边缘性潜在需求进行挖掘并设计出令宾客的满意度最大化的服务。

在核心服务之外的延伸服务中，个性化服务是其中一部分。个性化服务设计同时要满足延伸服务和个性化要求的双重特点，就是说要在满足客户的个性化需求的基础上挖掘和延伸产品。如果酒店为宾客提供超出购买产品的核心价值范围之外的额外服务和利益，就可以为酒店吸引更多宾客。

在发掘延伸服务时，酒店组织者和管理者应考察不同宾客市场和层次的需求多样性，从多个角度来了解个性化服务对不同宾客市场的需求满意度。酒店可以从以下几个方面来分析和了解宾客的需求。

生理需求：能否给宾客带来生理上的满足；

安全需求：能否为宾客的人身和财物提供安全保障；

工作需求：能否为宾客从事各种经济、政治活动提供方便；

社交需求：能否为宾客提供广泛的社交活动。

批量定制型个性化服务按照服务提供的时间可以分为以下几种。

1.服务过程中的个性化服务

服务过程中，即宾客尚未结账离开酒店的时候，在这一过程中，提供个性化服务要求组织者和管理者在基本服务保证的基础上，根据边缘性需求分析，提供与消费该服务产品有关的"附加服务"，增强宾客在酒店的体验感，让宾客更容易记住酒店。如酒店为宾客提供免费身体保健咨询服务，让宾客在入住酒店的同时得到健康保证。

2.服务过程后的个性化服务

宾客在酒店结束消费之后，服务过程并没有完全结束，也就是说，还需要一个延续的过程，这也是真实服务的一种提供方式，我们也常常把它称为"跟踪服务"。酒店利用宾客信息全程跟踪系统可以随时了解宾客的状况，并在不打扰宾客的前提下提供相应的服务，如寄送生日卡、节日礼物、酒店最新的优惠信息、电话问候等。

（二）单一型个性化服务的设计

单一型个性化服务是把宾客划分为一个个单体，根据每个单体的喜好提供具体的细节服务，更注重以人为本。

单一型个性化服务就是根据酒店宾客的个体不同需求特点而采用相应的个性化服务方式，提供针对性服务。

自然地，要做好满足客人的个性化需求，首先就应该尽可能多地获取客人信息，了解客人真实的个性化需求。要完成这一目的，就要注重个性化服务信息的细节。

1.信息完整、全面、准确

宾客信息要求能记录宾客单体从第一次服务开始至服务消费过程中和消费后反馈的所有信息，并且能正确反映出宾客与酒店的所有业务关系和宾客的基本资料，同时做到及时补充和更新。

2.便于进行统计、分析

信息库记录信息的格式能为统计、分析宾客的需求特点提供方便。使用人员可以以多种形式调用相关资料，如按照宾客姓氏笔画和姓氏中某个字母顺序调用，或按宾客年龄、性格、职业进行统计，或按某种特别需要进行调用。

3.自动提醒服务

个性化服务宾客信息还要求能提供自动提醒的个性化服务。如某一宾客在酒店中度过生日时，资料库就应能够自动提醒酒店准备鲜花、蛋糕等礼物。

酒店应该获得和存档的宾客信息包括：

（1）宾客的基本资料

包括姓名、年龄、性别、职业、身高体型、个性特征、联系方法等。有可能的话，还可以储存宾客的照片。

（2）宾客与酒店的业务往来资料

很多酒店的宾客具有相当的社会影响力，因此每一次宾客在酒店中的活动情况都应被详细记录下来，这些资料不但使酒店的继续服务有依可循，同时可以成为酒店扩大其影响力的广告。因此，酒店在设计这类表格时，应考虑表格的详细程度和服务组织最需要的信息内容。

（3）服务接触中收集的信息

这种信息收集也被称为观察收集，是指服务者在提供个性化服务的过程中通过观察来判断酒店不同宾客的基本情况和及时提供的相应个性化服务，有必要时应在宾客记录本上补充有关信息，重要的信息要及时输入酒店的宾客档案。

二、个性化服务设计方案的确定

中国有句古话"于细微处见精神"，酒店业中讲究"于细微处见个性"，用周到、高效的超值服务去满足客人。若能在个性化服务设计中不放过细微之处，必将收到良好的效果。因此，个性化服务的设计，应首先从显性服务要素着手，依据服务理念的内容，从宾客完成服务消费后所能明显感觉到的"利益"或"效用"出发，它所带来的利益是个性化服务功能的核心，其他要素的设计都必须围绕这个核心来展开。

在个性化设计方案的确定过程中应注意。

（一）针对宾客群

宾客消费群具有一定的特指性，不同的消费群体有不同的消费习惯和消费特点，因此需要对宾客群实际调查，进行明确的特征分析，进而归纳和总结，并形成一套完整的宾客群体信息调查报告，将其作为确定服务标准的基础和实施个性化服务行为的出发点。唯有如此，酒店才能了解宾客的期望，所提供的个性化服务才具有针对性和特指性，真正使宾客满意。

（二）针对个别宾客

个性化服务是具有个性的，否则就不能被称为"个性化"了，因此它既要有统一的服务规范标准，又要符合个性需要。现在，各大酒店集团大都已建立了一套完整的服务管理规范，酒店从总经理到基层员工都无一例外地按制度办事，按标准工作，按规范服务，并在此基础上，根据客人的不同需求，提供灵活的服务，以提高客人的满意度。对个别宾客，酒店特别是基层员工更应提高个性化意识，在工作中融入个性化服务。

三、确定个性化服务具体方案

具体的个性化设计方案的确定还是要因人而异，即需要根据不同宾客的需求特点出发，分析个性化服务的竞争优势所在，并确定经营管理重点和服务设计基调。

资格取得因素是指服务组织进入某一特定市场在服务提供上所必须具备的"资格"。只有具备这些资格要素，宾客才会考虑购买服务组织的服务。不具备这些要素，服务产品便不会列入宾客考虑的范围。如航空公司，安全性就是非常明显的一个资格取得因素。而对于餐馆，卫生很显然应列入宾客考虑的范畴。但仅仅依靠资格取得因素还不能为服务组织赢得竞争优势。

竞争优势因素是直接导致宾客前来酒店的要素，是服务组织赢得竞争优势的要素。它们是酒店宾客对服务产品做消费决策时考虑的主要衡量标准，也是服务组织赢得竞争优势的主要原因。

因此，酒店个性化服务设计方案的确定要基于"竞争优势因素——资格取得因素"之上，在方案中加入更多具有竞争力的因素，而不是从"奢华"上着眼，以体贴的细节设计，周到、尽心的态度在竞争中获取最佳位置，从而击败竞争对手。

第五节 酒店个性化创新内容

在现代服务贸易中，个性化服务的重要性日渐凸显，并正在成为经济全球化中一项崭新的内容。现代产业经济理论表明，经济发展到相当程度时，发达的现代服务业可以为发展新技术产业提供创业的氛围，现代服务业的发展可以与现代工业制造业形成互动的机制，所以可持续发展的经济需要发达的现代服务业作为支撑。特别是对于都市经济的发展，服务业的拉动作用更为明显。随着新科技革命浪潮的兴起，知识、技术和信息对经济增长的贡献越来越大，以信息产业为代表的知识型产业，正在成为世界经济的主要增长点，人类社会正逐步进入知识经济时代。现代服务业在知识经济和经济全球化发展过程中，正发挥着越来越重要的作用，并表现出新的发展趋势。

那么，在经济全球化的带动下，注重以个性化服务的发展来推动现代服务业的健康发展无疑是提升服务业竞争力的良策。应该说，撰写本书的本意便是为了共同探索酒店业个性化服务的相关理论、相关知识及其实践方法，以实现酒店服务业的快速发展。

中国酒店业发展到目前这个阶段，一个突出特点就是市场已经细分，供给相对过剩，只有那些有特色、质量好的酒店才能真正赢利。新标准中的这一条就是针对那些可能出现的"异化"酒店而设立的，也就是说，那些能够提供突出个性化服务而且十分受人青睐的酒店，即使其自身条件异于标准所规定的条件，也可以直接申请而被授予星级。这也显示了国内酒店发展的一种趋势——个性化发展。酒店要实现个性化发展，以下的几个创新内容是不可忽视的。

一、观念创新

随着生活水平的提高，酒店消费观念日趋成熟，尤其表现在从一般化服务的需求转向享受型服务的需求。因此为酒店个性化服务设计制定一套创新观念的服务规范是最初的需要。在观念上应意识到，不仅要让酒店宾客住得放心，为他们提供安全、舒适的服务，同时酒店服务者还应主动向宾客介绍当地的风土人情、景观，向宾客提供当地报纸、杂志、旅游资料和刊物等；并根据宾客的需求增加新的服务，提供一些增值服务，最大限度地提高宾客的满意度。

二、品牌创新

随着世界经济的一体化，市场竞争对手越来越多，酒店今后的竞争实质将转向品牌的竞争。酒店品牌的优劣，不仅会直接影响酒店在市场竞争中的扩张力，而且会影响酒店今后发展的可持续力。因此，打造品牌是形成酒店核心竞争力的关键，是个性化服务管理通往成功的道路。品牌必须有特定的市场定位、特定的品质、特定的文化。

为此，许多酒店制定和实施了符合酒店实际的个性化服务设计战略，通过全面提高酒店的综合素质去打造酒店特色品牌。在对本酒店的文化特质、行业特点和服务性质等因素进行全面分析后，根据酒店标志的意念和内涵，提炼出酒店个性化服务理念，以此建立酒店个性化特色的识别系统，形成有酒店特质的文化，这样便为塑造酒店形象和品牌打下了坚实的基础。

三、管理创新

酒店个性化服务讲求科学规范运作。从其设计到实施都要注重科学规范的制度化建设，建设包括针对整体运作、质量监控、市场营销、会议沟通、人力资源开发、财务物资、采购、工程设备、安全、卫生管理等内容的综合性规章制度。同时对各部门的个性化服务联系工作进行建设，制定规范的系统运营流程。并且伴随特色服务的实际操作开展及变化，对体系进行不断的修订完善。只有在个性化服务设计中运用科学有序的管理制度才能使所有员工的行为做到有章可循，确保整个酒店个性化服务稳定有序地运转。

以人力资源管理为例。人员管理是酒店个性化管理的生命线。从招聘、培训员工环节开始，酒店个性化服务就应通过全员培训、学习个性化服务标准等方式，在营运中建立全方位、24 小时服务质量和工作质量检查考核奖惩制度、总经理检查制度、24 小时部门经理值班制度、大堂专职检查跟踪制度、卫生责任包干分区制度；建立宾客信息档案；主动征求宾客意见，力求使问题不断减少、服务满意度不断提升；开展各项礼貌礼仪、心理素质训练，以创造酒店温馨的服务氛围。

酒店竞争的背后是人才的竞争。员工的整体素质是形成品牌价值最基本的要素，要创新服务，就必须以教育为先，只有通过对员工进行系统的教育和培训，才能促进员工综合素质的提高。只有酒店关心员工生活，才能使员工以店为家，与店共同发展。酒店可以倡导民主管理，经常召开员工座谈会，设立总经理接待室、合理化建议箱，报道酒店快讯，弘扬好人好事。酒店管理者应定期召开员工工作心得交流会议，让员工畅所欲言，交流在个性化服务实际操作中碰到的问题和解决办法，积极采纳好的意见；专门设立员工自主管理委员会，开展自律管理，旨在通过教育、疏导、沟通的方式促使员工队伍更快、更全面地健康成长。严格管理是服务质量的保证，只有建立良好的服务管理体系，实行规范化管理，才能保证个性化服务的质量。

四、服务创新

服务创新就是寻求一种差异化服务，迎合宾客的多样化需求，提升其服务满意度。目前，酒店业已发展为一个较为成熟的服务产业，同等级酒店之间没有什么太大区别，宾客对选择酒店的随意性很大。要在众多的竞争对手中凸显自己，吸引宾客选择自己的酒店，创造性的服务和个性化、差异化服务显得尤为重要。

中国加入世贸组织后，逐步开放旅游市场，机遇和挑战并存，面临的市场竞争日趋激烈。因此，个性化服务设计需要通过不断的创新来提高其市场竞争力。酒店个性化服务只有不断创新才具有新世纪的消费号召力和市场竞争力。

参考文献

[1] 田彩云，黄丽丽等 . 酒店管理案例分析 [M]. 北京：经济日报出版社，2018.

[2] 周亚，李玲，谭丹 . 酒店管理概论 [M]. 西安：西安交通大学出版社，2018.

[3] 唐秀丽 . 现代酒店管理概论（第 2 版）[M]. 重庆：重庆大学出版社，2018.

[4] 冉小峰 . 酒店管理专业本科生论文集（第 3 辑）[M]. 北京：旅游教育出版社，2018.

[5] 谷慧敏，秦宇，冉小峰 . 酒店业发展与创新的探索和实践—酒店管理专业硕士论文集 [M]. 北京：旅游教育出版社，2018.

[6] 赵涛，李金水 . 酒店管理制度与表格规范大全——为中国酒店量身定做的规范化管理实务全书（全新修订第 4 版）[M]. 北京：台海出版社，2018.

[7] 金桂生，童志鸿 . 高端温泉度假酒店管理体系——以杭州临安湍口众安氡温泉度假酒店为例 [M]. 杭州：浙江大学出版社，2018.

[8] 刘伟 . 酒店客房管理 [M]. 重庆：重庆大学出版社，2018.

[9] 游富相 . 余宜娴，宋丹莉，邹红梅 . 酒店人力资源管理 [M]. 杭州：浙江大学出版社，2018.

[10] 刘伟 . 酒店前厅管理 [M]. 重庆：重庆大学出版社，2018.

[11] 马勇总 . 张胜男，何飞，李宏 . 酒店管理信息系统 [M]. 武汉：华中科技大学出版社，2019.

[12] 蒋晓东 . 现代酒店管理与服务创新研究 [M]. 长春：吉林人民出版社，2019.

[13] 魏卫 . 李玺，周霄，李沐纯，邓念梅，罗伟，张红喜 . 全国普通高等院校旅游管理专业类"十三五"规划教材 · 教育部旅游管理专业本科综合改革试点项目配套规划教材—酒店管理概论 [M]. 武汉：华中科技大学出版社，2019.

[14] 刘伟 . 酒店客户管理 [M]. 重庆：重庆大学出版社，2019.

[15] 陈雪钧，李莉 . 酒店集团经营管理 [M]. 重庆：重庆大学出版社，2019.

[16] 李志宏 . 戴薇，司阳 . 杨波，温昭苏参 . 酒店财务管理 [M]. 北京：北京理工大学出版社，2019.

[17] 余丽，杨亮 . 酒店会议服务与管理 [M]. 桂林：广西师范大学出版社，2019.

[18][美] 多里·丹尼森，[美] 梅尔文·韦伯 . 酒店业人力资源战略管理 [M]. 广州：广东旅

游出版社，2019.

[19] 彭康麟，蔡铭志．酒店及旅游业财务管理：英汉对照 [M]．杭州：浙江大学出版社，2019.

[20]Alice Hon．酒店及旅游业管理系列教材——酒店及旅游业人力资源管理 [M]．杭州：浙江大学出版社，2019.

[21] 刘伟．酒店管理案例分析 [M]．重庆：重庆大学出版社，2020.

[22] 罗东霞．酒店运营管理 [M]．北京：中国旅游出版社，2020.

[23] 方伟群．酒店财务管理操作实务 (第 3 版)[M]．北京：中国旅游出版社，2020.

[24] 郑红，颜苗苗．智慧酒店理论与实务 [M]．北京：旅游教育出版社，2020.

[25] 李朋波，秦宇，李彬等．酒店学人文集 (2017—2018)[M]．北京市：北京旅游教育出版社有限责任公司，2020.

[26] 王群．酒店室内设计导则 [M]．北京：北京理工大学出版社，2020.

[27] 罗晓黎．酒店服务礼仪的规范与培训研究 [M]．长春：吉林文史出版社，2020.

[28][日] 高野登．丽思卡尔顿酒店的不传之秘 [M]．王蕾译．北京：东方出版社，2020.

[29][美] 伊莱恩·哈里斯（ElaineK.Harris）．顾客服务管理 [M]．广州：广东旅游出版社，2020.

[30] 温建辉．葡萄酒酿造与品鉴 [M]．武汉华中科学技术大学出版社，2020.